INGRID ZELLNER

Adlerschanze

Ingrid Zellner wurde 1962 in Dachau geboren. Nach ihrem Theaterwissenschafts-, Literatur- und Geschichtsstudium in München war sie am Stadttheater Hildesheim und zwölf Jahre an der Bayerischen Staatsoper München Dramaturgin. Heute ist sie Übersetzerin (Schwedisch) und Autorin. Sie hat bereits Krimis, Romane, ein Kinderbuch, Kurzgeschichten, CD-Booklet-Texte, Artikel und Theaterstücke veröffentlicht. Daneben ist sie Regisseurin und Theaterschauspielerin.
www.ingrid-zellner.de

INGRID ZELLNER

Adlerschanze

Ein Baden-Württemberg-Krimi

SILBERBURG

Sollte dieses Werk Links auf Webseiten
Dritter enthalten, so machen wir uns
die Inhalte nicht zu eigen und übernehmen
für die Inhalte keine Haftung.

1. Auflage 2018

Lektorat: Michael Raffel, Tübingen.
Umschlaggestaltung:
Christoph Wöhler, Tübingen.
Coverfoto: © technotr – iStockphoto.
Druck: Gulde-Druck, Tübingen.
Printed in Germany.

ISBN 978-3-8425-2088-2

Besuchen Sie uns im Internet
und entdecken Sie die Vielfalt
unseres Verlagsprogramms:
www.silberburg.de

Es gibt keine Höhen, wenn
dazwischen nicht auch Täler liegen.

Zitat von Manfred Kerler
auf der Informationstafel »Wo die Adler fliegen«
im Adler-Skistadion Hinterzarten

Es war nur ein einfacher kleiner Verkaufsstand. Eine simple, grauschwarze Bretterbude. Und doch war es für ihn etwas Besonderes. Es war wie ein Schrein. Ein Schrein, vor dem er jedes Mal stehenblieb, wenn er zum Adler-Skistadion kam.

Natürlich nicht, um zu beten. Die Männer, die man in hellen Pastellfarben auf diese Bretterbude gemalt hatte, waren schließlich keine Heiligen. Sie waren Legenden. Zu Legenden betete man nicht. Man verehrte sie.

Georg Thoma, Olympiasieger und Weltmeister. Dieter Thoma, Olympiasieger und Weltmeister. Sven Hannawald, Olympiasieger und Weltmeister, erster Sieger aller Vierschanzentournee-Wettbewerbe.

Eine Weile betrachtete er die drei großen Sportidole, die hier in Hinterzarten jedes Kind kannte. Dann ging er um die Bude herum zu der Seitenwand, auf der ein weiteres Pastellgemälde Werbung für den FIS-Sommer-Grand-Prix machte – für das Sommerskispringen des Internationalen Skiverbandes, das alljährlich hier auf der Adlerschanze stattfand.

Adlerschanze. Er schnaubte leise. *Rothaus-Schanze hieß sie heute ja offiziell. Gut, von irgendwoher musste das Geld ja kommen, von selbst finanzierte sich eine solche Anlage nicht. Und so ein kühles Tannenzäpfle-Bier war an sich nichts Verkehrtes. Trotzdem. Für ihn würde es immer die Adlerschanze bleiben. Schließlich waren es ja auch die Schwarzwald-Adler, die hier flogen.*

Ein Gefühl von Stolz durchflutete ihn. *Adler.* Das Sinnbild für Mut, Weitblick und Kraft. Der König der Lüfte, der Bote der Götter, das Symbol für Unsterblichkeit. Als Adler hatte man per se das Zeug zur Legende. Man musste nur mit ganzem Einsatz darauf hinarbeiten und durfte sich durch nichts beirren lassen. Dann gab es auf dem Weg zum großen Ziel auch keine Hindernisse.

Und wenn doch, dann wurden sie eben beseitigt.

Er legte eine Hand auf die hölzerne Eingangstür der Verkaufsbude. Hier würde eines Tages ein weiterer Champion verewigt werden. In Lebensgröße. Er wusste es. Man würde ihn feiern, ihm zujubeln. Man würde ihn in einem Atemzug nennen mit den drei Olympiasiegern und Weltmeistern, die hier bereits ihren Platz gefunden hatten.

Und er würde alles tun, was dazu notwendig war. Alles.

1

Blau und wolkenlos wölbte sich der Himmel über dem Hochschwarzwald. Ganz Hinterzarten summte wie ein Bienenstock; an diesem Wochenende fand auf der Adlerschanze das große Sommerskispringen der FIS statt, und neben den ohnehin schon zahlreich angereisten Touristen, die mit Wanderschuhen und Trekkingstöcken bewaffnet die herrliche Naturlandschaft rund um den beschaulichen Luftkurort erkundeten, sorgten zusätzlich auch noch unzählige Skisprung-Freunde aus aller Welt dafür, dass in den Hotels und Ferienwohnungen des Ortes nicht einmal mehr eine Hängematte auf dem Dachboden frei war.

Auf der sonnenüberfluteten Terrasse des Café Diva saß Kriminalkommissar Surendra Sinha und genoss neben dem Blick auf den idyllischen Adlerweiher auch das äußerst befriedigende Bewusstsein, dass er seine To-Do-Liste für diesen Freitag abgearbeitet hatte und den Rest des Tages einfach entspannen konnte. Dienstlich hatte er ohnehin nichts zu tun; sein Revier war die Kriminalinspektion 1 Friedrichshafen, und er war lediglich zu Besuch hier im Schwarzwald. Seine Mutter unterzog sich seit zwei Wochen in der Földiklinik einer Lymphtherapie, und als gut erzogener Sohn hatte er sich selbstverständlich ein paar Tage freigenommen, um seiner *maaji* zwischenzeitlich seelischen Beistand zu leisten. Auch wenn er von Anfang an geahnt hatte, dass den Beistand in diesem Fall wohl eher das Klinikpersonal nötig haben würde als die Patientin selbst.

Diese Vorahnung hatte sich bereits bei seinem ersten Besuch in der Klinik bestätigt. Zenobia Sinha war eine kleine, energische Frau aus dem indischen Punjab, temperamentvoll, nicht auf den Mund gefallen und eine wandelnde Reklame für ihre in der ganzen Familie legendären Kochkünste. Auch wenn sie seit gut fünfunddreißig Jahren in Deutschland lebte (ihr Mann hatte kurz vor Surendras Geburt einen Job in Stuttgart bekommen) und sich hier alles in allem durchaus wohlfühlte – mit der deutschen Küche hatte sie sich niemals angefreundet. Was Surendra nur recht sein konnte; er liebte die Punjabi-Gerichte seiner Mutter, und zum Glück war er mit den Genen seines Vaters gesegnet, die ihnen beiden übermäßige Gewichtsprobleme ersparten. Im Gegensatz zu Zenobia, die so lange immer mehr in die Breite ging, bis ihr Arzt ihr vor einigen Monaten dringend empfohlen hatte, den Lymphstau in ihren Beinen in der Hinterzartener Földiklinik behandeln zu lassen. Natürlich hatte es erst noch eines entschiedenen Machtworts ihres Ehemanns Praveer bedurft, damit sie sich dazu bereit erklärt hatte – wobei die Vorstellung, sich fünf Wochen lang täglich die Beine mit Lymphdrainagen und Bandagen behandeln zu lassen und womöglich zu langen Spaziergängen und Sport angehalten zu werden, Zenobia wohl weniger Albträume bereitete als die Aussicht, sich in dieser Zeit ausschließlich von deutscher Klinik-Kost ernähren zu müssen.

Surendra Sinha seufzte. Bloß gut, dass er seinen obligatorischen täglichen Klinikbesuch bei *maaji*, deren Laune von Tag zu Tag mehr in den Keller sank, heute bereits hinter sich hatte. Auf dem Heimweg hatte er gleich auch noch Lebensmittel für das Wochenende eingekauft und in der Küche seiner Ferienwohnung verstaut. Jetzt hatte er sich eine kleine Stärkung verdient, und zwar redlich. Das nicht weit von seinem Domizil entfernt gelegene Wiener Kaffeehaus namens Diva mit seiner eleganten, sehr ansprechenden Jugendstil-Einrichtung hatte er bereits an seinem ersten Tag in Hinterzarten entdeckt und besuchte es seitdem täglich, um sich durch das verführerische Sortiment an Kaffee- und Teespezialitäten, Kuchen und feinsten Trüffeln durchzuprobieren.

»Hello, Mr Sinha – how do you do?«

Sinha blickte auf. Neben ihm waren auf dem Weg, der an dem Café vorbei in Richtung Adlerweiher führte, zwei Damen stehengeblieben und lachten ihn fröhlich an. Er kannte sie; sie residierten im gleichen Ferienhaus wie er und hatten sich ihm am Tag seiner Ankunft als Kim-Celine und Kim-Marie Walker aus London vorgestellt. Er hatte sich gar nicht erst die Mühe gemacht, sich zu merken, welcher Name zu welcher der beiden englischen Ladys gehörte, denn er sah sich mit einem der krassesten Fälle von eineiigen Zwillingen konfrontiert, die er je erlebt hatte. Die »Walker-Twins«, wie er sie im Geiste kurzerhand nannte, waren nach seiner Schätzung etwa dreißig Jahre alt und erwiesen sich schnell als ausgemachte Skisprung-Fans; schon seit einer Woche waren sie hier und besuchten täglich das Adler-Skistadion, um dort den Springern beim Training zuzusehen.

»How do you do?«, grüßte er freundlich zurück.

»Lovely day, isn't it?« Walker-Twin Nummer eins strich sich eine hellblonde Haarsträhne aus dem Gesicht. »Perfect for ski jumping. Die Eagles, sie werden weit fliegen, heute und morgen.«

»Werden Sie auch zusehen bei die Grand-Prix-Springen, Mr Sinha?«, fragte Walker-Twin Nummer zwei.

»Nein«, antwortete Sinha. »Ich gebe zu, ich interessiere mich nicht sehr für Wintersport. Erst recht nicht im Hochsommer.«

»Weil Sie sind from good old India«, stellte Walker-Twin Nummer eins mit einem breiten Grinsen fest. »Dort Sie haben keine Eagles, so wie wir unsere Eddie. *Eddie the Eagle*, he's the best!«

»Das wird's wahrscheinlich sein«, erwiderte Sinha lächelnd. Er verzichtete wohlweislich auf den Hinweis, dass er in Deutschland geboren worden war, um nicht zu riskieren, als nächstes ausführlich über sämtliche großen deutschen Skispringer der vergangenen Jahre und Jahrzehnte aufgeklärt zu werden – was für die skisprungbegeisterten Walker-Twins vermutlich keine größere Herausforderung darstellte. Die Lebensgeschichte des britischen Kult-Skispringers Michael Edwards hatten sie ihm am Vortag jedenfalls aus dem Stand heraus in allen Einzelheiten erzählen können, so dass Sinha jetzt zumindest mit *Eddie the Eagle* etwas anzufangen wusste.

»Aber waren Sie gestern nicht wenigstens bei die große Opening Party in die Stadion?«, hakte Walker-Twin Nummer zwei nach.

»Nein.« Sinha schüttelte den Kopf.

»Oh, dann Sie haben aber etwas versäumt«, versicherte Walker-Twin Nummer eins eifrig. »The DJ, he was fabulous, die Stimmung war top of the world. Und wir haben viel getanzt. Warum Sie sind nicht gekommen … die Inder, sie lieben zu singen und tanzen, they say.«

»Nicht alle«, entgegnete Sinha diplomatisch. »Und ganz ehrlich, ich habe beruflich zuletzt so viel um die Ohren gehabt, dass ich es sehr genieße, zur Abwechslung mal ein paar Tage lang gar nichts tun zu müssen. Nicht mal singen und tanzen.« Er zwinkerte den beiden englischen Ladys verschmitzt zu.

»Oh yes, Sie mussen ja ständig jagen die bad boys.« Walker-Twin Nummer eins riss fasziniert die Augen auf. »Sie sind ja … detective superintendent, wie war doch die deutsche Wort dafur?«

»Kriminalkommissar«, lächelte Sinha.

»Jesus, I'll never get that.« Walker-Twin Nummer eins verdrehte die Augen. »Can't we just say KK? Das ganze Wort, ich merke mir nie.«

»Oh, that's perfect, Celine!«, stellte Walker-Twin Nummer zwei fest und wandte sich grinsend an Sinha. »You see, wir sind auch KK – Kim and Kim. So wir passen zusammen sehr gut, wir drei.«

»Zweifellos.« Sinha konnte nicht anders, er musste lachen. Die Vorstellung, sich bei seinem nächsten Einsatz als *Kay-Kay Surendra Sinha* zu präsentieren, machte ihm Spaß.

»Well then, enjoy your time, Kay-Kay«, sagte Walker-Twin Nummer zwei. »Und kommen Sie unbedingt morgen zu die Grand Prix in die Stadion. Sie können nicht verlassen Hinterzarten ohne zu haben gesehen die Adler fliegen.«

»Da haben Sie wahrscheinlich recht.« Erneut musste Sinha seine gesamte Diplomatie mobilisieren. Er verspürte nicht das geringste Bedürfnis, sich bei dem Sommerskispringen unter die Zuschauermenge zu mischen, wollte aber den beiden redseligen Engländerinnen nicht wirklich Gelegenheit geben, sich wortreich darüber auszulassen, was für ein sportlicher Blindgänger er doch war. *From good old India noch dazu.*

»Of course wir haben recht!«, gab Walker-Twin Nummer eins im Brustton der Überzeugung zurück. »See you in die Stadion, Kay-Kay!«

Die beiden Damen setzten sich in Bewegung und schlenderten gemütlich in Richtung Adlerweiher davon. Sinha sah ihnen nach, und ein Schmunzeln umspielte seine Lippen. Er mochte diese beiden englischen Ladys, auch wenn er ihre Sportbegeisterung nicht teilte. Aber zumindest brachten sie ihn jedes Mal zum Lachen, und das war viel und kostbar für jemanden, der einen Beruf ausübte, in dem es eher selten etwas zu lachen gab.

Was nichts an der Tatsache änderte, dass er seinen Beruf liebte und sich jederzeit wieder dafür entscheiden würde. Auch wenn er diese kleine Auszeit hier zugegebenermaßen sehr genoss.

Wie aufs Stichwort wurden in diesem Moment eine Tasse Kaffee und ein Teller mit einem großen Stück Schwarzwälder Kirschtorte vor ihn hingestellt. Er bedankte sich bei der jungen Bedienung, sog den aromatischen Kaffeeduft ein und trank einen Schluck. Dann kostete er die Torte und erinnerte sich dabei an die Bemerkung einer Kripo-Kollegin in Friedrichshafen, die in ihrer Freizeit leidenschaftliche Tortenbäckerin war. *Schwarzwälder Kirschtorte darf beschwipst sein, aber nicht sturzbesoffen*, hatte sie einmal gesagt. Er stellte fest, dass sie in diesem Fall wohl nichts zu beanstanden gehabt hätte: Eine feine, aber nicht aufdringliche Kirschwassernote durchzog das köstliche Backwerk aus fluffigem Biskuit, knackig-fruchtigen Kirschen, feinster Sahne und zarter dunkler Schokolade. Er dachte an seine Mutter, die sich vorhin einmal mehr höchst indigniert über die in ihren Augen unterirdische Klinik-Verpflegung ausgelassen hatte, und dankte dem Himmel dafür, dass sie ihn in diesem Moment nicht sehen konnte.

Er ließ sich einen weiteren Tortenbissen auf der Zunge zergehen und griff nach der Kaffeetasse.

»Oh my God – Help!«

Sinha fuhr zusammen.

»Somebody help us please! She's dead, she's dead! Help!!!«

Seine Augen schweiften über den Adlerweiher und erspähten am anderen Ufer die Walker-Twins, die dort wild gestikulierten und nun auch gezielt in seine Richtung winkten.

»Kay-Kay! Kay-Kay, come here, quick!«

Sinha seufzte leise. *So viel zum Thema Erholungsurlaub.* Was immer dort drüben auch passiert war, es klang nach Arbeit. Und auch wenn er in diesem Bezirk an sich nicht zuständig war – er war Kommissar, und er konnte nicht einfach so tun, als ginge ihn das alles nichts an.

Er warf einen bedauernden Blick auf den Rest seiner Kirschtorte, zog seinen Geldbeutel hervor, legte einen Zehn-Euro-Schein auf den Tisch und sprintete los.

* * *

Es dauerte nicht lange, bis er den kleinen See umrundet und die Walker-Twins erreicht hatte, aber bis dahin hatten sich bereits die ersten Passanten neugierig am Ufer versammelt, und einige von ihnen filmten ungeniert mit ihren Smartphones drauflos. Sinha arbeitete sich mit seinem Dienstausweis in der Hand durch die Menge – und dann sah auch er, was die beiden Damen verständlicherweise so in Aufregung versetzt hatte: Direkt an einer mit Schilf bewachsenen Uferstelle des Adlerweihers lag regungslos der triefnasse, bleiche Körper einer jungen Frau, und die tiefe, blutrote Wunde in ihrem Kopf war unübersehbar.

»Treten Sie zurück!«, herrschte er die Umstehenden an. »Und hören Sie auf zu filmen, verdammt noch mal! Hat wenigstens *einer* von Ihnen mit seinem Handy auch schon etwas Sinnvolles gemacht und die Polizei verständigt?«

Zwei der Passanten meldeten sich zustimmend. *Immerhin etwas,* dachte Sinha.

»Gut. Dann treten Sie jetzt bitte alle zurück, damit der Spurensicherung nachher noch etwas zu tun übrigbleibt. Seien Sie doch vernünftig, bitte!«

Aus leidvoller Erfahrung wusste er nur zu gut, dass derartige Appelle an die menschliche Vernunft gerade in solchen Situationen meist vergebliche Liebesmüh waren, und er segnete die Tatsache, dass nur wenig später erste Streifenbeamte eintrafen und ihm beim Sichern des Fundorts halfen. Erst jetzt konnte er sich in Ruhe den Walker-Twins zuwenden, die sich mittlerweile zwar ein wenig beruhigt hatten, jedoch immer noch blass und verstört waren und ihre Deutschkenntnisse fürs Erste völlig vergessen zu haben schienen.

»We came down here to feed the sweet little duckies and then I saw … oh my God, this is *awful!* Poor little girl … what has happened to her? Who can do such a heinous thing?«

»Wir werden alles tun, um das herauszufinden«, erwiderte Sinha in dem sanftesten Tonfall, den er zustande brachte. »Haben Sie die Frau genau so vorgefunden, wie sie jetzt hier liegt?«

»No, she … sie lag in die Wasser, da zwischen die Pflanzen, und wir haben versucht, sie zu ziehen heraus, aber dann wir haben gemerkt, dass sie … she didn't move, und dann wir sahen die Loch in die Kopf, und da wir wussten, she's dead.«

»Gut, dass Sie das sagen«, versetzte Sinha. »Erzählen Sie das unbedingt den Kollegen, wenn die Sie nachher befragen, und zeigen Sie ihnen, wo und wie genau Sie das Mädchen gefunden haben. Das ist sehr wichtig für die Ermittlungen.«

»Oh, you mean, wir haben jetzt zerstört die Spuren? I'm so sorry, Kay-Kay …«

»Schon okay«, beruhigte Sinha die sichtlich zerknirschte englische Lady. »Ich hätte mit Sicherheit auch als Erstes versucht, die Frau an Land zu ziehen, zumal wenn ich mir nicht sicher gewesen wäre, ob sie bereits tot war oder womöglich noch lebt. Alles andere wäre unterlassene Hilfeleistung gewesen. Sie haben keinen Fehler gemacht.«

»Thank God!« Ein Aufatmen begleitete diesen Stoßseufzer. »Und wir werden die Kollegen alles sagen, promise. If necessary, ich lege mir genauso in die Wasser, wie die poor little girl gelegen hat.«

»Ich bin sicher, Sie werden den Kollegen eine unschätzbare Hilfe sein.« Sinha rang sich ein aufmunterndes Lächeln ab und wandte sich an einen der Streifenpolizisten. »Wie lange wird es noch dauern, bis sie eintreffen?«

Der Mann warf einen Blick auf seine Armbanduhr. »In gut fünfzehn Minuten sollten sie da sein können. Ich habe die Kripo in Freiburg angerufen, gleich nachdem wir den Tod der jungen Frau festgestellt hatten, und sie haben versprochen, sofort ein Team herzuschicken.«

»Alles klar, danke«, sagte Sinha und wandte sich wieder dem leblosen Körper am Weiherufer zu. Nachdenklich betrachtete er das junge, bleiche Gesicht mit den geschlossenen Augen, die langen, nassen Haarsträhnen, die zerschlagene Schädeldecke. Er schätzte das tote Mädchen auf siebzehn, vielleicht achtzehn Jahre. Ihre Kleidung – Sieben-Achtel-Jeans, Plateausandalen und ein glitzerndes Paillettentop – ließ ihn spontan vermuten, dass sie möglicherweise auf dem Weg zu oder zurück von einer Party gewesen war, als der Tod sie ereilt hatte.

Wer bist du, Kleines? Was ist dir widerfahren? Wer hat dir das angetan?

Er ertappte sich dabei, dass er im Geiste bereits anfing, den Fall zu übernehmen, und schlug sich ebenso geistig auf die Finger. *Nein.* Das hier war nicht *seine* Baustelle. In einer Viertelstunde würden die Kollegen von der Kriminalpolizei Freiburg hier sein, und die würden sich vermutlich schönstens bedanken, wenn da ein wildfremder Bodensee-Kollege in ihrem Schwarzwald-Revier wilderte und sich in ihre Angelegenheiten einmischte. Er würde ihnen Bericht erstatten darüber, wie er bis zum Eintreffen der Polizeistreife, so gut es ging, den Fundort gesichert hatte, und ihnen dann ganz klar das Feld überlassen.

Er wandte sich ab, ging über die Uferwiese hinauf in Richtung Bahnhofweg, setzte sich auf eine Bank und wartete.

***

Gut zwanzig Minuten später traf das Kripo-Team aus Freiburg in voller Einsatzstärke ein. Während Spurensicherung und Gerichtsmediziner sich an die Arbeit machten, sah Surendra Sinha sich nach jemandem um, bei dem er sich vorstellen und seine Aussage machen konnte. Sein Blick fiel auf eine mittelgroße, etwas stämmige Frau Anfang dreißig, die sich offenbar gerade von den Walker-Twins die Personalien geben ließ und diese in ein Notizbuch eintrug. Kurz entschlossen ging er zu den drei Damen hinüber.

»Oh, da kommt Kay-Kay!« Eine der Walker-Twins winkte ihm zu. »Ma'am, look, this is Kay-Kay Sinha, your colleague; er war hier, gleich nachdem wir haben gefunden die poor little girl.«

»Und ich bin auch wirklich erst gekommen, *nachdem* die beiden Damen hier um Hilfe gerufen haben«, fügte Sinha mit dem Ansatz eines Augenzwinkerns hinzu. »Nicht dass ich als Erstes gleich mal auf Ihrer Verdächtigenliste lande. Guten Tag, mein Name ist Surendra Sinha, Kriminalkommissar aus Friedrichshafen und hier nur vorübergehend auf Besuch.«

»Angenehm; Kriminalkommissarin Michaela Lux, Kripo Freiburg«, erwiderte die Frau. Die graublauen Augen hinter ihrer dicken Nerdbrille musterten ihn prüfend. »Das heißt also, Sie waren vor Ort, als die Leiche gefunden wurde.«

»Ja, ich saß dort drüben auf der Terrasse des Cafés«, antwortete Sinha. »Als ich mitbekommen habe, dass hier etwas passiert ist, bin ich sofort rübergelaufen und habe geholfen, den Fundort zu sichern, damit die Gaffer möglichst wenig Spuren zertrampeln. Aber ich habe die Leiche nicht berührt und auch sonst nichts angefasst oder verändert. Großes Kollegenehrenwort!«

Eine Augenbraue wanderte über den oberen Rand der Nerdbrille. »Alles andere hätte auch nicht wirklich ein gutes Licht auf die Arbeitsmethoden der Bodensee-Kollegen geworfen.«

Irrte er sich oder klang ihre Stimme noch spitzer, als diese Bemerkung sowieso schon war?

»Keine Sorge«, entgegnete er knapp. »Ich denke, wir wissen ganz gut, wie unser Job funktioniert. Nichtsdestotrotz empfehle ich mich hiermit – es sei denn, Sie brauchen noch etwas von mir.«

»Nur Ihre Personalien«, erwiderte Michaela Lux. »Falls wir später noch irgendwelche Fragen an Sie haben sollten.«

Sinha zückte eine Visitenkarte. »Bitte schön. Und bis Mitte nächster Woche bin ich noch hier im Ferienhaus *Sonnenblume* zu erreichen.«

Erneut wanderte die Augenbraue nach oben. »*Sonnenblume?*« Michaela Lux warf einen Blick in ihr Notizbuch. »Wohnen da nicht auch die beiden Zeuginnen, die die Leiche gefunden haben?«

Sinha konnte der Versuchung nicht widerstehen.

»Richtig«, antwortete er. »Die *Sonnenblume* ist derzeit sozusagen die Kay-Kay-Zone von Hinterzarten.«

Prompt hörte er hinter sich ein zweistimmiges Glucksen aus der Richtung der englischen Ladys.

»Kay-Kay?«, fragte Lux sichtlich verwirrt.

»Yeah.« Sinha grinste breit. »Kim-Kim und der Kriminal-Kommissar. So gesehen sind Sie übrigens auch eine Kay-Kay, Kollegin Lux.«

Zu seiner positiven Überraschung erschien zum ersten Mal ein kleines Lächeln in dem runden Gesicht der Freiburger Kommissarin. Ehe sie jedoch etwas erwidern konnte, trat ein hochgewachsener Mann in einem eleganten, tadellos sitzenden Anzug auf sie zu.

»Wie weit sind Sie hier, Lux?«

»Alles klar so weit«, antwortete Michaela Lux. »Ich habe die Personalien und die ersten Aussagen der Zeugen aufgenommen. Darf ich übrigens vorstellen« – sie warf einen schnellen Blick auf die Visitenkarte, die Sinha ihr gegeben hatte – »Kriminalkommissar Surendra Sinha, ein Kollege vom Bodensee. Er war zufällig vor Ort, als die Leiche gefunden wurde.«

»Wie praktisch.« In den Augen des Mannes blitzte ein humorvolles Funkeln auf. »Haben Sie uns dann gleich die Arbeit abgenommen, Herr Kollege?«

»So wenig wie möglich«, versetzte Sinha höflich. »Ich möchte mich schließlich nicht in Ihre Kompetenzen einmischen, Herr …«

»Verzeihung.« Ein schuldbewusstes Lächeln huschte über das Gesicht des Mannes. »Kriminalhauptkommissar Peter Schobinger, Kripo Freiburg. Nett, Sie kennenzulernen. Sie machen Urlaub hier?«

»Ja«, nickte Sinha und beschloss, auf eine Erklärung des Anlasses für seinen Hinterzarten-Aufenthalt zu verzichten.

»Dann genießen Sie ihn weiterhin«, sagte Schobinger freundlich. »Wir nehmen den Fall in die Hand.«

»Wissen wir schon, wer das Mädchen ist?«, erkundigte sich Michaela Lux. »Hatte sie Papiere bei sich?«

Schlagartig verdüsterte sich Schobingers Gesicht.

»Nicht nötig«, antwortete er. »Ich kenne sie. Es ist Moira Kerber. Die Freundin von meinem Sohn Daniel.«

»Oh mein Gott!« Michaela Lux schlug sich die Hand vor den Mund. »Das tut mir leid. Weiß Daniel es schon?«

»Ich hab ihn gerade angerufen«, entgegnete Schobinger. »Er ist ja ohnehin derzeit hier, wegen des Sommerskispringens. Mein

Sohn gehört nämlich zu den Schwarzwald-Adlern«, fügte er zu Sinha gewandt hinzu, und in seiner Stimme schwang unüberhörbarer Stolz mit. »Er ist das größte Talent seines Jahrgangs.«

»Oh, eine junge Schwarzwald-Eagle? How lovely! Werden wir sehen Ihren Sohn springen morgen bei die Summer Grand Prix?«

Unwillkürlich schmunzelte Sinha in sich hinein. Die Walker-Twins hatten die Unterhaltung bislang wortlos mitverfolgt, aber bei diesem Stichwort ging ihr Skisprung-Enthusiasmus einmal mehr mit ihnen durch.

Schobinger musterte die beiden Ladys verwundert. Dann bewegten sich seine Mundwinkel nach oben, und seine ohnehin schon stattliche Gestalt schien noch einmal um ein paar Zentimeter zu wachsen.

»Er wird einer der Vorspringer sein«, verkündete er feierlich.

»Wonderful! We'll cheer for him, wir werden rufen ganz laut ›*Ziiieeeeeeeh!*‹, bis dass er landet auf die Schanzenrekord!«

»Dann sollten wir ihm aber vorher noch ein wenig Ruhe gönnen«, warf Sinha vorsichtig ein; er sah im Geiste bereits vor sich, wie die Walker-Twins sich bei der erstbesten Gelegenheit begeistert auf den Sohn des Kommissars stürzten und dabei völlig vergaßen, dass der junge Mann gerade seine Freundin verloren hatte. »Erst recht nach dem, was hier geschehen ist. Wenn die Kollegen vorerst nichts mehr von Ihnen brauchen, dann würde ich vorschlagen, wir ziehen uns zurück und lassen den jungen Mann in Frieden, falls er hierherkommt.« Bei den letzten Worten bedachte er Schobinger mit einem fragenden Seitenblick.

»Sehr aufmerksam von Ihnen, Herr Kollege«, sagte Schobinger. »Wie schaut's aus, Lux – Sie haben alles von den Damen, was Sie brauchen?«

Michaela Lux nickte. »Ich habe ihre Personalien. Und sie sind noch eine gute Woche hier in Hinterzarten und stehen jederzeit für weitere Befragungen zur Verfügung.«

»Außer während des Springens morgen Abend, vermute ich.« Peter Schobinger zwinkerte den Walker-Twins zu. »Gut, dann erst mal vielen Dank, und wir melden uns, ja?«

»Of course. Good-bye, and good luck!«

Die englischen Ladys grüßten in die Runde und zogen davon. Sinha zögerte. Eigentlich wollte er ja ebenfalls gehen, aber sich mehr oder weniger tatenlos von einem Leichenfundort zu entfernen widersprach einfach allem, was ihm während jahrelanger Tätigkeit bei der Polizei in Fleisch und Blut übergegangen war.

Er beobachtete eine Weile, wie die beiden Freiburger Kommissare ein paar Worte mit den Kollegen von der Spurensicherung wechselten und sich die schilfbewachsene Stelle am Ufer des Adlerweihers noch einmal ganz genau ansahen. Peter Schobinger schien bei diesem Duo eindeutig der Wortführer zu sein, und das nicht nur, weil er der Ältere war (Sinha schätzte ihn auf etwa fünfzig). Seine ganze Erscheinung strahlte eine ruhige, sichere Autorität und Routine aus, ganz zu schweigen davon, dass Sinha sich nicht erinnern konnte, jemals einem gepflegteren Kripo-Kollegen begegnet zu sein als diesem Mann mit dem glattrasierten Gesicht und dem tadellos sitzenden Anzug. Verlegen schielte er an sich herab. Jeans und ein schlichtes T-Shirt. Mehr trug er auch in seinem Arbeitsalltag eher selten.

»Verzeihung – wissen Sie, wo mein Vater ist?«

Sinha wandte sich um. Vor ihm stand ein junger Mann, sehr schmal, ausgesprochen gutaussehend und mit sichtlich verstörter Miene. Sinha hatte ihn noch nie gesehen, und doch hätte er in diesem Moment zehn zu eins gewettet, dass es sich bei dem Jungen um den Sohn von Peter Schobinger handelte. *Vorspringer beim Sommer-Grand-Prix. Freund der toten Moira Kerber.* Er kramte kurz in seinem Gedächtnis, dann hatte er auch den Namen wiedergefunden.

»Daniel Schobinger?«

»Ja, ich …« Der junge Mann stutzte, dann färbte sich das blasse Gesicht knallrot. »Entschuldigung, gehören Sie nicht zum Team von Papa?«

»Nein.« Sinha lächelte, bemüht, der Verlegenheit des Jungen die Spitze zu nehmen. »Nur ein Kollege aus einem anderen Revier. Surendra Sinha ist mein Name.«

»Verstehe. Tut mir leid, ich dachte, hier seien nur Papas Mitarbeiter zugange. Die kennen mich alle. Ah, jetzt sehe ich ihn, da drüben am Ufer … vielen Dank, und noch mal: Sorry.«

»Keine Ursache.« Sinha runzelte die Stirn. »Aber wollen Sie nicht besser … ich meine, Sie wissen, dort unten liegt …«

»Ja, ich weiß.« Die Blässe auf den Wangen kehrte zurück. »Papa hat es mir am Telefon gesagt. Und ich will sie sehen. Unbedingt.«

Er nickte ihm zu und entfernte sich. Sinha sah ihm nach und seufzte leise.

Er sollte jetzt allmählich wirklich von hier verschwinden. Das alles ging ihn nichts mehr an, verflixt noch mal.

* * *

Gut eine halbe Stunde später befand sich Sinha immer noch am Fundort der Leiche von Moira Kerber, die inzwischen abtransportiert worden war. Zum Glück – denn längst hatten sich neben den Schaulustigen und Handyfilmern auch zahlreiche Medienvertreter rund um den Adlerweiher versammelt, die das Flatterband, mit dem die Polizei den Ort abgesperrt hatte, entweder schlichtweg ignorierten oder die Einstellung vertraten, dass eine solche Absperrung für alle galt, nur nicht für sie. Unter diesen Umständen hatte Sinha kurzerhand beschlossen zu bleiben und seine Kollegen zu unterstützen, und bemühte sich nun nach Kräften, die Pressemeute in Schach zu halten.

Aus den Augenwinkeln heraus sah er Daniel, der ein wenig abseits im Gras saß und auf das Wasser hinausstarrte, das im Licht der Nachmittagssonne glitzerte. Der junge Mann hatte ihn vorhin ziemlich beeindruckt; er war die meiste Zeit über ruhig und gefasst geblieben, auch als er die Möglichkeit erhielt, sich noch kurz von seiner toten Freundin zu verabschieden. Danach hatte er Schobinger und Lux erzählt, dass er am Vorabend zusammen mit Moira auf die Eröffnungsparty des Sommer-Grand-Prix ins Skistadion gegangen war; dort waren sie jedoch wegen einer Nichtigkeit in Streit geraten, woraufhin Moira wütend die Party verlassen hatte. *Und dann muss sie ihrem Mörder begegnet sein*, hatte er leise hinzugefügt. *Wäre ich doch nur mit ihr gegangen, oder hätte ich mich nicht so mit ihr gestritten … dann wäre sie jetzt noch am Leben.* Für einen Moment hatte er an dieser Stelle um Fassung ringen müssen, aber dann hatte sein Vater ihm die Hand auf die Schulter gelegt, und der Junge hatte sich aufgerichtet und tief durchgeatmet. Danach hatte er gebeten, eine Weile allein sein zu dürfen, und seitdem saß er nun dort drüben im Schatten eines Baumes, regungslos und stumm.

Sinha, der seinen Bericht aus einiger Entfernung mit angehört hatte, empfand großes Mitgefühl für ihn. Und fragte sich zugleich reflexartig, ob es wohl auch denkbar war, dass Daniel seiner Freundin nach dem Streit und ihrem wütenden Abgang gefolgt war und womöglich sehr viel mehr darüber wusste, wie sie zu Tode gekommen war, als er zu wissen vorgab. *Und mehr, als es seinem Vater, einem Kriminalhauptkommissar, lieb sein konnte. Auszuschließen war ja bekanntermaßen grundsätzlich erst mal nichts.*

Er schüttelte sich leicht, unwillig, diese Möglichkeit ernsthaft in Erwägung zu ziehen, und sah sich um. Ein Großteil der Pressemeute war mittlerweile abgezogen. Er beschloss, sich von Schobinger und Lux zu verabschieden und endlich zurück in seine Ferienwohnung zu gehen, um dort die Füße hochzulegen und möglichst nicht mehr an diesen Fall zu denken.

»Wo ist mein Kind? *Wo ist mein Kind??*«

Sinha fuhr zusammen und wandte den Kopf. Hinter dem Absperrband stand eine Frau in einem eleganten, gutsitzenden Kostüm und redete laut auf die Polizisten ein, die versuchten, sie zurückzuhalten.

»Ich bin Carolin Kerber. Bitte lassen Sie mich durch! Ich will zu meinem Kind!«

Auch Schobinger und Lux waren nun auf die Frau aufmerksam geworden. Sinha sah, dass Schobinger ärgerlich die Stirn runzelte.

»Was zum Teufel …«

Den Rest des Satzes zerbiss der Freiburger Kommissar zwischen den Zähnen. Mit entschlossenen Schritten ging er auf die Absperrung zu.

»Schon gut, Müller, lassen Sie die Frau durch, ich kenne sie.«

»Herr Schobinger!« Schon stürzte die Frau auf ihn zu. »Wo ist Moira? Lassen Sie mich zu ihr, bitte!«

»Wir haben sie bereits von hier fortgebracht.« Schobingers tiefe Stimme klang ruhig und weich. »Aber ich verspreche Ihnen, ich fahre Sie nachher zu ihr. Mein aufrichtiges Mitgefühl, Frau Kerber. Darf ich fragen, wer Sie verständigt hat? Eigentlich wollten Lux und ich nachher in Freiburg zu Ihnen kommen und es Ihnen persönlich mitteilen.«

»Daniel hat mich angerufen«, erklärte die Frau. »Und da bin ich natürlich sofort ins Auto gestiegen.«

»Daniel?« Ruckartig drehte sich Schobingers Kopf in die Richtung der Baumgruppe, unter der sein Sohn sich vorhin niedergelassen hatte. »*Daniel* – komm mal her, Junge!«

Sinha sah, wie der junge Mann sich langsam von seinem Platz unter dem Baum erhob. Er kam näher und blieb, immer noch in einiger Entfernung, stehen. Seine Blicke schweiften verunsichert zwischen seinem Vater und Moiras Mutter hin und her.

»Du hast Frau Kerber angerufen? Wann?«

Die tiefe Stimme war noch immer ruhig, aber nicht mehr ganz so weich.

»Vorhin – gleich nachdem du *mich* angerufen hast«, antwortete Daniel leise. »Ich dachte … sie ist ihre Mutter, sie muss das doch wissen!«

»Aber doch nicht *so!*« Jetzt klang Schobinger eindeutig verärgert. »Das solltest du mittlerweile eigentlich gelernt haben, dass wir in solchen Situationen immer entweder selbst zu den Angehörigen fahren oder jemanden schicken, der ihnen die Nachricht persönlich und schonend beibringt! Stell dir vor, Frau Kerber hätte einen Schock bekommen oder auf dem Weg hierher einen Unfall gebaut, was dann?«

»Bitte schimpfen Sie nicht mit ihm«, bat Carolin Kerber. »Er hat es doch nur gut gemeint! Und ich bin ihm dankbar, ganz ehrlich. Wissen Sie denn schon, wie es passiert ist? War es ein Unfall?«

»Die Spurensicherung arbeitet noch«, versetzte Schobinger. »Ich kann Ihnen im Moment nur so viel sagen …«

»Ich glaub's ja nicht – was machen *Sie* denn hier?«

Eine schneidend scharfe, wütende Männerstimme ließ Schobinger mitten im Satz innehalten. Ein hochgewachsener, kräftiger Mann schwang seine langen Beine mit spielerischer Leichtigkeit über das Absperrband, stieß einen herbeigeeilten Polizisten beiseite und ging mit schnellen, harten Schritten auf die kleine Gruppe am Weiherufer zu. Sein Gesicht war zornrot, und das Objekt seines Wutausbruchs war sehr offensichtlich Moiras Mutter.

»Sie haben uns gerade noch gefehlt«, bellte er sie an. »Na, wen wollen Sie diesmal fertigmachen?«

»Entschuldigen Sie mal, was soll denn das?«, ging Schobinger dazwischen. »Sie haben hier nichts zu suchen, die Absperrungen sind ja wohl deutlich zu sehen.«

»Mir doch egal!«, röhrte der Hüne. »Ich will wissen, wieso diese Schmiermamsell hier ist! Die will doch bestimmt bloß wieder dreckige Lügen über uns verbreiten, aber nicht mit mir, dass das …«

»Jetzt kommen Sie erst mal wieder runter«, schnitt Schobinger ihm das Wort ab. »Ich weiß ja nicht, was für einen Ärger Sie mit Frau Kerber haben, und es ist mir ehrlich gesagt auch ziemlich gleichgültig. Aber hier haben Sie im Moment nichts verloren. Hier wurde vor kurzem eine Leiche gefunden, und wir haben keine Lust, uns eventuell noch vorhandene Spuren von Unbeteiligten wie Ihnen zertrampeln zu lassen.«

»Ach ja? Und wieso darf *die* dann hier sein?«, fragte der Hüne inquisitorisch und bedachte Carolin Kerber mit einem giftigen Blick.

»Vielleicht, weil es sich bei der Leiche um ihre Tochter Moira handelt?«, schoss Schobinger zurück.

Sinha beschlich das Gefühl, dass sein Kollege in diesem Moment gerne richtig ausfallend geworden wäre und sich nur mühsam beherrschte.

»Ich denke, in dem Fall hat sie durchaus das Recht, hier zu sein«, fügte Schobinger hinzu. »Und da können nicht einmal Sie etwas dagegen haben.«

Für einen Augenblick schien der Hüne ernsthaft betroffen zu sein. »Das … das tut mir natürlich leid«, presste er hervor. »Nichtsdestotrotz kann ich dieses Weibsstück nicht ausstehen, das weiß sie sehr gut – und halten zu Gnaden, ihre Tochter hat uns auch nichts als Ärger gemacht; ich meine …«

»Jetzt reicht's!« Bei Schobinger riss nun sichtlich der Geduldsfaden. »Sie verlassen augenblicklich das Gelände, Herr Wegener! Wie kommen Sie mir eigentlich vor? Da stirbt ein junges Mädchen, wird möglicherweise Opfer eines Gewaltverbrechens, und Sie haben nichts Besseres zu tun, als über sie herzuziehen und auf ihre Mutter loszugehen? Das glaub ich ja wohl nicht! Los jetzt, verschwinden Sie – ade!«

Der Hüne hatte dem Wutausbruch des Freiburger Kommissars mit steigender Zornesröte im Gesicht zugehört, doch bevor er nun zu einer Erwiderung ansetzen konnte, ging Michaela Lux sehr bestimmt dazwischen.

»Sie haben es gehört«, sagte sie in einem Tonfall, der keinen Widerspruch duldete. »Kommen Sie.«

Der Hüne betrachtete sie einen Moment lang unschlüssig, dann schien er den Entschluss zu fassen, fürs Erste den würdevollen Rückzug anzutreten, und ließ sich ohne Widerstand von der Kommissarin zurück auf den Bahnhofweg lotsen. Dort drehte er sich noch einmal um und warf Carolin Kerber und Peter Schobinger einen finsteren Blick zu. Dann verschwand er in der Menge der Passanten.

»Was war *das* denn für ein Auftritt?«, fragte Michaela Lux, als sie zu den beiden zurückkehrte. »Wer war das überhaupt?«

Peter Schobinger gab ein verächtliches Schnauben von sich. »Karsten Wegener«, antwortete er. »Besitzer des Sporthotels *Schanzenberg* hier in Hinterzarten. Und ziemlich aktiv in der Skisprungszene, daher kenne ich ihn. Aber was hat er denn mit Ihnen für eine Fehde, Frau Kerber? Ich dachte schon, er will Sie auffressen!«

Bei diesen Worten flutete ein wenig Farbe in Carolin Kerbers Gesicht zurück.

»Nun, herzinnig lieben wird er mich in diesem Leben wohl nicht mehr«, meinte sie. »Sie wissen ja, ich arbeite als Journalistin und Hoteltesterin für das Magazin *Reiseglück*. Vor gut einem Jahr habe ich einen Artikel über das Sporthotel *Schanzenberg* geschrieben, und der ist leider nicht ganz so ausgefallen, wie Herr Wegener sich das wohl gewünscht hätte. Aber es gab eben doch das eine oder andere zu bemängeln – ganz davon abgesehen, dass einer von seinen Söhnen meine Moira bedrängt und sexuell belästigt hat. Und das geht ja wohl gar nicht.«

»War das erwiesen?«, fragte Michaela Lux. »Das mit der sexuellen Belästigung, meine ich.«

»Meine Tochter lügt nicht!«, erwiderte Carolin Kerber scharf. Im nächsten Moment biss sie sich auf die Lippen. »Ich meine … sie *hat* mich nie angelogen. Stefan Wegener hat damals natürlich alles bestritten, und sein Vater hat ihm blind geglaubt und nicht mal ansatzweise die Möglichkeit in Betracht gezogen, dass Moira die Wahrheit gesagt hat. Damit hat er sie als Lügnerin hingestellt … und so etwas lass ich nicht durchgehen. Niemals. Meine Moira, sie … sie war ein so wunderbares Kind, und jetzt … jetzt ist sie …«

Ihre Stimme brach, sie schlug sich eine Hand vor den Mund, und Michaela Lux konnte gerade noch fürsorglich einen Arm um sie legen, bevor sie in Tränen ausbrach. Lux wechselte einen schnellen Blick mit Schobinger, nickte ihm zu und führte Carolin Kerber dann zu einem der Streifenwagen, während sie sanft und leise auf sie einredete.

Peter Schobinger sah ihnen hinterher. Dann wandte er sich nachdenklich ab, und sein Gesicht verzog sich zu einer schrägen Grimasse, als er Surendra Sinha bemerkte.

»Immer noch da, Herr Kollege? Aber warum soll man auch gehen, wenn's spannend wird? Hier haben Sie doch heute Nachmittag glatt was geboten bekommen für Ihre Kurtaxe.«

Er wehrte mit einem leichten Lächeln ab, als Sinha etwas erwidern wollte.

»War nur ein Scherz. Ich würd wahrscheinlich auch bleiben, wenn ich am Bodensee zufällig in so eine Spurensicherung reinplatzen würde. Das haben wir nun mal so im Blut, nicht wahr? Aber jetzt entschuldigen Sie mich, ich hab noch zwei, drei Dinge zu erledigen, und dann sind wir hier fürs Erste fertig. Und, kommen Sie morgen auch zum großen Skispringen?«

Bevor Sinha verneinen konnte, erinnerte er sich im letzten Moment daran, dass Schobingers Sohn bei dem Wettkampf als Vorspringer fungieren würde – und mit welch unverhohlenem Vaterstolz Schobinger vorhin davon berichtet hatte. Ein wahrheitsgemäßes Nein wäre für seinen Freiburger Kollegen wohl eine ziemliche Enttäuschung, wenn nicht gar eine Beleidigung.

»Selbstverständlich«, antwortete er deshalb lächelnd. »Das lasse ich mir doch nicht entgehen!«

Schobinger strahlte, schüttelte Sinha zum Abschied kräftig die Hand und ging zu den Streifenwagen. Sinha massierte sich die schmerzenden Fingerknöchel und schnaubte leise. Natürlich hatte er keineswegs ernsthaft vor, zu dem Spektakel ins Stadion zu gehen. Aber das brauchte Kollege Schobinger ja nicht zu erfahren.

2

Das Haus *Sonnenblume* lag ein wenig abseits, am Rande von Hinterzarten. Die Besitzer hatten das Gebäude wenige Jahre zuvor geerbt, und da sie bereits über ein eigenes Domizil mitten im Ort verfügten, hatten sie beschlossen, das Erbhaus zu sanieren und drei Ferienwohnungen darin einzurichten. Das alte Mobiliar des Vorbesitzers hatten sie dabei samt und sonders entsorgt und die Wohnungen mit wenigen, aber ausgesucht hochwertigen hellen Massivholzmöbeln eingerichtet. Auch sonst hatten sie bei der Renovierung an nichts gespart; vermutlich waren sie davon ausgegangen, dass sich diese Ausgaben bei dem sommers wie winters boomenden Schwarzwald-Tourismus relativ schnell amortisieren würden. Und an Gästen fehlte es ihnen offenbar in der Tat nicht; als Surendra Sinha, nachdem er und sein Vater seine Mutter mit mehr oder weniger sanfter Gewalt zu ihrer Földiklinik-Kur verdonnert hatten, nach einer Unterkunft für seinen Kurzbesuch gesucht hatte, war die *Sonnenblume* ausgebucht gewesen. Es war purer Zufall gewesen, dass den Besitzern wenig später eine Stornierung ins Haus geflattert war, so dass sie Sinha doch noch unterbringen konnten. Seitdem hatte er sich bereits mehrfach zu seinem Glück gratuliert – nicht nur, weil er schon befürchtet hatte, so kurzfristig gar nichts mehr zu finden, sondern auch, weil er sich in dieser hellen, freundlichen Souterrain-Wohnung wirklich wohlfühlte.

Er atmete tief durch, als er nach seiner Rückkehr von dem Leichenfundort die Eingangstür hinter sich schloss und die Schuhe von den Füßen streifte. Es war sehr still im Haus; die Walker-Twins, die in der Wohnung neben der seinen logierten, waren offenbar noch nicht wieder zurück, und die vierköpfige Familie aus Bremen, die im ersten Stock die größte der drei

Ferienwohnungen gemietet hatte, war an diesem Morgen mit vollgepackten Rucksäcken losgezogen und wohl immer noch irgendwo in den umliegenden Bergen unterwegs. Er setzte die Kaffeemaschine in Betrieb, steckte im Wohnzimmer sein Smartphone in das mobile Lautsprecherdock, das er auf Reisen immer mit sich führte, und aktivierte eine seiner Lieblingsplaylists mit Songs aus neueren Hindi-Filmen. Das war genau die Ablenkung, die er jetzt brauchte.

Auf dem Weg zurück in die Küche nahm er aus den Augenwinkeln heraus plötzlich eine Bewegung vor dem Wohnzimmerfenster wahr; er wandte sich um, und ein Lächeln umspielte seine Lippen.

»Hallo, Billi!«

Draußen auf dem Fensterbrett saß eine kleine, getigerte Katze mit weißen Pfoten und einem weißen Gesicht. Als er nun auf das Fenster zuging, hob sie eine ihrer Vorderpfoten und kratzte sehr energisch an der Scheibe.

»Ja, ich bin ja schon da – so, rein mit dir!«

Kaum hatte er das Fenster geöffnet, als die Katze bereits zu einem eleganten Sprung ansetzte und weich auf dem hellen Teppichboden landete, wo sie sich erst einmal ausgiebig streckte. Sinha schmunzelte in sich hinein. Die kleine Mieze war es offenbar gewohnt, in dieser Ferienwohnung ein und aus zu gehen; schon an seinem Ankunftstag war sie erstmals auf dem Fensterbrett aufgetaucht und hatte ihn neugierig gemustert. Sinha, nicht minder neugierig, hatte das Fenster aufgemacht, und gleich darauf war die Katze wie selbstverständlich in die Wohnung gesprungen und hatte zielbewusst die Küche angesteuert. Dort war sie stehengeblieben, hatte sich zu ihm umgedreht und einen ausgesprochen vorwurfsvollen Maunzer von sich gegeben, der sich eindeutig nach »Und? Wo bleibt mein Abendessen?« anhörte.

Nun hatte Sinha zwar zuvor einige Lebensmittel auf Vorrat eingekauft, aber vierbeiniger Besuch war dabei nicht eingeplant gewesen. Das Einzige, was er seinem unerwarteten Gast deshalb spontan anbieten konnte, war mit Wasser verdünnte Milch. Die Katze erwies sich als nicht wählerisch und schlabberte die Schale mit Genuss leer. Seitdem erschien sie jeden Tag, um sich ihre Ration Milch und ihre Streicheleinheiten abzuholen, mit denen Sinha sie nur zu gern bedachte; er mochte Katzen sehr, und wenn er einen Beruf mit einem einigermaßen geregelten Tagesablauf ausgeübt hätte, dann hätte mit Sicherheit längst eine Samtpfote in seiner heimatlichen Wohnung Einzug gehalten.

»Na komm, Billi – ich mach dir gleich deine Milch zurecht, ja?«

Er ging in die Küche, während die Katze ihm um die Beine strich und erwartungsvoll miaute. Er servierte ihr das Milchschälchen, dann schenkte er sich einen Becher Kaffee ein, setzte sich an den Küchentisch und sah zu, wie sein kleiner Gast es sich schmecken ließ. Er hatte keine Ahnung, wem die Katze gehörte, aber da sie gut genährt und gepflegt wirkte, ging er davon aus, dass er nicht der einzige Dosenöffner in ihrem Leben war. Deshalb hatte er nach kurzem Nachdenken darauf verzichtet, sich mit Katzenfutter einzudecken, und offensichtlich war die Mieze mit dem täglichen Milch-Wasser-Cocktail durchaus zufrieden.

Nachdem sie das Schüsselchen leergeschleckt hatte, hob sie den Kopf und sah Sinha fragend an.

»Aha – Lust auf eine Schmuserunde? Dann komm, *meri chhoti billi!*«

Er hob die Katze hoch, was diese sich ohne Protest gefallen ließ, trug sie ins Wohnzimmer und ließ sich mit ihr auf dem Sofa nieder. Sofort kuschelte die Katze sich behaglich auf seinem Schoß zurecht und schnurrte zufrieden, als er sie sanft zwischen den Ohren und unter dem Kinn kraulte. *Meri chhoti billi.* Er wusste noch immer nicht, warum er sie bei ihrem ersten Besuch spontan auf Hindi angesprochen hatte; aber bei der Anrede

»mein kleines Kätzchen« samt dem Namen *Billi* war es danach geblieben.

Nach einer Weile rollte die Katze sich bequem zusammen und legte den Kopf auf die Vorderpfoten. Langsam wurde der warme, kleine Körper auf Sinhas Schoß immer schwerer und das Schnurren immer leiser.

»Okay, ich verstehe … dann schlaf mal schön, Billi. Ich stör dich nicht.«

Der Anblick der friedlich vor sich hin dösenden Katze wirkte beruhigend auf Sinha. Während seine Hand wieder und wieder über ihr weiches Fell glitt, wanderten seine Gedanken zurück zu dem Anblick des toten Mädchens am Ufer des Adlerweihers.

Moira Kerber. Tochter einer Journalistin, die sich mit einer Negativkritik die Feindschaft eines ortsansässigen Hotelbesitzers zugezogen hatte. Freundin eines Nachwuchs-Skispringers, mit dem sie sich kurz vor ihrem Tod noch gestritten hatte. Wegen einer Nichtigkeit. Er fragte sich, was für eine »Nichtigkeit« das wohl gewesen war … und im gleichen Moment fiel ihm auf, dass weder Peter Schobinger noch Michaela Lux an dieser Stelle von Daniels Bericht nachgehakt hatten, um Genaueres zu erfahren – was er, Sinha, mit Sicherheit getan hätte. Was war es wohl gewesen, das Moira so wütend gemacht hatte, dass sie ihren Freund einfach stehen ließ und der Party im Skistadion (die, wenn man den Walker-Twins glauben durfte, immerhin »top of the world« war) den Rücken kehrte?

Vielleicht wollten die beiden Kollegen den jungen Mann nicht zu sehr bedrängen, solange der Schock über den Tod seiner Freundin noch so frisch war, und hatten sich solche Nachfragen deshalb gezielt für später aufgehoben. Oder vielleicht wusste Schobinger auch schon Bescheid, weil Daniel seinen Vater am Vorabend nach Moiras Abgang angerufen und ihm von dem Streit erzählt hatte – was Sinha zwar eher unwahrscheinlich vorkam, aber was immerhin erklären würde, warum

Schobinger diese Sache vorhin nicht weiter interessiert hatte. Michaela Lux wiederum hatte sich möglicherweise deshalb nicht eingemischt, weil sie das Ganze als eine Angelegenheit zwischen Vater und Sohn ansah. Und weil Schobinger es ihr am Ende sogar verübeln würde, wenn sie die Vernehmung seines Sprösslings quasi an sich riss.

Alles denkbar. *Und alles überhaupt nicht seine Angelegenheit.*

Die Katze auf seinem Schoß gab einen zarten Schnarchton von sich. Gleichzeitig kündigten Gitarrenklänge aus dem Lautsprecherdock den nächsten Filmsong auf der Playlist an, und Sinha erkannte eines seiner Lieblingslieder.

»Sari umar hum mar mar ke jee liye …«

Unwillkürlich begann er mitzusingen – leise, um die Katze nicht zu wecken.

»Ek pal toh ab hum mein jeene do, jeene do …«

Mein ganzes Leben lang bin ich jeden Tag gestorben; lass mich jetzt leben, nur für einen Augenblick leben. Der Text berührte ihn noch immer genauso wie damals, als er »3 Idiots« zum ersten Mal gesehen hatte, diesen großartigen Erfolgsfilm über junge Studenten und deren Aufbegehren gegen den gnadenlosen und stumpfsinnigen Drill an ihrem College.

»Give me some sunshine, give me some rain, give me another chance – I wanna grow up once again!«

Der Ausbruch im Refrain war wie ein Schrei der Verzweiflung, der wilden Sehnsucht nach der Chance, noch einmal neu anzufangen und endlich leben zu dürfen. Eine Chance, die es für Moira Kerber nicht mehr gab.

»Bachpan toh gaya, jawani bhi gayi …«

Sinha spürte, wie ihm ein Kloß im Hals wuchs. *Meine Kindheit ist vorüber, meine jungen Jahre sind vorüber.* Für Moira Kerber war alles vorüber.

»Ek pal toh ab hum mein jeene do, jeene do …«

Moira würde nie wieder leben, nicht einmal mehr für einen Augenblick.

»Give me some sunshine, give me some rain, give me another chance – I wanna grow up once again!«

Hatte Moira womöglich ähnlich wie diese jungen Studenten um eine Chance gebettelt, leben zu dürfen, als man ihrem Leben auf brutale Weise ein Ende setzte? Einem Leben, das kaum richtig begonnen hatte?

Mit einem Mal ertrug er das Lied nicht mehr. Er erhob sich, um die Wiedergabe abzubrechen. Prompt wachte die Katze in seinen Armen auf und sprang hinunter auf den Boden, von wo sie verwirrt zu ihm hochschaute.

»Tut mir leid, Billi«, murmelte Sinha verlegen.

Er aktivierte das Display des Smartphones und drückte auf die Pausentaste. Die Musik verstummte.

Die Gedanken an Moira Kerber konnte er nicht abstellen.

Was wusste er von ihr? Sie hatte Streit mit ihrem Freund gehabt. Und sie hatte vor einem Jahr den Sohn eines angesehenen Hoteliers der sexuellen Belästigung bezichtigt und damit wohl auch zu der Negativbewertung des Hotels durch ihre Mutter beigetragen. Hatte sie sich dadurch Feindschaften eingehandelt, die ihr jetzt zum Verhängnis geworden waren? Was war mit besagtem Hoteliersohn zum Beispiel … oder gar mit dem Hotelier selbst, der vorhin ja sogar offen zugegeben hatte, von der Tochter ebenso wenig zu halten wie von ihrer Mutter?

Sinha seufzte. Er kannte sich selbst gut genug, um zu wissen, dass es ihn wahnsinnig machen würde, den Rest des Abends über untätig in seiner Ferienwohnung herumzusitzen und zu grübeln. Auch wenn der Fall ihn nichts anging. Abgesehen davon … niemand konnte ihm Vorwürfe machen, wenn er in seinem Urlaub abends nett essen ging, nicht wahr? Und *wo* er essen ging, war auch ganz allein seine Sache.

Er ging in den Flur, um seine Schuhe anzuziehen. Die Katze schien zu begreifen, dass für diesmal Ende der Besuchszeit war; als Sinha ins Wohnzimmer zurückkehrte, um sein Smartphone zu holen, sah er gerade noch, wie sie vom

Fensterbrett aus ins Freie sprang. Er schaute ihr nach, bis sie durch die Hecke auf das Nachbargrundstück verschwunden war, dann schloss er das Fenster, steckte sein Smartphone ein und verließ das Haus.

***

Das Sporthotel *Schanzenberg* war ohne Frage eine der besten Adressen des Ortes: ein großes, geschmackvolles Gebäude ganz in der Nähe des Adler-Skistadions mit seinen Sprungschanzen. Das Restaurant, freundlich gestaltet und großzügig mit hellen Holzvertäfelungen an den Wänden und einem gewaltigen grünen Kachelofen in der Mitte ausgestattet, hatte gerade erst seinen Abendbetrieb aufgenommen, und Surendra Sinha fand daher ohne Mühe einen Platz an einem gemütlichen Ecktisch. Er bestellte ein Tannenzäpfle-Bier und fragte sich einmal mehr leicht belustigt, ob er in der Schule nicht richtig aufgepasst hatte oder ob auf dem Flaschenetikett tatsächlich eher *Fichtenzäpfle* abgebildet waren; dann überflog er die Speisekarte und entschied sich für in Mandelbutter gebratene Schwarzwaldforelle mit Salzkartoffeln und Gurkensalat. Das Essen wurde ihm erfreulich schnell serviert und schmeckte ausgesprochen köstlich. Auch wenn seine Mutter ihm mit Sicherheit einen wortreichen Vortrag darüber gehalten hätte, dass man aus dieser Forelle und den Kartoffeln besser ein anständiges Fischcurry mit ordentlich Tomaten, Zwiebeln, Paprikastreifen und Chilis hätte machen sollen.

»Na, alles in Ordnung? Schmeckt's?«

Sinha sah auf. Vor seinem Tisch war ein hochgewachsener Mann stehengeblieben, den er sofort als den Hünen wiedererkannte, der am Nachmittag am Adlerweiher so wütend auf Carolin Kerber losgegangen war. *Karsten Wegener, der Besitzer dieses Hotels.* Offenbar pflegte der Mann persönlich ein Auge darauf zu haben, ob seine Gäste zufrieden waren.

»Ja, vielen Dank«, antwortete Sinha. »Das Essen ist ausgezeichnet.«

Der Hotelbesitzer musterte ihn forschend. Seine Augen wurden schmal.

»Sie kommen mir bekannt vor«, stellte er fest. »Waren Sie nicht vorhin unten am Weiher, zusammen mit dieser Kerber?«

»Ich war am Weiher, ja«, antwortete Sinha sachlich, entschlossen, den leicht aggressiven Unterton in Wegeners Stimme zu ignorieren. »Aber nicht zusammen mit Frau Kerber, ich kenne diese Dame nicht einmal. Mein Name ist Surendra Sinha, ich bin Kriminalkommissar aus Friedrichshafen und war rein zufällig vor Ort, als die Leiche von Moira gefunden wurde.«

»*Sie* sind Kommissar?«

Der Tonfall Wegeners wechselte von leicht aggressiv zu ziemlich abschätzig, und die Betonung des *Sie* war nicht misszudeuten. Sinha seufzte innerlich. Er war es gewohnt, nicht immer auf Anhieb ernst genommen zu werden, und schon gar nicht als Gesetzeshüter. Als Sohn indischer Eltern, groß und schlank, mit matt bronzefarbener Haut und mit Augen, die ebenso schwarzbraun waren wie sein kurzgeschnittenes Haar, wurde er nicht selten in eine ganz andere Schublade gesteckt, und es war sogar schon vorgekommen, dass man seinen Dienstausweis für gefälscht gehalten hatte. Da half ihm auch sein akzent- und fehlerfreies Deutsch nichts – viele Leute hielten ihn trotzdem eher für einen Ausländer als für einen deutschen Staatsangehörigen. Und schon gar nicht für einen, der befugt war, Verbrecher zu jagen und festzunehmen.

Aber er hatte längst aufgehört, sich darüber zu ärgern. Ruhig bleiben und seinen Kontrahenten den Wind aus den Segeln nehmen – damit hatte er die entschieden besseren Erfahrungen gemacht.

»Ja, bin ich«, antwortete er deshalb gelassen und legte seinen Dienstausweis vor sich auf den Tisch. »Allerdings, wie gesagt, nur auf Urlaub. Offiziell bin ich mit diesem Fall nicht befasst. Falls Sie dazu jetzt irgendwelche Fragen haben, meine ich. Da müsste ich Sie an die hiesigen Kollegen verweisen.«

Karsten Wegener sah auf den Ausweis hinunter. Dann schaute er Sinha an, und plötzlich lächelte er breit.

»Verstehe«, sagte er. »Entschuldigen Sie, Herr … Herr Sinha. Ist das so richtig ausgesprochen?«

»So, wie man's schreibt«, lächelte Sinha zurück. »Völlig korrekt.«

»Sehr schön. Ich bin Karsten Wegener, der Besitzer des *Schanzenberg*. Und es freut mich sehr, dass Sie sich selbst ein Bild von meinem Hotel machen und sich nicht von dem Geschmiere einer unfähigen Journalistin abschrecken lassen.«

Offensichtlich ging der Hotelbesitzer davon aus, dass Sinha über den Grund seines Ärgers mit Carolin Kerber bestens Bescheid wusste. Nun gut, dann konnte er ebenso gut auch direkt darauf eingehen.

»Ich habe schon gehört, dass sie einen Artikel über dieses Haus geschrieben hat und dass der … wohl nicht ganz positiv ausgefallen ist«, erwiderte Sinha, wobei er seine Worte sorgsam wählte. »Aber ich habe ihn nie gelesen, deshalb kann ich da auch nicht mitreden.«

»Es war eine *Unverschämtheit!*« Ohne nachzufragen, ob es Sinha recht war, setzte Wegener sich ihm gegenüber an den Tisch. »Meine ganzen Freunde hier in Hinterzarten waren genauso fassungslos wie ich. Und ich hab eine Menge Zuschriften von früheren Gästen bekommen, die das, was in dem Artikel steht, überhaupt nicht begreifen konnten; sie meinen, sie hätten nie etwas auszusetzen gehabt und würden jederzeit gerne wiederkommen. Was ja gut und schön ist, aber es ändert nichts an der Tatsache, dass diese Giftspritze mich einiges gekostet hat; kaum war der Artikel draußen, als wir schon die ersten Stornierungen reingekriegt haben, und in den ersten Wochen danach hatten wir merklich weniger Gäste als sonst. Und das nur, weil … weil diese Kerber ungeniert ihre Lügen verbreitet hat!«

»Was für Lügen denn?«, warf Sinha ein, als Wegener an dieser Stelle absetzte, um Luft zu holen.

»Sie hat die Sauberkeit bemängelt – das war schon mal die erste Frechheit, unsere Zimmermädchen arbeiten immer tipptopp! Dann sei der Service miserabel gewesen; dabei hat sie außer beim Ein- und Auschecken überhaupt nie nach etwas gefragt! Das Essen hat ihr auch nicht gepasst … also mal ehrlich: Ihnen schmeckt es doch, oder?«

Sinha, der sich gerade das letzte Stück Forelle in den Mund geschoben hatte, nickte wortlos.

»Na, sehen Sie. Und der Oberhammer war, dass sie behauptet hat, mein Sohn habe sich an ihre Tochter rangemacht und sie sexuell belästigt! Das hat sie zwar nicht explizit in den Artikel hineingeschrieben, so viel Anstand hat sie dann doch gehabt, nicht auch noch mit einer strafbaren Verleumdung an die Öffentlichkeit zu gehen, die sie nicht beweisen kann. Wie denn auch – mein Stefan hat dieses kleine Luder ganz bestimmt nicht angerührt. Aber sie hat durchblitzen lassen, allein reisende Frauen sollten um mein Hotel besser einen Bogen machen! Ist das nicht unglaublich? Wundern Sie sich da noch, dass ich dieser Kerber am liebsten den Hals umdrehen würde?«

»Solange Sie nicht stattdessen ihrer Tochter den Schädel einschlagen«, gab Sinha in aller Seelenruhe zurück und trank einen Schluck von seinem Bier, ohne den Blick von seinem Gegenüber zu nehmen.

Wegener starrte ihn an. Sein Gesicht begann sich bedrohlich zu röten.

»Was soll das heißen?«, fauchte er. »Wollen Sie jetzt etwa *mich* verdächtigen, die Kleine umgebracht zu haben?«

»Kann ich das denn sicher ausschließen?«, entgegnete Sinha. Ihm war klar, dass er sich mittlerweile auf mehr als gefährlichem

Glatteis befand, aber er konnte einfach nicht anders. »Immerhin sagen Sie ja selbst, dass Moira Ihnen sehr viel Unannehmlichkeiten bereitet hat – ganz zu schweigen von den Anschuldigungen gegen Ihren Sohn.«

Wegener ballte beide Hände zu Fäusten und atmete tief durch, wie um sich zu beruhigen. Offenbar erinnerte er sich daran, dass außer Sinha noch weitere Gäste in seinem Restaurant saßen und hier deshalb weder Ort noch Zeit für einen lautstarken Wutanfall war.

»Jetzt passen Sie mal gut auf, Herr Kommissar«, knurrte er. »Wie gesagt, dieser Kerber hätte ich liebend gerne den Hals umgedreht. Hab ich aber nicht. Und wenn ich *die* schon nicht ins Jenseits befördere, dann erst recht nicht ihre verlogene Tochter. Und bevor Sie jetzt fragen: Nein, mein Sohn hätte sich an dieser kleinen Göre auch nicht die Finger schmutzig gemacht. Es tut mir leid, aber Sie müssen sich einen anderen Mörder suchen.«

Sinha betrachtete den Hotelbesitzer konzentriert. Sein Instinkt sagte ihm, dass der Mann ihn nicht belog und mit Moiras Tod tatsächlich nichts zu tun hatte. Er beschloss zwar, seine Freiburger Kollegen der Vollständigkeit halber dennoch über diese Unterhaltung zu informieren – aber für sich selbst zog er an dieser Stelle einen Schlussstrich.

»Mach ich«, sagte er friedfertig. »Beziehungsweise überlasse ich das der Kripo hier in Freiburg und halte mich selbst ganz klar raus. Nichts für ungut, Herr Wegener. Könnte ich vielleicht noch einen Kaffee bekommen? Die Forelle war wirklich vorzüglich.«

Die Gesichtszüge Karsten Wegeners entspannten sich merklich.

»Aber sicher«, antwortete er. »Oder möchten Sie lieber noch ein Bier? Geht aufs Haus.«

»Da sag ich nicht nein«, lächelte Sinha. »Danke.«

»Na denn!« Wegener sah sich um. »Stefan! Bring uns mal eben zwei Tannenzäpfle aufs Haus!«

»Wird gemacht!«

Die Stimme kam aus der Richtung des Tresens, den Sinha von seinem Platz aus nicht sehen konnte, und sie klang jung genug, dass er den Schuss ins Blaue riskieren konnte.

»Stefan? Ist das Ihr Sohn?«

»Ja, mein jüngerer«, erklärte Wegener. »Er hilft mir oft hier im Restaurant, vor allem jetzt in der Hochsaison, wenn wir rund um die Uhr zu tun haben. Er arbeitet sich sozusagen schon mal ein, und das ist gut so; das Sporthotel *Schanzenberg* ist ein Familienbetrieb und wird es, so Gott will, auch in der nächsten Generation bleiben.«

»Ihr jüngerer … das heißt, Sie haben auch noch einen anderen Sohn?«

Ein Schatten glitt über Karsten Wegeners Gesicht.

»Ja. Marc. Aber der hilft … eher hinter den Kulissen.«

Irgendetwas in Wegeners Stimme verbot jegliches Nachhaken, und Sinha musste sich schwer zusammennehmen, um nicht genau das zu tun.

»Aber das heißt«, bemerkte er stattdessen, »wenn Sie so gut zu tun haben und sogar Ihre Söhne mit aushelfen müssen, dass das Hotel wieder läuft … trotz dieser leidigen Artikelgeschichte von damals.«

Wegeners Gesicht verzog sich zu einem sarkastischen Grinsen.

»Na klar. Qualität setzt sich immer durch. Und gerade jetzt, zum Sommer-Grand-Prix, da rennen uns die Leute die Bude ein. Näher dran am Geschehen können sie kaum sein, und das Skispringen steht bei uns schon aus Prinzip hoch im Kurs. Alte Familientradition, wissen Sie? Schon als Kind hab ich zusammen mit meinen Eltern und Großeltern bei jedem großen internationalen Skisprung-Wettbewerb vor dem Fernseher gesessen und mitgefiebert, später dann natürlich erst recht, in den Neunzigern, als unser Dieter Thoma zu den Besten der Welt gehört hat … und ich werd nie vergessen, wie der Sven Hannawald damals als erster Springer überhaupt alle vier Wettbewerbe der Vierschanzentournee gewonnen hat. 2002 war das – da war hier die Hölle los, das kann ich Ihnen flüstern. Als er den Grand Slam komplett gemacht hat, beim Dreikönigsspringen in Bischofshofen, da hat mein Vater hier den gesamten Laden einen Abend lang freigehalten. Und nachdem ich am Morgen danach meinen Rausch glücklich ausgeschlafen hatte, hab ich gleich als Erstes meine beiden kleinen Jungs beim Skiclub Hinterzarten angemeldet.«

»In der Hoffnung, dem Club damit mindestens das nächste Olympiasieger-Duo zu bescheren!«, warf ein junger, etwa siebzehnjähriger Mann mit blondem Lockenschopf und einem spitzbübischen Grinsen ein, der in diesem Moment ein Tablett mit zwei Flaschen und zwei Gläsern auf dem Tisch abstellte. »Was bei mir leider kläglich schiefgelaufen ist; ich bin immer nur traurig hinter meinen Altersgenossen hergehüpft. Schade, ich fand das Skispringen klasse, aber für eine große Karriere hätt's bei mir nie gereicht. Zum Wohl!«

Er hatte Sinhas Glas halb voll geschenkt und servierte es ihm mitsamt der Flasche.

»Danke«, sagte Sinha. »Das heißt, Sie haben den Sport aufgegeben?«

»Aktiv ja«, antwortete der junge Mann. »Aber ganz los wird die Adlerschanze mich nie. Ich bleib auf jeden Fall Mitglied im Skiclub, und bei Veranstaltungen wie jetzt beim Sommerskispringen mach ich immer als freiwilliger Helfer mit. Wenigstens etwas, wenn ich schon sonst nichts auf der Schanze zustande bringe.« Er grinste breit.

Unwillkürlich grinste Sinha zurück. Stefan Wegener war ihm sympathisch, und für einen Moment war er geneigt, die Anschuldigungen, die Moira Kerber seinerzeit gegen den Jungen erhoben hatte, aus seinem Bewusstsein zu verdrängen.

»Ich bin sicher, freiwillige Helfer sind bei solchen Events sehr willkommen«, meinte er.

»Sie sind unentbehrlich«, betonte Karsten Wegener, der sich inzwischen ebenfalls eingeschenkt hatte. »Auch wenn wir heute beim Sommerskispringen nicht mehr ganz so viele Zuschauer haben wie früher – als der Hannawald noch aktiv war, sind da locker mal zwanzigtausend Leute zusammengekommen. Aber ein paar Tausend sind es nach wie vor. Ohne sieben-, achthundert ehrenamtliche Helfer wäre diese Veranstaltung nicht zu schaffen. Insofern hab ich der Skisprungszene in Hinterzarten durchaus was Gutes getan. Prost, Herr Kommissar!«

Er hob ihm sein Glas entgegen, und Sinha erwiderte den Toast.

»Prost, Herr Wegener!«

Während er von seinem Bier trank, kamen ihm plötzlich die Walker-Twins wieder in den Sinn, die diese Gesprächsrunde mit geballt vorhandenem Skisprung-Insiderwissen und unverhüllter Begeisterung für die Hannawalds und Thomas dieser Welt wohl in vollen Zügen genossen hätten. Vielleicht sollte er die Gelegenheit nutzen und sein nur rudimentär vorhandenes Wissen über diese Sportart ein wenig erweitern.

»Dieser … dieser Hannawald war also der große Lokalmatador hier, ja?«, fragte er vorsichtig und rechnete fest damit, als Antwort erst einmal fassungslose oder mitleidvolle Blicke zu ernten. Zu seiner Erleichterung schienen Vater und Sohn Wegener seine Frage jedoch durchaus ernst zu nehmen.

»Ja, klar, auch wenn er eigentlich kein Hinterzartener ist, so wie der Jörgli und der Dieter Thoma«, antwortete Karsten Wegener. »Ursprünglich stammt er aus dem Erzgebirge, damals noch DDR. Aber dann sind seine Eltern nach der Wiedervereinigung mit ihren Kindern in den Westen gegangen, und der Sven kam hier auf das Skiinternat Furtwangen. Damit ist er sozusagen ein Schwarzwälder geworden.«

»Er hat ja auch bei unserem Wolfgang Steiert trainiert«, warf Stefan Wegener eifrig ein. »Und er ist Mitglied bei uns im SC Hinterzarten geworden. Nee, der ist kein Sachse mehr – den haben wir voll und ganz adoptiert. Das sieht man auch an der Bretterbude im Stadion, da haben sie ihn ebenso verewigt wie die beiden Thomas.«

»Ihrem Gesichtsausdruck nach zu urteilen, haben Sie keine Ahnung, wovon mein Sohn gerade redet«, bemerkte Karsten Wegener gutmütig in Richtung Sinha. »Sie waren wohl noch nicht hier im Skistadion.«

»Nein«, gab Sinha unumwunden zu.

»Na, dieser Zustand muss aber ganz dringend ein anderer werden«, stellte Karsten Wegener fest. »Ich geh nachher noch zum Qualifikationsspringen für den morgigen Grand Prix – wollen Sie mitkommen? Ich schleus Sie mit rein, das ist kein Problem, und dann können Sie die ganze Atmosphäre dort mal live erleben.«

Sinha seufzte lautlos in sich hinein. Offenbar hatte es alle Welt darauf abgesehen, ihn zu einem Anhänger des Skisprung-Sports zu bekehren. Erst die Walker-Twins, dann Schobinger und jetzt auch noch Wegener. Widerstand war auf die Dauer wohl zwecklos.

Während er noch nach einer Antwort suchte, näherte sich erneut ein junger Mann dem Tisch – groß, sehr schmal und ohne Frage ein weiteres Mitglied der Wegener-Familie; die Ähnlichkeit mit dem Hotelbesitzer war unverkennbar.

»Entschuldigung, darf ich kurz stören?«

»Ja, Marc, was ist denn?«

Marc. Der ältere Sohn von Karsten Wegener. Interessiert musterte Sinha den Neuankömmling, den er auf neunzehn, höchstens zwanzig schätzte. Im Gegensatz zu dem jugendlich-unbekümmerten Stefan wirkte Marc allerdings eher ernst und verschlossen. *Und fast erschreckend erwachsen.*

»Frau Schmitz aus Zimmer fünfundzwanzig war gerade an der Rezeption; sie hat heute Nachmittag beim Kaffeetrinken ihre Strickjacke hier vergessen. Weiß einer von euch was davon, ist sie bei euch abgegeben worden?«

»Ja, bei mir.« Stefan lief blutrot an. »Tut mir leid, das hab ich total verschwitzt. Ich hab die Jacke zwischen Tür und Angel eingesammelt und erst mal mit ins Büro genommen, weil ich da was nachschauen musste. Und da hab ich sie dann liegen lassen. Ich hol sie gleich und bring sie der Dame, ja?«

»Nein, lass nur, das kann ich schon selbst …«

»Ach was, bei mir geht's schneller. Zimmer fünfundzwanzig, ja?«

Er wartete eine Antwort gar nicht erst ab und verschwand wie der Blitz. Sinha sah, wie ein Schatten über Marcs Gesicht glitt, als er seinem Bruder hinterherschaute.

»Sonst alles in Ordnung, mein Junge?« Forschend betrachtete Karsten Wegener seinen Sohn.

»Ja, alles bestens.« Marc straffte sich und nickte Sinha verlegen zu. »Wie gesagt, bitte entschuldigen Sie die Störung. Ich wünsche Ihnen noch einen schönen Abend.«

Er wandte sich ab und verließ das Restaurant. Dabei fiel Sinha auf, dass er stark hinkte und das rechte Bein hinter sich her zog. *Eine Sportverletzung*, dachte er spontan. *Sicher war der junge Mann nach wie vor beim Skiclub aktiv und hatte sich beim Training etwas gezerrt oder gebrochen.*

Karsten Wegener goss wortlos den Rest aus der Bierflasche in sein Glas und trank es in einem Zug leer. Sein sonst so unerschöpflicher Redestrom schien mit einem Mal versiegt.

»Ein sympathischer junger Mann«, versuchte Sinha schließlich das unangenehme Schweigen zu brechen. »Beide, um exakt zu sein.«

»Danke.« Wegener atmete tief durch. »Aber ich muss zugeben, manchmal tut's mir schon weh. Ich hatte so gehofft, Hinterzarten einen weiteren Skisprung-Champion zu schenken, wenn nicht sogar zwei. Nun gut, Stefan war tatsächlich nicht ganz so talentiert, damit hatte ich mich auch abgefunden. Marc dagegen …« Er brach ab und starrte düster auf die Tischplatte.

»Ich hab's gesehen«, bemerkte Sinha vorsichtig. »Hat er sich beim Training verletzt?«

Ruckartig hob Wegener den Kopf und sah Sinha an. Seine Augen waren dunkel geworden.

»Marc«, begann er leise, »war eines der größten Talente, die es beim SC Hinterzarten je gegeben hat. Mit sechs Jahren hat er mit dem Training angefangen, und nur wenig später hat er bereits zum ersten Mal den Georg-Thoma-Talentpokal gewonnen. Mit elf kam er in den Schülerkader des Skiverbands Schwarzwald, mit dreizehn in den Schülerkader von Baden-Württemberg; und bei den Wettbewerben für den Deutschen Schülercup war er immer ganz vorne mit dabei. Selbstverständlich haben wir ihn auch in das Skiinternat Furtwangen geschickt; dort werden die Schüler von professionellen Trainern betreut, müssen Sie wissen – hier im Skiclub arbeiten ja nur ehrenamtliche Trainer. Und es hat sich ausgezahlt: Mit fünfzehn hat Marc bereits zum Landeskader Baden-Württemberg gehört, und damit ist er auch im Fördersystem des Deutschen Skiverbands gelandet. Es war nur noch eine Frage der Zeit, bis er sich dort über den D- bis zum A-Kader hochgearbeitet hätte … dann wäre er im Weltcup mitgesprungen, und dann wäre alles möglich gewesen. *Alles.*«

Er schaute auf seine Hände hinunter.

»Und dann – kurz vor seinem ersten Einsatz im Alpencup – geschah der Unfall.«

Er biss sich auf die Lippen, und Sinha verkniff sich geduldig jede Nachfrage.

»Es war mitten in der Nacht«, fuhr Wegener nach einer Weile schließlich fort. »Marc hatte sich mit Freunden getroffen und war auf dem Nachhauseweg, als ein Wagen ihn mit voller Fahrt erfasst hat. Er muss mehrere Meter durch die Luft geflogen sein … es ist ein pures Wunder, dass er überhaupt überlebt hat. Allerdings war er schwer verletzt, sehr schwer. Die Ärzte haben getan, was sie konnten … aber das rechte Bein ist steif geblieben, und es wird wohl nie wieder richtig heilen. Damit war seine Sportlerkarriere beendet. Alle seine – und meine – Träume sind zerstört.«

Sinha hatte Wegener mit steigender Beklommenheit zugehört. »Hat man den Unfallfahrer gefasst?«, erkundigte er sich.

Wegener gab ein frustriertes Schnauben von sich. »Nein. Der ist einfach weitergerast. Und das Schlimmste ist: Wir werden wohl nie erfahren, ob es ›nur‹ ein Unfall war – oder ob jemand meinen Sohn mit voller Absicht über den Haufen gefahren hat.«

»Wie kommen Sie *darauf*?«, entfuhr es Sinha. »Gab es denn irgendwelche Hinweise auf einen … einen Anschlag?«

Wegeners Miene verdüsterte sich zusehends.

»Die Straße war gut beleuchtet, da, wo es passiert ist«, sagte er. »Marc hat den Wagen noch heranrasen sehen – und er glaubt, ihn erkannt zu haben. Allerdings bezweifle ich, dass Sie das jetzt gerne hören werden. Denn er meint, es war das Auto von Daniel Schobinger.«

»Was?«, platzte Sinha heraus. »Daniel – der Sohn von Kommissar Schobinger?«

»Ganz genau.«

»Aber – welchen Grund sollte er denn dafür gehabt haben? Gab es eine Feindschaft zwischen ihm und Ihrem Sohn?«

Wegener verzog das Gesicht. »Feindschaft … nennen wir es lieber sportliche Rivalität. Daniel ist zusammen mit Marc auf das Skiinternat Furtwangen gegangen, beide haben in der Gruppe von Einar Birkeland trainiert – und Daniel ist auch sehr talentiert, gar keine Frage. Aber an Marc ist er nie ganz rangekommen, der war immer einen Tick besser als er.«

»Und war er deswegen neidisch auf ihn? Hat er sich das irgendwie anmerken lassen?«

Wegener schüttelte den Kopf. »Nein. Ich meine, natürlich hat's ihn gewurmt, wenn er sich bei einem Wettkampf wieder mal hinter Marc platziert hat, aber das ist ja letzten Endes auch verständlich – die Jungs treten an, um zu gewinnen, und nicht, um irgendwo unter *ferner sprangen* mitzuhüpfen. Und soweit ich das mitgekriegt habe, haben die zwei sich jenseits der Schanze immer gut verstanden. Aber Marc ist überzeugt, dass es Daniel war, der ihn zum Krüppel gefahren hat. Weil Daniel ihn ausschalten wollte, wegen der Quali für den Alpencup.«

»Darf ich kurz zwischenfragen, was der Alpencup ist?«, warf Sinha ein. »Sie müssen entschuldigen, aber ich kenne nur den Weltcup. Ich bin kein Skisprung-Fachmann.«

»Schon klar; tut mir leid«, versetzte Wegener. »Also: Der Alpencup ist eine internationale Wettkampf-Serie und sozusagen das Sprungbrett für den FIS-Cup; auf den folgt dann der Continentalcup und schließlich der Weltcup. Wer in den jeweiligen Wettbewerben genügend Punkte sammelt, steigt in den nächsthöheren Cup auf, verstehen Sie? Mit dem Alpencup geht also die internationale Karriere los. Die Qualifizierung erfolgt über den Deutschlandpokal, und das ist natürlich *die* Chance für die Nachwuchsspringer so um die sechzehn, siebzehn Jahre.«

»Und da haben Marc und Daniel teilgenommen?«

»Ja, in der vorigen Saison; da waren beide knapp achtzehn. Im Jahr davor hatte Daniel die Quali noch ziemlich klar verpasst, und Marc war gar nicht erst angetreten, weil er nach einer Bänderzerrung noch in der Reha war. Diesmal wollten sie es beide unbedingt schaffen. Dazu mussten sie auf jeden Fall unter die besten sieben im Deutschlandcup kommen – Deutschland hat fünfzehn Startplätze beim Alpencup; acht davon sind für den DSV-Kader reserviert, und die anderen sieben werden beim Deutschlandcup ausgesprungen.«

»Ich verstehe«, sagte Sinha langsam. »Und wie lief es für die beiden?«

»Das letzte Springen war entscheidend«, antwortete Wegener. »Und ausgerechnet vor dem hat Marc eine handfeste Erkältung mit hohem Fieber erwischt. Er ist trotzdem angetreten – er lag genau auf dem siebten Platz, und den wollte er unbedingt verteidigen. Aber derart grippegeschwächt konnte er eben nicht ganz so gut springen wie sonst. Und Daniel hat ihn noch abgefangen und sich vor ihn auf den siebten Platz geschoben.«

»Das heißt, Daniel hatte die Qualifikation für den Alpencup geschafft?« Sinha runzelte die Stirn. »Warum sollte er dann Marc ausschalten, das war doch dann gar nicht notwendig!«

»Tja.« Wegener schnaubte erneut. »Das war wohl ein typischer Fall von *zu früh gefreut*. Der Einar – also der Trainer des Furtwangen-Kaders – hat nämlich von seiner Möglichkeit einer sogenannten modifizierten Qualifikation Gebrauch gemacht. Was bedeutet: Der Trainer kann Springer, die im Deutschlandcup unterlegen sind, nachnominieren, wenn sie zum Beispiel das ganze Jahr über im Training besser oder, als es darauf ankam, wegen einer Verletzung gehandicapt waren ... wenn sie also alles in allem die besseren Perspektiven haben als die eigentlich Qualifizierten.«

»Das heißt, man ist qualifiziert und muss dann aber trotzdem zurückstehen«, konstatierte Sinha. »Ganz schön bitter für die Betroffenen.«

»Klar, aber so ist der Sport!« Wegener breitete die Arme aus. »Und in diesem Fall hat der Trainer tatsächlich beschlossen, dass Marc der Bessere ist und nur wegen dieser dummen Erkältung die direkte Quali verpasst hat, und dass er deshalb *ihn* nominiert. Bitter für Daniel, wie Sie sehr richtig sagen ... wobei man dem Jungen eines lassen muss: Er hat die Entscheidung tapfer hingenommen und Marc zu seiner Nominierung gratuliert, obwohl er mit Sicherheit schwer enttäuscht war. Trotzdem: Wenn Marc jetzt ausfiel, dann war Daniel der nächste Nachrücker. Und deshalb haben nach dem Unfall natürlich eine ganze Menge Leute die Augenbrauen zusammengezogen.«

»Weil sie meinen, Daniel hat Marc mit Absicht überfahren, um so doch noch den ersehnten Startplatz für den Alpencup zu bekommen?«

»Ganz genau.«

»Glauben Sie das auch?«

Wegener schwieg eine Weile. Dann atmete er tief durch.

»Einerseits kann ich's mir nicht vorstellen. Andererseits ... weiß man, wozu junge Menschen imstande sind, wenn der Ehrgeiz sie treibt?« Er schnaubte leise. »Egal – Daniel hat für die Tatnacht ein Alibi. Er war zu Hause in Freiburg mit seiner Freundin zusammen, und sowohl die als auch sein Vater haben das bestätigt. Außerdem hat man an seinem Wagen nicht mal den kleinsten Kratzer gefunden. Damit ist er für die Polizei aus dem Schneider; sie ermitteln vorerst weiter gegen Unbekannt.«

Der Unterton in Wegeners Stimme war wieder leicht aggressiv geworden, und Sinha zählte blitzschnell zwei und zwei zusammen.

»Daniels Freundin ... das heißt Moira Kerber, ja?«

»Ja.«

Die Antwort kam so kurz wie unmutig; es war offensichtlich, dass der gewaltsame Tod des jungen Mädchens Karsten Wegener noch immer nicht versöhnlicher gestimmt hatte. Und Sinha stellte fest, dass sich die potenziellen Gründe für den Groll des Hotelbesitzers gegen Moira mittlerweile häuften. Erst bezichtigte sie den jüngeren Wegener-Sohn der sexuellen Belästigung und trug dadurch zudem zu dem Verriss des Sporthotels *Schanzenberg* in Carolin Kerbers Reisemagazin bei – und dann holte sie mit einem Alibi den Mann aus der Schusslinie, der möglicherweise die Gesundheit und die Sportlerkarriere des älteren Wegener-Sohnes auf dem Gewissen hatte.

War etwa hier ein Motiv für den mutmaßlichen Mord an Moira Kerber zu suchen? War jemand so überzeugt von Daniel Schobingers Schuld, dass er Moira als seine Alibigeberin ausschalten wollte? Immerhin waren die Ermittlungen wegen Marcs Unfall noch nicht abgeschlossen.

Aber andererseits war der Wagen unversehrt gewesen. Und Vater Schobinger hatte das Alibi seines Sohnes bestätigt. Eine Verwicklung des jungen Mannes in den Unfall seines Sportrivalen erschien Sinha daher doch eher unwahrscheinlich.

Trotzdem. Auch das würde er den Kollegen in Freiburg sicherheitshalber erzählen. Seiner Ansicht nach sollte man zumindest nachprüfen, wo sich die einzelnen Mitglieder der Familie Wegener zum Tatzeitpunkt befunden hatten.

Karsten Wegener war zwischenzeitlich aufgestanden und in Richtung Tresen gegangen. Nun kam er zurück mit zwei kleinen Gläsern und einer Flasche, in der eine klare, farblose Flüssigkeit schwappte.

»Ich brauch jetzt einen Schnaps«, verkündete er. »Die Geschichte von meinem Jungen und diesem Kamikaze-Fahrer schlägt mir jedes Mal wieder auf den Magen. Darf ich Ihnen ein echtes Schwarzwälder Kirschwasser anbieten, Herr Kommissar?«

Für einen Moment war Sinha geneigt, abzulehnen; immerhin hatte er bereits zwei Bier intus. Andererseits – er hatte Urlaub, er musste heute nicht mehr Auto fahren, und gewisse Gelegenheiten musste man einfach ausnutzen.

»Sehr gern«, antwortete er.

Prompt leuchtete das Gesicht des Hotelbesitzers auf, und er begann, beide Schnapsgläser ordentlich vollzuschenken.

»Übrigens«, bemerkte er nebenbei, »sollte Daniel tatsächlich etwas mit dem Unfall meines Sohnes zu tun gehabt haben, dann hat es ihm zumindest nichts genützt. Die ganze Sache hat damals enorm viel Staub aufgewirbelt, Marcs Verdacht gegen ihn hat die Runde gemacht und ist durch die Presse gegangen, und das alles hat für so viel Unruhe im Team gesorgt, dass der Trainer am Ende die Reißleine gezogen hat. Er hat sich mit dem Verband besprochen und statt Daniel den übernächsten Nachrücker nominiert; praktischerweise war das ebenfalls einer aus seinem Furtwangen-Kader. Jetzt darf also der Jonas im Alpencup springen und nicht der Daniel. Tja. Dumm gelaufen, würd ich sagen. Prost, Herr Kommissar!«

Er stellte ein gefülltes Glas vor Sinha hin, hob ihm das seine entgegen und stürzte den gesamten Inhalt auf einmal hinunter. Dann sah er Sinha mit einem breiten Grinsen an.

»Kommen Sie, runter damit – und dann gehen wir rüber ins Skistadion. Das offizielle Training dürfte bald zu Ende sein; danach startet die Qualifikation, die auch im Fernsehen übertragen wird. Und die schauen Sie sich jetzt zusammen mit mir an, damit Sie mal einen Eindruck von unserem Hinterzartener Sport-Highlight des Jahres kriegen!«

Sinha begriff, dass es diesmal kein Entrinnen für ihn gab. Andererseits – möglicherweise waren im Dunstkreis der Adlerschanze ja noch mehr interessante Dinge zu erfahren. Und zumindest würde er seinen Skisprung-Wissensstand ein wenig aufbessern und so seinen Rückstand gegenüber den Walker-Twins verringern können. Das war ein paar weitere Stunden in Gesellschaft von Karsten Wegener wert, von dem Sinha noch immer nicht wirklich sagen konnte, ob er ihn mochte oder nicht.

Im Gegensatz zu seinem Kirschwasser, stellte er nach dem ersten Schluck fest. *Das mochte er definitiv.*

Woraufhin er mit dem Rest kurzen Prozess machte.

3

Schon die ganze Zeit hatte Surendra Sinha sich gefragt, wie Skispringen mitten im Sommer und ohne Schnee eigentlich funktionierte. An diesem Abend wurde er diesbezüglich um einiges schlauer.

Die Atmosphäre im Adler-Skistadion – schon zu diesem Qualifikationsspringen am Vorabend des Wettkampfs waren etwa achthundert erwartungsvolle Zuschauer gekommen – schien seinen Begleiter Karsten Wegener regelrecht zu euphorisieren. Gut gelaunt und bereitwillig erklärte er Sinha, dass im Aufsprungbereich der Schanzen an die achttausendfünfhundert Plastikmatten verlegt worden waren; diese wurden während des Sprungbetriebes bewässert, so dass es sich auf ihnen fast genauso fuhr wie auf Eis und Schnee (»im Winter kommt dann ein Netz drüber, damit der Schnee nicht rutscht«). Die Anlaufspur war mit Keramikkacheln belegt, die ebenfalls mit Wasser besprenkelt wurden (»die haben dieselben Gleiteigenschaften wie Schnee«). So war im Sommer der gleiche Betrieb möglich wie im Winter, wo bei Bedarf – wenn Väterchen Frost auf sich warten ließ oder mit seiner weißen Pracht zu sehr geizte – auch eine Beschneiungsanlage zur Verfügung stand. Auf diese Weise konnten die vier verschieden großen Sprungschanzen das ganze Jahr über genutzt werden und waren sowohl bei den jugendlichen Nachwuchs-Adlern der Region als auch als Olympia-Trainingsstützpunkt für Skispringer und Nordische Kombinierer sehr beliebt.

»Es kommen auch immer wieder Nationalmannschaften aus anderen Ländern zu uns, um auf der großen Schanze zu trainieren«, fügte Wegener mit unverhohlenem Stolz hinzu. »Hier werden Deutsche Meisterschaften ausgetragen, und Nachwuchswettkämpfe wie der Deutschland- und der Alpencup, von denen ich Ihnen erzählt habe. Aber das Größte ist und bleibt das Sommerskispringen. Da versammelt sich jedes Jahr die komplette Weltelite hier in Hinterzarten, und das jetzt schon seit fünfunddreißig Jahren! Glauben Sie mir, Sie hätten es ewig bereut, wenn Sie diese Gelegenheit nicht genutzt hätten, das mal live mitzuerleben.«

»Ich fange an, das einzusehen«, versetzte Sinha mit einem schrägen Lächeln. »Zwei nette Damen in meinem Bekanntenkreis haben auch schon gesagt, ich könne Hinterzarten unmöglich verlassen, ohne die Adler fliegen gesehen zu haben.«

»Was bedeutet, dass Sie einen ausgesprochen vernünftigen Bekanntenkreis haben«, grinste Wegener. »Mit Damen, die nicht nur nett, sondern auch gescheit sind. Hören Sie ruhig öfter auf sie, Herr Kommissar. Übrigens, sehen Sie da drüben den großen, hellblonden Mann mit der roten Jacke? Das ist Einar Birkeland, der Norweger, der Marc in Furtwangen trainiert hat. Wollen Sie ihn kennenlernen? Kommen Sie, ich mach Sie mit ihm bekannt.«

Er führte Sinha zu einer kleinen Gruppe von Jugendlichen, aus der ein hochgewachsener, breitschultriger Mann von etwa vierzig Jahren herausragte. In seinem wettergegerbten Gesicht leuchteten blaue Augen, und seine Haut schien ebenso regelmäßig Sonne abzubekommen wie sein strohblondes, sehr kurz geschnittenes Haar. *Ein Naturfreund, der sich viel im Freien aufhält,* dachte Sinha.

»Hallo, Einar!«, rief Karsten Wegener ihm über den Lärm der umstehenden Zuschauer hinweg entgegen. »Wie geht's?«

Der Naturfreund sah sich um und lächelte breit, als er Wegener erblickte. Er löste sich aus der Gruppe und kam auf ihn und Sinha zu. Sinha registrierte, dass die Jugendlichen sich ihm wie selbstverständlich anschlossen; offenbar gehörten sie zu ihm und waren es gewohnt, immer in seiner Nähe zu bleiben.

»Hei, Karsten!«, grüßte der Naturfreund. »Dachte mir schon, dass ich dich hier treffe. Wie geht's Marc, ist er auch da?«

»Nein.« Wegener schüttelte den Kopf. »Das bringt er noch nicht fertig.«

»Kann ich verstehen.« Der Naturfreund nickte. »Wir müssen ihm Zeit lassen. Irgendwann ist er hoffentlich so weit, dass er zumindest wieder zuschauen und seine Kameraden anfeuern kann.«

»Hoffentlich«, versetzte Wegener mit einem Anflug von Bitterkeit. »Im Moment sieht er noch aus, als hätte man ihm eine Ohrfeige verpasst, wenn man das Skispringen oder die Schanze in seiner Gegenwart auch nur erwähnt.«

»Wie gesagt – drängen nützt gar nichts«, sagte der blonde Mann. »Denk an Lukas Müller und Nicholas Fairall, die haben auch ein Jahr gebraucht, um wieder zu einer Schanze zurückzukehren. Und schau, welche Fortschritte sie mittlerweile machen. Marc schafft das schon, da bin ich sicher. Und wen hast du da noch mitgebracht?«

»Ach ja, Entschuldigung – das ist Kommissar Sinha. Stimmt doch so, oder?« Wegener warf Sinha einen fragenden Seitenblick zu.

Sinha lächelte. »Irgendwann werd ich mir doch noch einen Künstlernamen zulegen«, erwiderte er. »Einen, den man sich problemlos merken kann – Müller oder Maier oder so. Bis dahin muss meine Mitwelt weiterhin mit *Surendra Sinha* klarkommen. Tut mir leid.«

»Kein Problem«, schmunzelte der blonde Mann. »Ich werde einfach an den Löwenkönig Simba denken, dann merk ich mir den Namen schon. Freut mich, Herr Sinha; ich bin Einar Birkeland. Und das sind ein paar von meinen Jungs; ich bin Skisprung-Trainer im Skiinternat Furtwangen, müssen Sie wissen, und wir haben uns hier verabredet, um die Quali zu sehen. Zum Springen morgen rücken wir dann mit der vollen Besetzung an.«

Er schüttelte Sinha die Hand. Dann musterte er ihn neugierig.

»Und Sie sind Kommissar? Müssen wir jetzt ein schlechtes Gewissen kriegen, haben wir was ausgefressen? Oder ist hier irgendwo eine Leiche gefunden worden?«

»Nicht hier, aber drunten im Adlerweiher«, antwortete Sinha schlicht. »Trotzdem ist mein Besuch hier rein privater Natur, und wenn Sie und Ihre Jungs gestern Nacht nicht zufällig eine Leiche in dem Weiher versenkt haben, dann brauchen Sie sich jetzt auch keine Gedanken zu machen.«

»Reden Sie von Moira?«, warf ein dünner, rothaariger Junge neben Einar Birkeland ein.

Sinha betrachtete ihn überrascht.

»Du weißt davon? Hast du Moira gekannt?«

Der Junge errötete.

»Was heißt *gekannt* … Ich hab sie ein paarmal zusammen mit Daniel gesehen; wir trainieren ja in der gleichen Gruppe in Furtwangen, wissen Sie? Und eigentlich wollte Daniel heute mit uns mitkommen, aber nach dieser Sache mit Moira, da … da war ihm einfach nicht mehr danach, deshalb hat er mich angerufen und mir Bescheid gesagt, damit wir nicht auf ihn warten.«

»Einen Moment mal … Ich versteh gerade gar nichts mehr.« Einar Birkeland schaute fragend zwischen Sinha und dem rothaarigen Jungen hin und her. »Reden wir hier von Daniels Freundin Moira? Ist ihr was zugestoßen?«

Aus den Augenwinkeln heraus nahm Sinha wahr, dass Karsten Wegeners Miene zu Stein geworden war. *Besser, er nahm die Sache in die Hand und kürzte das Thema Moira Kerber so weit wie möglich ab.*

»Ja, wir reden von Daniels Freundin«, erklärte er. »Allem Anschein nach ist sie durch Fremdeinwirkung zu Tode gekommen. Mehr kann ich dazu nicht sagen; ich bin in die Ermittlungen nicht involviert. Allerdings war ich heute Nachmittag ebenso am Leichenfundort wie Daniel, und ich kann bestätigen, dass ihn die Sache ziemlich mitgenommen hat.«

Einar Birkeland schüttelte betroffen den Kopf; dann wandte er sich dem rothaarigen Jungen zu.

»Und wieso weiß ich nichts davon? Warum hast du vorhin gesagt, Daniel sei lediglich müde und wolle sich ausruhen, für seinen Einsatz morgen als Vorspringer?«

Erneut färbten sich die Wangen des Jungen knallrot.

»Sorry, Einar … aber Daniel … er hat mich ausdrücklich gebeten, dir nichts von Moira zu sagen.«

»Aha. Klar, ich kann mir auch denken, warum«, meinte Einar Birkeland verbissen. »Unter diesen Umständen muss ich mir nämlich gründlich überlegen, ob ich es verantworten kann, ihn morgen als Vorspringer über die Schanze zu schicken. Im Moment würde er sich wohl kaum hundertprozentig auf seinen Sprung konzentrieren können. Und das weiß er offenbar genauso gut wie ich.«

»Aber – das kannst du ihm doch nicht auch noch wegnehmen!«, protestierte der rothaarige Junge sichtlich erschrocken. »Nicht nach der Sache mit dem Alpencup! Er brennt *so* darauf, zu zeigen, was er draufhat! Die ganzen großen Tiere vom DSV sind morgen da und schauen zu, das ist *die* Chance für ihn!«

»Sehr kameradschaftlich von dir, dass du so denkst, Jonas.« Einar Birkeland legte dem Jungen eine Hand auf die Schulter. »Mir wär's anders auch lieber. Gerade *weil* das mit dem Alpencup so unglücklich gelaufen ist. Deshalb hab ich ihn ja als Vorspringer für das Sommerskispringen nominiert, sozusagen als Trostpflaster – um ihm diese Gelegenheit zu verschaffen, die sportliche Führung des DSV auf sich aufmerksam zu machen. Aber wenn er diesen Sprung verpatzt, weil er mit den Gedanken bei seiner Moira ist, dann hat er auch nichts davon, oder? Weißt du was, wir machen es so: Ich werd mich morgen früh mit Daniel unterhalten und mir ein Urteil bilden, ob er einsatzfähig ist oder nicht. Ich hoffe sehr, dass er sich bis dahin gefangen hat und ich *nicht* einschreiten muss. Trotzdem – halt du dich auf jeden Fall bereit, notfalls kurzfristig für ihn einzuspringen, ja?«

Der rothaarige Junge biss sich auf die Lippen und nickte wortlos. Es war ihm anzusehen, dass er über diese Aussicht alles andere als glücklich war.

»Gut«, sagte Einar Birkeland und wandte sich wieder Sinha zu. »Sorry, das war jetzt gerade wirklich wichtig und musste sofort geklärt werden. Normalerweise ist es nicht meine Art, Leute, die ich gerade erst kennengelernt habe, gleich wieder links liegen zu lassen.«

»Keine Ursache«, versicherte Sinha. »Ich bin sicher, als Trainer von Nachwuchs-Skispringern tragen Sie eine große Verantwortung, und das hat selbstverständlich Vorrang.«

»Danke.« Einar Birkeland warf einen Blick auf seine Armbanduhr. »Jetzt dauert's nicht mehr lange, bis es losgeht … Bleibt ihr gleich hier bei uns, Karsten? Oder werdet ihr irgendwo erwartet?«

»Nein«, antwortete Wegener mit einem heiteren Funkeln in den Augen. »Ich hab lediglich den Herrn Kommissar mitgebracht, weil er laut eigener Aussage noch nie live bei einem Skispringen dabei war. Und ich dachte, das geht ja mal gar nicht. Nicht hier bei uns.«

Einar Birkeland lachte laut und zwinkerte Sinha zu. »Wo er recht hat, hat er recht. Also kommen Sie, Herr Simba!«

»Sinha«, korrigierte Sinha lächelnd, während die jugendlichen Skispringer amüsiert gluckten und kicherten. »Simba wäre doch etwas zu viel der Ehre. Ich bin weder ein König noch ein Löwe.«

Jetzt prusteten alle los, Einar Birkeland konnte gar nicht mehr aufhören zu lachen, und Sinha spürte überrascht, wie seine Stimmung zusehends stieg, während eine gut gelaunte Lautsprecherstimme den Beginn des Qualifikationsspringens ankündigte.

* * *

Als gut eine Stunde später auch der letzte Springer sicher auf den bewässerten Matten im Aufsprungbereich gelandet war, stellte Surendra Sinha fest, dass er noch viel lernen musste, wenn er mit Kennern wie Wegener, Birkeland oder den Walker-Twins jemals mithalten wollte. Kaum einer der vielen Namen, die an ihm im wahrsten Sinne des Wortes »vorbeigerauscht« waren, würde ihm wohl auf Dauer im Gedächtnis bleiben. Immerhin, eines musste er zugeben: Der Anblick der Skispringer, die vor der wunderschönen Kulisse der dicht bewaldeten Schwarzwald-Berge zu Tal flogen, hatte ihn tatsächlich beeindruckt. Er verstand jetzt um einiges besser, warum Sport-Fans wie die Walker-Twins sich so für diese »Adler« begeisterten.

Nach der Präsentation der Qualifikationssieger stoben die jungen Nachwuchsadler aus Einar Birkelands Trainingsgruppe davon, mit dem erklärten Ziel, das eine oder andere Autogramm zu ergattern. Karsten Wegener verabschiedete sich; er musste zurück in sein Hotel, wo noch Arbeit auf ihn wartete. Sinha dagegen beschloss, noch ein wenig zu bleiben, und Birkeland zog bereitwillig los, um zwei Becher Kaffee zu organisieren.

»Ich hab's auch nicht eilig«, verkündete er, als er zurückkam. »Und wenn man schon Beziehungen hat und weiß, wo man den besten Kaffee abstauben kann, dann muss man das auch nutzen. Hier, bitte schön, Herr Sinha – keine Angst, ein zweites Mal passiert mir dieser Löwen-Fauxpas nicht.«

»Und selbst wenn«, versetzte Sinha gelassen und nahm seinen Kaffee entgegen. »Ich bin auch nicht besser, ich hab vorhin bei einem flüchtigen Blick auf die Anzeigetafel *Kalif Storch* gelesen – und erst auf den zweiten Blick den richtigen Namen entziffert. Wir spielen da offensichtlich in einer Liga, Sie und ich.«

Birkeland brach in schallendes Gelächter aus. »Das mit dem *Storch* ist dem guten Kamil Stoch schon öfter passiert, aber den *Kalif* hör ich heute zum ersten Mal. Ich muss ihn gelegentlich glatt mal fragen, ob er schon einmal so genannt worden ist.«

»Sie kennen ihn?«

»Klar.« Birkeland lehnte sich gegen das hölzerne Geländer, an dem sie standen. »Ich kenn viele aus dem Weltcup-Zirkus, wenn auch natürlich nicht so gut wie die Leute aus dem hiesigen Landeskader, mit denen ich bevorzugt zu tun habe. Vor allem hab ich immer noch gute Beziehungen zum norwegischen Nationalteam, da hab ich ja selbst ein paar Jahre lang dazugehört, bevor ich meine aktive Laufbahn beendet habe und Trainer geworden bin. Und ich versuche, so viele Wettkämpfe wie möglich zu besuchen – um alte Freunde wiederzusehen, aber auch, um insgesamt auf dem Laufenden und in der Szene zu bleiben.«

Nachdenklich nippte Sinha an seinem Kaffee. Es gab einiges, was er Einar Birkeland gerne fragen würde, und er zerbrach sich den Kopf, womit er am besten anfing, um dem Norweger nicht das Gefühl zu geben, gezielt ausgehorcht oder gar verhört zu werden.

Aber dann kam Birkeland ihm unerwartet selbst zu Hilfe.

»Sagen Sie mal … Daniels Freundin, diese Moira – sie ist tatsächlich ermordet worden?«

»Aller Wahrscheinlichkeit nach«, antwortete Sinha. »Zumindest sah es sehr nach Fremdeinwirkung aus. Ob es Mord war oder Totschlag oder fahrlässige Tötung … oder Körperverletzung mit Todesfolge oder auch einfach nur ein Unfall – das muss erst noch ermittelt werden, da will ich mich jetzt gar nicht festlegen. Ich möchte keine Spekulationen in die Welt setzen, verstehen Sie?«

»Natürlich.« Birkeland schaute an Sinha vorbei in die Ferne. »Ich hab das Mädchen ein paarmal gesehen, wenn sie Daniel besucht hat oder zu einem seiner Wettkämpfe gekommen ist. Die beiden waren offenbar sehr verliebt ineinander … auch wenn Daniel ein ganz schöner Casanova ist; der Junge verdreht den Mädels im Skiinternat reihenweise den Kopf. Aber wenn Moira bei ihm ist, dann hat er nur Augen für sie.« Er stockte, dann fügte er mit belegter Stimme hinzu: »*Hatte.* Meine Güte, ich kann's kaum glauben. Hat man denn schon eine Idee, wer es war?«

Sinha schüttelte den Kopf. »Bislang ist meines Wissens nur bekannt, dass sie sich gestern hier auf der Eröffnungsparty mit Daniel gestritten hat und dann gegangen ist. Was danach geschehen ist – da ermitteln jetzt meine Kollegen in Freiburg.«

Nachdenklich betrachtete Birkeland den Inhalt seines Kaffeebechers. »Also – ich war ja gestern auch auf der Party, aber da war so viel los … Ich hab weder Daniel noch Moira gesichtet. Tut mir leid, ich kann Ihnen da nicht weiterhelfen.«

»Nicht so schlimm«, erwiderte Sinha. »Ich bin sicher, die Kollegen werden noch Zeugen auftreiben. Wenn wirklich so viel los war, dann ist es ja kaum denkbar, dass Moira völlig ungesehen von hier verschwunden ist.«

Er überlegte kurz, dann beschloss er, die Frage zu riskieren.

»Wissen Sie denn, ob sie irgendwelche Feinde hatte? Hier in Hinterzarten oder vielleicht auch in Furtwangen?«

Wieder vermied es Birkeland, ihn anzusehen.

»Ich weiß nicht … ich möchte ebenso wenig Spekulationen in die Welt setzen wie Sie.«

»Das ist in diesem Fall etwas anderes. Schließlich gilt es, ein Gewaltverbrechen aufzuklären. Und ich versichere Ihnen, ich bin verschwiegen – ich werde den Kollegen in Freiburg nur mitteilen, was mir in dieser Sache relevant erscheint, und ansonsten halte ich ganz diskret den Mund. Also, kennen Sie jemanden, der Moira übel gesonnen war?«

Einar Birkeland gab sich sichtlich einen Ruck.

»Nun ja, der Stefan Wegener zum Beispiel. Den hat sie doch voriges Jahr so brutal angeschwärzt. Ich weiß noch, wie unglaublich empört Marc damals war; er war der Meinung, sie hätte die Ehre der gesamten Familie Wegener in den Dreck gezogen. In der Zeit hat auch sein Verhältnis zu Daniel ziemlich gelitten; bis dahin waren sie gute Sportkameraden und Freunde gewesen, aber Daniel hat sich ganz klar auf die Seite von Moira und gegen Stefan gestellt, und das hat Marc ihm schwer verübelt.«

»War das vor oder nach dem Unfall?«, warf Sinha vorsichtig ein.

»Vor; aber klar, nach dem Unfall wurde es noch schlimmer, als Marc …« Einar Birkeland brach mitten im Satz ab und musterte Sinha kritisch. »Was wissen Sie über den Unfall?«

»Nur das, was Karsten Wegener mir erzählt hat«, versetzte Sinha. »Dass der Unfallverursacher Fahrerflucht begangen hat; dass Marc glaubt, Daniels Wagen erkannt zu haben, und dass Daniel ein Alibi für den Tatzeitpunkt hat, was ihn aber wohl von dem allgemeinen Verdacht, schuld an Marcs Körperbehinderung zu sein, noch nicht hundertprozentig reingewaschen hat.«

Birkeland nickte sehr bedächtig; es war ihm anzusehen, dass dieses Thema ihm an die Nieren ging.

»Glauben Sie, dass es Daniel war?«, fragte er plötzlich und sah Sinha dabei direkt in die Augen.

»Glauben *Sie* es?«, fragte Sinha zurück.

Einar Birkeland schwieg eine Weile. Dann stellte er seinen Kaffeebecher ins Gras, wandte sich ab, stützte sich mit beiden Händen auf das Holzgeländer und blickte auf den Auslaufbereich der Adlerschanze, wo sich noch immer unzählige Menschen tummelten.

»Ich kann's mir nicht vorstellen«, sagte er. »Man kann über Daniel so einiges sagen, gerade was zum Beispiel seine Flirterei betrifft, da sollten Ihre Kollegen in Freiburg übrigens vielleicht auch mal nachforschen; würd mich gar nicht wundern, wenn da das eine oder andere Mädel, das seinem Charme verfallen ist, mit allen Mitteln versucht hat, seine ewige Favoritin Moira loszuwerden. Aber das nur so nebenbei. In puncto Sport und Fairness war Daniel immer vorbildlich. Er hat es sogar akzeptiert, als ich bei der Alpencup-Quali die Entscheidung zugunsten von Marc und gegen ihn getroffen habe. Da hat nichts, aber auch gar nichts darauf hingedeutet, dass er ernsthaft mit dem Gedanken gespielt hat, Marc buchstäblich aus dem Weg zu räumen.«

»Wäre es ihm denn prinzipiell zuzutrauen gewesen?«

»Nein. Ich kenne Daniel jetzt schon seit Jahren. Das kann ich mir einfach nicht vorstellen.«

Sinha war inzwischen ebenfalls an das Geländer getreten, lehnte sich dagegen und ließ den neben ihm stehenden Skisprung-Trainer nicht aus den Augen.

»Dabei stelle ich mir das ganz schön schwierig vor«, bohrte er behutsam nach. »Nachträglich noch aus dem Rennen zu fliegen, nachdem man es zuvor gewonnen hat, meine ich.«

Birkeland schnaubte leise und wandte Sinha das Gesicht zu.

»Ich sag Ihnen mal was, Herr Sinha: Das Problem bei einer modifizierten Qualifikation sind weniger die Jungs selbst, die nehmen die Entscheidung meist sportlich fair hin. Wenn überhaupt, dann sind es eher die Eltern, die sich aufregen. Das ist wie in der Schule: Wenn wir früher eine schlechte Note geschrieben haben, dann haben unsere Eltern *uns* ausgeschimpft – ist doch so, oder? Und heute rücken sie stattdessen dem *Lehrer* auf die Pelle, meiern ihn an, wie er dazu kommt, ihren hochbegabten Sprössling so ungerecht zu behandeln, und drohen ihm am Ende sogar noch mit einer Anzeige, was den Schülern selbst wohl niemals einfallen würde. Totaler Blödsinn. Daniel hatte die Sache mit Marc abgehakt. Punkt. Wenn ihn etwas wirklich schwer getroffen hat, dann seine zweite Ausbootung – als ich seine Nachrücker-Nominierung wieder rückgängig gemacht habe, wegen der Sache mit dem Unfall und Marcs Verdacht gegen ihn. Jetzt im Nachhinein tut es mir auch ehrlich leid, dass ich damals umgefallen bin – ich meine, Daniel hat ein Alibi, die Ermittlungen gegen ihn sind eingestellt worden, es gab keinen Grund, ihn aus dem Alpencup-Team zu nehmen. Trotzdem hab ich's getan. Weil ich Angst hatte, die Medien würden die Unfallstory noch weiter ausschlachten und zu viel Unruhe ins Team bringen. *Berechtigte* Angst, wahrscheinlich – aber das ändert nichts daran, dass das Daniel gegenüber unfair war.«

»Vorausgesetzt, er ist tatsächlich unschuldig.«

»Davon gehe ich zu hundert Prozent aus.«

»Haben Sie ihn deshalb jetzt als Vorspringer eingesetzt bei dem Wettkampf morgen?«

Birkeland verzog das Gesicht. »Wegen meines schlechten Gewissens, meinen Sie? Ja, das hat durchaus auch eine Rolle gespielt … wobei es mir in erster Linie wirklich darum gegangen ist, ihm wenigstens *diese* Chance zu geben. Hoffentlich kann er sie jetzt auch wahrnehmen. Ich weiß nicht, wie er reagieren wird, wenn er schon wieder hinter Jonas zurückstehen muss.«

»Jonas …« Sinha ging ein Licht auf. »Heißt das, der rothaarige junge Mann vorhin, das war …«

»Jonas Steigenberger«, bestätigte Birkeland. »Der Nachrücker für Daniel im Alpencup.«

»Lieber Himmel!«, entfuhr es Sinha verblüfft. »Ich dachte, der Junge ist vierzehn, bestenfalls fünfzehn …«

»Ja, das denken alle.« Erstmals spielte wieder ein Lächeln in Birkelands Mundwinkel. »Aber er ist tatsächlich schon siebzehn, auch wenn er aussieht wie ein Milchbart, dem Mami noch das Pausenbrot schmiert. Und ein Riesentalent auf der Schanze. Spätestens nächstes Jahr hätte er die Alpencup-Quali vermutlich aus eigener Kraft geschafft – jetzt kann er sich eben schon ein Jahr früher dort ausprobieren und Erfahrungen sammeln. Aber Daniel bekommt auch noch seine Chance, da bin ich mir sicher. Ich krieg meine Jungs schon durch.«

»Es muss toll sein, solche Talente trainieren und an die große Karriere heranführen zu dürfen«, meinte Sinha.

»Ist es auch«, nickte Birkeland. »Es ist der beste Job, den ich mir im Moment wünschen kann. In Furtwangen reifen gerade ein paar richtig gute Nachwuchsspringer heran. Wobei, das muss ich auch ehrlich sagen, keiner von ihnen jemals an Marc heranreichen wird. Er war ein Ausnahmetalent. Er hatte das Zeug zum Olympiasieger und Weltmeister. Sein Ausfall ist ein Verlust für den gesamten deutschen Skisprung-Sport.«

Sinha wandte den Kopf und ließ den Blick langsam und nachdenklich die Adlerschanze hinauf bis zur Plattform des Anlaufturms schweifen. Karsten Wegeners Lobeshymnen über die Skisprung-Begabung seines Sohnes waren also nicht nur ein

Ausdruck unbändigen und blinden Vaterstolzes – Marc *war* ein Riesentalent gewesen. Ein Talent, das nun ausgeschaltet war. Wovon seine Trainingskollegen insofern profitieren konnten, als der übergroße Rivale ihnen nicht mehr im Weg stand. Und einer der ersten Nutznießer war Daniel Schobinger, dessen Freundin Moira vor wenigen Stunden mit einem Loch im Kopf im Adlerweiher aufgefunden worden war. Natürlich musste der Tod des jungen Mädchens nicht zwangsläufig etwas mit dem Wirbel rund um Einar Birkelands Nachwuchsadler zu tun haben. Und trotzdem beschlich Sinha immer mehr das Gefühl, dass die beiden Ereignisse irgendwie zusammenhingen.

»*Kay-Kay! You're here?*«

Sinha wirbelte herum. Die Walker-Twins kamen eilig auf ihn zugelaufen und strahlten dabei über das ganze Gesicht.

»Sind Sie also doch gekommen zu sehen fliegen die Eagles? Weren't they just *gorgeous?*«

»Yes, they were«, antwortete Sinha lächelnd. »Ich geb zu, ich war beeindruckt.«

»We *knew* it!« Walker-Twin Nummer eins grinste breit. »Hier in Hinterzarten, Sie werden werden eine Eagle-Fan.«

»Und morgen, Sie kommen mit uns zu die Grand Prix!«, beschloss Walker-Twin Nummer zwei. »Wir zeigen Ihnen alle die großen Skispringer, auch die fruheren – da vorne wir haben gesehen Martin Schmitt, oh, he's *sooo* cute … und Dieter Thoma, er ist auch hier irgendwo und – well, well, well, *Einar!* How nice to see you again!«

Sinha schmunzelte in sich hinein. Es wunderte ihn überhaupt nicht, dass die beiden skisprungverrückten Damen sogar einen norwegischen Trainer vom Skiinternat Furtwangen kannten.

»Ich lass mir hier *nichts* entgehen«, grinste Einar Birkeland, der beim Anblick der Walker-Twins schlagartig sehr viel gelöster wirkte als während seiner Unterhaltung mit Sinha. »Ebenso wenig wie Sie, Myladies!«

»Das heißt, wir sehen uns noch bei die Elk-Party nachher? Und Sie bleiben auch, Kay-Kay?«

»Kay-Kay?« Birkeland warf Sinha einen verständnislosen Blick zu; er sah aus wie ein lebendig gewordenes Fragezeichen.

»Kriminal-Kommissar. Special Walker-Kurzform«, erklärte Sinha mit todernster Miene.

Einar Birkeland lachte hell auf. »Na, da haben Sie doch Ihren Künstlernamen, den Sie sich vorhin zulegen wollten! Kay-Kay kann man sich auf jeden Fall viel leichter merken als … sehen Sie, Ihren Vornamen hab ich schon wieder völlig vergessen.«

»No problem«, schaltete Walker-Twin Nummer zwei sich ein. »Just call him Kay-Kay, as we do. Und Sie *mussen* diesmal bleiben zu die große Party, Kay-Kay! Gestern er war nämlich nicht hier, Einar, can you imagine? Dabei war die Party doch so fabulous und – *uhhhh*, Celine, *look* who's there!«

»Oh my God!!«

Von einer Sekunde zur anderen waren die beiden englischen Ladys wie elektrisiert, ließen Sinha und den norwegischen Trainer kommentarlos stehen und stürmten auf einen kleinen alten Herrn zu, der sich einige Meter von ihnen entfernt mit ein paar anderen Besuchern unterhielt.

»Excuse us, Sir, we're from England und wir sind riesige Fans von die ski jumping – können wir bitte bekommen eine Autogramm von Sie?«

»Nur eines?«, hörte Sinha den Mann antworten; seine Stimme klang ausgesprochen heiter. »Oder vielleicht doch lieber zwei – eines für jede von den Damen?«

»Oh yes, *please!*«

»Na dann … nein, lassen Sie nur, ich hab ein paar alte Autogrammkarten in meiner Tasche, die können Sie gern haben, ich sammel die eh nicht … so, jetzt, für welchen Namen?«

»Kim-Celine, thank you *so* much!«

Sinha pirschte sich unauffällig näher, um den Mann genauer betrachten zu können. *Weiße Haare, ein offenes Gesicht mit hell-*

wachen und, trotz seines Alters, geradezu jugendlich funkelnden Augen. Gerade reichte er der einen Walker-Lady eine unterschriebene Karte und wandte sich an die andere.

»Und Sie?«

»Kim-Marie!«

Die hellgrauen Augenbrauen stiegen in die Höhe. »Noch eine Kim? Aber dass Sie die Karten dann nicht miteinander verwechseln, ja?«

Sinha lächelte. *Wer immer dieser Mann war, er wirkte ausgesprochen sympathisch.*

»Allen Respekt vor diesen beiden Ladys«, erklang neben ihm die Stimme Einar Birkelands. »Wenn sie sogar Georg Thoma kennen und *er*kennen, dann haben sie wirklich Ahnung vom Nordischen Wintersport.«

»Georg Thoma?« Sinha war klar, dass er sich mit dieser Nachfrage jetzt wohl unsterblich blamierte, aber das war ihm egal; er wollte es wirklich wissen.

»Olympiasieger in der Nordischen Kombination 1960«, antwortete Einar Birkeland wie aus der Pistole geschossen. »Weltmeister 1966. Und noch so einige andere Medaillen und Titel. Wenn Sie mal das Skimuseum hier besuchen: Das ist auf seine Initiative hin entstanden. Er ist Ehrenbürger von Hinterzarten, 1937 hier geboren; und ein durch und durch liebenswerter Mensch.«

»Das Gefühl hab ich auch«, versetzte Sinha, während er zusah, wie der nette alte Herr sich noch die Zeit nahm, ein wenig mit den beiden sichtlich hochbeglückten Walker-Twins zu plaudern. *Georg Thoma.* Wieder ein Name, den er sich wohl tatsächlich würde merken können ... zusammen mit dem von Kamil Stoch und *Eddie the Eagle.*

Gut, zugegeben, noch keine besonders berauschende Ausbeute. Aber mit Sicherheit war noch kein Skisprung-Experte vom Himmel gefallen.

Und wenn man sich die doppelte Bedeutung dieses Satzes vor Augen hielt, dann blieb es wohl besser auch dabei.

4

Es war Surendra Sinha an dem Abend doch noch gelungen, sich vor der »Elch-Party« im Skistadion zu drücken; unter dem Vorwand, müde zu sein, hatte er sich abgeseilt, während die Walker-Twins Einar Birkeland rechts und links untergehakt und sich mit ihm ins Getümmel gestürzt hatten. Trotzdem leistete er sich am nächsten Morgen den Luxus, lange auszuschlafen. Es war bereits zehn Uhr vorbei, als er sich mit einer ersten Tasse Morgenkaffee ins Freie begab, um sich im Garten des Ferienhauses in die Sonne zu setzen – ein Luxus, den ihm seine kleine Etagenwohnung zu Hause in Friedrichshafen leider nicht bot und den er deshalb hier umso mehr genoss. »Narren hasten, Kluge warten, Weise gehen in den Garten«, hatte der bengalische Poet Rabindranath Tagore, dessen Gedichte Sinha außerordentlich schätzte, einst gesagt; und sein Vater Praveer Sinha pflegte diese Worte des Literaturnobelpreisträgers aus Kalkutta gerne zu zitieren, wenn er sich in dem Gärtchen seines Hauses niederließ, das er sich in Waiblingen erarbeitet hatte.

Leider hatte es dieses Haus und damit auch das Gärtchen noch nicht gegeben, als Surendra seinerzeit in Stuttgart geboren worden war. Seine Kindheit und Jugend hatte er in seinem Geburtsort in einer Mietwohnung verbracht, in der seine Eltern sich mit Hilfe von zahlreichen ausgesuchten Einrichtungs- und Dekorationsgegenständen stets ein Stück Punjab bewahrt und ihr einziges Kind dementsprechend mit den Traditionen ihrer indischen Heimat großgezogen hatten. Glücklicherweise hatte er während seiner Schulzeit immer viele Freunde gehabt, die nicht nur gerne *ihn* besuchten, um das exotische Ambiente des Sinha-Domizils zu bestaunen und das *»verrückte Essen«* seiner Mutter zu probieren, sondern ihn ebenso häufig auch zu sich nach Hause einluden, wo er alles an deutschen Lebensweisen und Traditionen aufgesogen hatte, was er zu Hause bei seinen Eltern so nie hätte lernen können – einschließlich der Grundlagen der christlichen Religion. Auf diese Weise war er mehrsprachig und mit zwei Kulturen aufgewachsen und fühlte sich beiden gleichermaßen verbunden: der indischen, weil er sie sozusagen im Blut hatte, und der deutschen, weil er hier lebte und arbeitete – und sich hier sogar fast mehr zu Hause fühlte als in Indien. Auch wenn er sich über jede Gelegenheit freute, die ihn zwischendurch auf den Subkontinent und zu seinen Angehörigen und Freunden dort führte.

Seine Kollegen bei der Kripo hatten sich mittlerweile daran gewöhnt, dass er an seinen Geburtstagen statt althergebrachter Torte oder Kuchen eher Süßigkeiten mit so seltsamen Namen wie Laddoos, Barfi und Soan Papdi mitbrachte, dass er zu Privatfeiern durchaus auch mal in Kurta und Churidars gekleidet erschien, wenn ihm danach war, und dass auf seinem Schreibtisch ein kleiner, goldener Ganesha saß … auch wenn sie ihr Amüsement darüber, dass ihr hinduistischer Kollege zu einem Gott mit einem Elefantenkopf betete, nicht immer verbergen konnten (oder wollten). Entsprechende mehr oder weniger »lustige« Bemerkungen steckte Sinha jedoch stets mit einem Achselzucken und einem gelassenen Lächeln weg – und mit dem befriedigenden Gefühl, dass er auch ohne Garten zumindest nicht ganz unweise geworden war.

Gerade führte er seine Kaffeetasse erneut zum Mund, als er Gesellschaft bekam: Auf leisen Samtpfoten kam Billi auf ihn zugeschlichen, schmiegte sich gegen seine Beine und schnurrte beglückt, als er ihr den Kopf kraulte. Sonst hatte sich noch niemand von seinen Mitbewohnern blicken lassen; entweder schlief der Rest der Belegschaft noch länger als er (was er im Fall der Walker-Twins nach der zweiten Party-Nacht in Folge ohne weiteres für denkbar hielt), oder sie waren womöglich bereits wieder früh zu einer Wanderung aufgebrochen (was er der bewegungswütigen Familie im oberen Stockwerk durchaus zutraute).

Er trank seinen Kaffee aus, schaute einen Moment in die leere Tasse hinein – und dann hinunter zu Billi, die unruhig um seine Beine strich und einen sehnsüchtigen Maunzer von sich gab.

»Hast recht, Billi«, sagte er lächelnd. »Komm – gehen wir frühstücken!«

* * *

Gut eine Stunde später begab Surendra Sinha sich in die Földiklinik, um seine Mutter zu besuchen. Trotz des schönen Wetters fand er Zenobia Sinha in ihrem Zimmer vor, wo sie auf dem Bett saß, die beiden dick bandagierten Beine ausgestreckt hatte und in einem Krimi schmökerte.

»Hallo, *maaji!*«, grüßte Sinha lächelnd, als er das Zimmer betrat, und schloss die Tür hinter sich. »Gut schaust du aus.«

»*Bakwas.*« Zenobia Sinha gab ein sarkastisches Schnauben von sich. »*Unsinn.* Das Frühstück war wieder mal eine Katastrophe, der Tee hier ist nach wie vor ein Witz, die Ärzte gehen mir auf die Nerven mit ihrem ewigen ›*Sie müssen unbedingt mehr nach draußen und sich bewegen, Frau Sinha*‹, und der Krimi da ist sterbenslangweilig!« Wie zur Bekräftigung schlug sie das Buch zu und platzierte es mit einem empörten kleinen Knall auf den Nachttisch neben ihr.

Sinha schmunzelte in sich hinein. Diese genervten Tiraden seiner Mutter kannte er mittlerweile in- und auswendig. Zum Glück hatte er diesmal etwas dabei, womit er sie zumindest mit einem ihrer ewigen Kritikpunkte würde aussöhnen können.

»Na komm, *maaji*«, sagte er. »Du kannst nicht erwarten, dass sie hier extra für dich anfangen, indischen Masala Chai zu kochen. Aber dafür … hast du ja *mich.*« Mit diesen Worten zauberte er eine kleine Thermosflasche aus seiner Tasche hervor und schwenkte sie verlockend hin und her.

Zenobia Sinha riss die Augen auf. »Soll das heißen – sag bloß, du hast mir Chai mitgebracht!«

»Frisch gekocht und noch ganz heiß«, versicherte er und schraubte Thermobecher und Deckel ab.

»Und hast du ihn auch anständig gezuckert?« Zenobia Sinhas Augen wurden schmal. »Oder sind da diese dummen kleinen Süßstoff-Tabletten drin, die sie mir hier ständig aufs Auge drücken?«

»Wofür hältst du mich?«, gab er im Tonfall heiligster Empörung zurück. »Ein Chai ohne ordentlich Zucker ist doch kein Chai!«

»Sehr richtig«, stimmte Zenobia Sinha ihm zufrieden zu. »Wenigstens *ein* Mensch, der mich versteht!«

Ihre Augen verfolgten sehnsüchtig jede Bewegung seiner Hände, während er Chai in den kleinen Becher goss. Eine verheißungsvolle Duftwolke aus Nelken, Kardamom und Zimt, Schwarztee und heißer Milch verbreitete sich in dem Raum, und es waren wohl nur Zenobia Sinhas massives Übergewicht und ihre dick geschwollenen und bandagierten Beine, die sie davon abhielten, aus dem Bett zu springen, um so schnell wie möglich an den köstlichen Gewürztee zu kommen. Sinha war sich darüber im Klaren, dass stark gezuckerter Chai angesichts des Bulletins seiner Mutter, auf dem unter anderem auch Diabetes stand, eigentlich ein absolutes No-Go war. Andererseits gehörte nach seiner Überzeugung zu einem erfolgreichen Heilungsprozess auch eine positive Gesamtstimmung des Patienten. Und solange seine Mutter, für die zu einem anständigen Frühstück mindestens frittierte oder gefüllte Fladenbrote, gut gewürzte Gemüsecurrys und starker Masala Chai gehörten, morgens mit einem traurigen Brötchen, Magerkäse und dünnem Schwarztee mit Süßstoff abgespeist wurde, war jede Hoffnung auf eine positive Stimmung bei ihr schlichtweg utopisch. Deshalb hatte er beschlossen, ihr an diesem Tag einmal etwas richtig Gutes zu tun und darauf zu pfeifen, was ihre Ärzte dazu sagen würden.

»Bitte schön, *maaji* – genieß es!«

Er reichte ihr den Becher und sah lächelnd zu, wie sie ihn gierig in einem Zug leertrank. Ein Ausdruck schierer Seligkeit machte sich auf ihrem Gesicht breit.

»*Hay Baghwan* … großer Gott, es gibt noch Leben auf dieser Welt! Endlich fühle ich mich wieder wie ein Mensch!«

»Dann wollen wir doch zusehen, dass es auch noch ein Weilchen so bleibt«, erwiderte Sinha und füllte den Becher noch einmal bis zum Rand. »Freut mich, dass er dir schmeckt.«

»Ich muss zugeben, der ist dir wirklich gelungen, *beta*.« Diesmal ließ seine Mutter sich Zeit, den duftenden Gewürztee zu genießen. »Offenbar habe ich bei meinem Sohn doch einiges richtig gemacht.«

»Aber nur einiges«, schmunzelte er, zog einen Stuhl heran und setzte sich. »Ansonsten halten sich meine Kochkünste nach wie vor in Grenzen.«

»Das musst du auch nicht können«, versetzte Zenobia Sinha energisch. »Das übernimmt dann ja deine Frau, wenn du mal eine hast. *Wenn* du mal eine hast.«

Der vorwurfsvolle Unterton in dem letzten Satz war ebenso wenig zu überhören wie das extra betonte *Wenn*, und Sinha seufzte leise. Sein Versuch, seine Mutter mit Chai wenigstens für die Dauer seines heutigen Besuches gut gelaunt und milde zu stimmen, war kläglich gescheitert; jetzt war sie wieder bei einem ihrer Lieblingsthemen angelangt, über das sie sich endlos auslassen konnte – nämlich dass ihr einziger Sohn ihr noch immer keine Schwiegertochter ins Haus gebracht hatte. *Mit mittlerweile immerhin fünfunddreißig. Und das ging ja wohl gar nicht.*

»Wie geht's denn deinen Beinen?«, fragte er hastig in der, wenn auch nur vagen, Hoffnung, seine Mutter von diesem Thema ablenken zu können.

»Versuch hier nicht vom Thema abzulenken«, schoss Zenobia Sinha prompt zurück. »Deine Cousins im Punjab sind alle längst verheiratet und haben meine Schwestern zu stolzen

Großmüttern gemacht. Nur ich sitz hier rum mit einem Sohn, der vor lauter Verbrecherjagen keine Zeit hat für die wirklich wichtigen Dinge im Leben. In der Familie reden sie schon über dich! Deine Tante Sanjita hat mich erst neulich wieder gefragt, ob bei dir überhaupt alles in Ordnung ist und ob am Ende etwas nicht stimmt mit dir. Kannst du dir vorstellen, wie ich mich da gefühlt habe?«

Sinha seufzte zum zweiten Mal, diesmal demonstrativ etwas lauter.

»Tut mir ja leid, *maaji* … aber ich hab einfach noch nicht die Richtige gefunden.«

»*Bakwas!*« Zenobia Sinha legte einen weiteren Gang zu; ihr Zeigefinger zielte auf ihn wie eine Speerspitze. »Ich hab dir schon mindestens ein Dutzend potenzielle Heiratskandidatinnen vorgelegt, eine schöner und gescheiter als die andere …«

»*Maaji*, ich bitte dich! Wir sind doch hier nicht im Film! Bei allem gebührenden Respekt, aber bei einer arrangierten Ehe spiele ich nicht mit, und das weißt du ganz genau!«

»*Hay Baghwan!*« Zenobia Sinha schlug die Hände zusammen und verdrehte die Augen gen Himmel. »Offenbar habe ich bei meinem Sohn wirklich nur *einiges* richtig gemacht – und dafür umso mehr *falsch!*«

Bevor Sinha zum dritten Mal seufzen konnte, klopfte es an der Tür, und eine junge Krankenschwester betrat das Zimmer.

»Oh, guten Tag, Herr Sinha – nein, bleiben Sie ruhig, ich muss nur schnell den Blutzucker bei Ihrer Mutter messen, ich bin gleich wieder weg. Hallo, Frau Sinha, wie geht es Ihnen heute?«

»Wunderbar!« Auf dem Gesicht von Zenobia Sinha erschien plötzlich, wie angeknipst, ein derart strahlendes Lächeln, dass Sinha sofort misstrauisch wurde. »Mein Sohn hat heute für einen Lichtblick in meinem trüben Alltag gesorgt – er hat mir echten indischen Chai mitgebracht. Hier, riechen Sie mal … Ist noch was drin in der Flasche, *beta?* Schenk ein, dann kann Schwester Simone mal kosten!«

»Chai?« Die Krankenschwester runzelte die Stirn. »Ist das nicht dieser Gewürztee mit Milch und Zucker?«

»Ja«, nickte Zenobia Sinha fröhlich.

Schwester Simone warf Sinha einen strengen Seitenblick zu. »Sie wissen aber schon, dass so viel Zucker nicht gut für Sie ist?«, sagte sie inquisitorisch halb zu seiner Mutter und halb zu ihm.

»Ach, kommen Sie, einmal ist keinmal«, versetzte Zenobia Sinha unbekümmert. »Ab und zu muss man sich auch mal was Gutes tun. Und mein Sohn weiß genau, was gut für mich ist. Er ist ein wunderbarer Sohn, mein Surendra – liebevoll und fürsorglich. Die Frau, die er mal heiratet, kann sich glücklich schätzen.«

Geht's vielleicht noch *deutlicher?*, dachte Sinha resignierend. Ihm war schon klar, dass diese hübsche junge Frau mit den vergissmeinnichtblauen Augen und dem goldblonden, zu einem langen Zopf geflochtenen Haar perfekt in das Schwiegertochter-Beuteschema seiner Mutter passte – aber man musste schon ein gewaltiges Brett vor dem Kopf haben, um Zenobia Sinhas Lobeshymne auf ihren perfekten und wohlgemerkt noch *unverheirateten* Sohn nicht als das zu begreifen, was sie war: eine unverhohlene Brautwerbe-Attacke. Und was diese Krankenschwester von einem derart auf dem Silbertablett servierten Heiratskandidaten hielt, darüber mochte er gar nicht nachdenken. Ein Loch zum Verkriechen wäre ihm jetzt ausgesprochen recht gewesen.

Zum Glück schien Schwester Simone das unverblümte Angebot gepflegt zu überhören.

»Davon bin ich überzeugt«, schmunzelte sie, während sie eine kleine Lanzette auspackte. »Aber jetzt geben Sie mir erst einmal Ihren Finger – so, das war's schon. Dann bin ich ja mal gespannt auf den Wert, wenn Sie sich vorher so mit Zuckerchai gedopt haben. Wobei, gut riechen tut er ja.«

»Sie *müssen* ihn probieren!«, beharrte Zenobia Sinha unerbittlich. »Komm schon, *beta*, schenk noch mal ein!«

Sinha ergab sich in sein Schicksal, goss den Rest des Chais aus der Thermosflasche in den Becher und reichte ihn Schwester Simone mit einem Blick, der um Entschuldigung bat.

»Hier, bitte … und es tut mir leid«, fügte er sicherheitshalber noch hinzu in der Hoffnung, dass sie verstand, dass er damit nicht nur das Ausschenken von Chai an eine Diabetes-Patientin meinte.

Zu seiner Überraschung schenkte sie ihm zur Antwort ein offenes, unbekümmertes Lächeln.

»Kein Problem.« Sie trank einen Schluck. »So, und jetzt muss ich weiter zu meinen nächsten Patientinnen. Ade, die Herrschaften! Und danke für den Chai, der ist wirklich köstlich. Ich denke, ich werd da mal ein Auge zudrücken.« Wie zur Bestätigung zwinkerte sie Sinha zu, gab ihm den Becher zurück und verließ mit beschwingtem Schritt das Zimmer.

»Eine ausgesprochen entzückende junge Frau, findest du nicht?«, hörte er hinter sich die Stimme seiner Mutter. »Meine Güte, das wär doch perfekt – ich müsste mir keine Lymphtherapeutin mehr suchen, wenn ich hier wieder draußen bin, ich hätte dann eine direkt in der Familie …«

»*Maaji!*«

»Aber *beta*, warum schreist du mich so an? Findest du sie etwa nicht reizend? Und außerdem, stell dir vor – *Simone Sinha*, klingt das nicht perfekt? Wie für dich gemacht!«

»Ja, klar«, grummelte Sinha. »*Sisi.* Aber ich bin kein Franzl. Verstanden? Hier, nimm den restlichen Chai und trink ihn aus, bevor er kalt wird.«

Der Blick, mit dem seine Mutter ihn bedachte, als sie den Becher entgegennahm, war eine wohldosierte Mischung aus *vorwurfsvoll* und *enttäuscht*, und hätte er diesen Blick nicht schon oft genug gesehen, dann hätte er dabei glatt ein schlechtes Gewissen bekommen.

»Ich seh schon«, schmollte sie. »Das wird wohl nichts mehr werden in diesem Leben.«

»Nur nicht die Hoffnung verlieren, *maaji!*« Er verwuschelte ihr das Haar und pflanzte einen liebevollen Kuss auf ihre Stirn. »So, heute kann ich leider nicht allzu lange bleiben, ich bin nachher mit zwei Kollegen aus Freiburg verabredet.«

»Kollegen? Von der Polizei?«

»Ja – Kripo. Gestern ist hier im Adlerweiher eine Leiche gefunden worden, und ich hab dazu ein paar Dinge in Erfahrung gebracht, die ich ihnen mitteilen möchte.«

»Du kannst es wohl nicht lassen, was?« Sie schüttelte den Kopf. »Kaum taucht irgendwo eine Leiche auf, schon musst du deine Nase reinstecken. Kein Wunder, dass du für *lebendige* junge Frauen keinen Blick mehr hast. Isst du wenigstens anständig, *beta?*«

»Ich tu mein Bestes«, versicherte er. »Zum Glück gibt's hier in Hinterzarten ein paar durchaus gute Restaurants. Wobei sich natürlich keines mit deiner Küche messen kann, *maaji.*«

»Das wäre ja auch noch schöner!« Zenobia Sinhas Augen blitzten. »Ich meine, was einem hier drin geboten wird, das spottet sowieso jeder Beschreibung – Kartoffelbrei, der noch nie eine Kartoffel gesehen hat, Soßen aus schnödem Industriepulver, und was man sich hier unter *Gewürzen* vorstellt, will ich gar nicht wissen. *Hay Baghwan*, bin ich froh, wenn ich mir endlich wieder ein anständiges Chicken Vindaloo machen kann! Und diese ewigen Fitness-Übungen gehen mir auch auf die Nerven ...«

Sinha begriff, dass seine Mutter mal wieder zu einer ihrer berüchtigten Endlos-Tiraden angesetzt hatte, und seufzte nun doch noch ein drittes Mal. *Was für ein Glück, dass er sich in ein paar Minuten abseilen konnte. Manchmal hatten Leichenfunde doch tatsächlich etwas Gutes.*

***

Normalerweise war der Polizeiposten Hinterzarten am Samstag und Sonntag nicht besetzt. Wer außerhalb der Dienstzeiten Hilfe brauchte, wurde an das Polizeirevier Titisee-Neustadt beziehungsweise an den Notruf verwiesen. Aber angesichts des Leichenfunds im Adlerweiher hatte man den Freiburger Kommissaren über das Wochenende einen Raum und die Schlüssel dazu zur Verfügung gestellt, damit sie für ihre Ermittlungen und Zeugenbefragungen eine Basisstation vor Ort hatten und nicht öfter als notwendig zwischen Hinterzarten und dem knapp dreißig Kilometer entfernt liegenden Freiburg hin und her pendeln mussten.

Als Surendra Sinha das Polizeihaus erreichte, hatten Peter Schobinger und Michaela Lux ihr Arbeitsquartier bereits in Beschlag genommen. Die Kommissarin öffnete ihm die Tür und führte ihn in einen Raum, in dem es nach sommerwarmer, stickiger Büroluft und starkem Automatenkaffee roch. Auf dem Schreibtisch erspähte Sinha zwischen Laptops, Notizzetteln, Aktendeckeln und Kaffeetassen eine aufgerissene Bäckertüte, aus der Schobinger sich gerade eine knusprig braune Butterbrezel nahm.

»Wir haben einen langen Tag vor uns, wir müssen uns stärken«, erklärte er munter, als er Sinhas Blick bemerkte. »Guten Morgen, Herr Kollege. Möchten Sie auch eine?«

»Nein, danke«, wehrte Sinha ab. »Ich will Sie ja auch gar nicht lange aufhalten; ich mach hier einfach nur kurz meine Aussage, und dann bin ich wieder weg.«

»Unsinn, Sie sind doch kein 08/15-Zeuge, sondern ein geschätzter Kollege«, lächelte Schobinger, der auch an diesem Tag wieder wie aus dem Ei gepellt aussah. »Nehmen Sie Platz; wollen Sie wirklich keine Brezel? Vielleicht einen Kaffee? Auch nicht? Na gut, dann lassen Sie mal hören; Sie haben heute früh am Telefon ja angedeutet, dass Sie ein paar neue Erkenntnisse zum Fall Moira Kerber haben.«

Aus den Augenwinkeln bemerkte Sinha, wie Michaela Lux' Miene noch verkniffener wurde als sie ohnehin schon war; seit sie ihm vorhin die Tür aufgemacht hatte, hatte sie noch kein einziges Mal gelächelt.

»Nun ja, ich hab mich gestern noch mit ein paar Ortsansässigen unterhalten«, antwortete er, instinktiv bemüht, jedes Wort auf die Goldwaage zu legen. »Ich war essen im *Schanzenberg*, danach bin ich mit zu dem Qualifikationsspringen gegangen. Und da hab ich einiges gehört, von dem ich glaube, dass es für Sie interessant sein könnte.«

»Sie waren bei der Quali?« Schobingers Augenbrauen stiegen hoch. »Da haben Sie mir glatt etwas voraus, die hab ich gestern nämlich nicht mehr geschafft. Lux und ich, wir waren bis tief in die Nacht hinein mit Klinkenputzen beschäftigt. Hat nicht übermäßig viel gebracht; es haben zwar eine Menge Leute Moira auf ihrem Weg zurück vom Skistadion gesehen, aber alle haben versichert, dass sie allein gewesen ist und auch niemand sich ihr angeschlossen hat. Wer immer ihr den tödlichen Schlag versetzt hat, er muss quasi wie aus dem Nichts aufgetaucht sein.«

»Weiß man denn schon, *womit* sie erschlagen worden ist?« Die Frage rutschte Sinha heraus, noch bevor er darüber nachdenken und sie sich verkneifen konnte.

»Mit einem stumpfen Gegenstand, vermutlich mit einem Stein«, antwortete Schobinger. »Gefunden haben wir die Tatwaffe allerdings noch nicht, falls das Ihre nächste Frage gewesen wäre.«

Sinha hob mit einer abwehrenden Geste beide Hände. »Ich hätte die erste schon nicht stellen sollen. Bitte entschuldigen Sie, ich werde mich nicht mehr in Ihre Ermittlungen einmischen.«

»Das haben Sie gestern auch schon hoch und heilig versichert«, kam es plötzlich in unüberhörbar missmutigem Tonfall von Michaela Lux. »Und dann schnüffeln Sie trotzdem in Hinterzarten herum, um sich Informationen und einen ordentlichen Vorsprung zu verschaffen. Was soll das, wollen Sie den Fall im Alleingang aufklären und dann im Triumph an den Bodensee zurückkehren, um dort überall zu verbreiten, wie mühelos Sie Ihre unfähigen Schwarzwald-Kollegen in die Tasche gesteckt haben?«

Dieser Ausbruch verschlug Sinha buchstäblich die Sprache. Fassungslos starrte er die Kommissarin an, die neben dem Fenster an der Wand lehnte und ihn mit einem finsteren Blick taxierte, und spürte dabei zu seiner nicht geringen Verlegenheit, wie seine Wangen zu brennen begannen. Auch Peter Schobinger schien diese Attacke seiner Kollegin für einen Moment aus dem Konzept gebracht zu haben; nach einigen Sekunden unangenehmen Schweigens war er jedoch der Erste, der sich wieder fing.

»Okay, Lux – war's das, können wir dann weitermachen?«

Der genervte Unterton war unüberhörbar, und Sinha begann sich zu fragen, ob Schobinger solche Ausfälle seiner Kollegin womöglich gewohnt war und wie die Zusammenarbeit eines derart ungleichen Ermittler-Duos überhaupt funktionierte.

»Entschuldigen Sie, Herr Sinha.« Erneut Schobingers Stimme, diesmal bedeutend ruhiger. »Sie wissen sicher, wie das ist – wir haben alle mal unsere schlechten Tage, nicht wahr?«

»Natürlich.« Sinha räusperte sich. »Ich bitte ebenfalls um Entschuldigung – und bekenne mich auch in gewisser Weise schuldig, aber nur insofern, als der ganze Fall mich einfach neugierig gemacht hat. Was soll ich machen, das ist nun mal eine Berufskrankheit – und ich hoffe in diesem Punkt sehr auf Ihr Verständnis. Auf Ihrer *beider* Verständnis, um exakt zu sein. Schließlich sitzen wir doch letzten Endes in einem Boot.«

Er bedachte bei diesen Worten Michaela Lux mit einem versöhnlichen kleinen Lächeln, das bei ihr allerdings nicht wirklich anzukommen schien.

»Richtig, Herr Kollege!«, versetzte Schobinger energisch. »Und dass Sie uns sofort angerufen haben und hierhergekommen sind, um Ihre Erkenntnisse mit uns zu teilen, ist ja wohl der beste Beweis dafür, dass Sie *nicht* vorhaben, uns aus diesem Boot zu kippen und im Triumph allein weiterzusegeln. Also, erzählen Sie, was haben Sie gestern alles in Erfahrung gebracht?«

Sinha beschloss, den unfreundlichen Anraunzer der Freiburger Kommissarin ohne einen weiteren Kommentar wegzustecken und diese freiwillige Pflichtveranstaltung zügig und mit Anstand hinter sich zu bringen. Er schilderte, wie er durch Karsten Wegeners Erzählungen über die Alpencup-Qualifikations-Querelen und den Verdacht gegen Daniel wegen Marcs Unfall auf den Gedanken gekommen war, dass hier möglicherweise ein Motiv für die Tötung von Moira Kerber zu suchen war – dass jemand, der von Daniels Schuld überzeugt war, ihr das Alibi für ihn verübelte oder sie sogar ausschalten wollte, damit sie, falls es doch noch zu einer Anklage kam, nicht vor Gericht zugunsten Daniels aussagen konnte. Schobinger wurde dabei von Minute zu Minute ernster, und Sinha machte sich unwillkürlich bereits auf die nächste Anfeindung gefasst, weil er hier den Sohn des Kommissars in die Sache mit hineinzog – zudem mit einer Schuldvermutung, die eigentlich längst widerlegt war.

»Hm«, meinte Schobinger schließlich gepresst. »Bisschen weit hergeholt, diese Idee, finden Sie nicht? Abgesehen davon müsste man mich dann ja auch ausschalten, schließlich hab ich Daniel das gleiche Alibi gegeben wie Moira.«

»Ich weiß«, erwiderte Sinha. »Ich sage ja auch nicht, dass das mit dem Alibi ein glasklares Tatmotiv ist. Es ist lediglich eine Vermutung, und ich wollte sie zumindest geäußert haben – vielleicht führt sie uns auf Umwegen zu neuen Erkenntnissen, die uns jetzt noch verborgen sind.« Er stockte kurz und lächelte verlegen. »*Ihnen*, nicht *uns*. Entschuldigung.«

Schobinger hob abwehrend die Hand. »Kein Problem, ich betrachte das hier nicht als unangemessene Einmischung, sondern als Brainstorming unter Kollegen. Sie meinen also, jemand könnte wegen Marc Wegener einen Hass auf Daniel haben, der sich nun – warum auch immer – auf Moira übertragen hat?«

»Ich finde, man sollte zumindest überprüfen, ob Karsten Wegener und seine Söhne für die ungefähre Tatzeit Alibis haben«, entgegnete Sinha. »Zumal Moira ja auch noch aus anderen Gründen in den *bad books* der Familie gestanden hat. Stichwort Anschuldigung wegen sexueller Belästigung. Stichwort Negativartikel über das Hotel.«

»Guter Punkt.« Schobinger kritzelte etwas auf einen Zettel. »Obwohl ich mir das bei dem alten Wegener nicht so recht vorstellen kann. Er kann zwar ein Choleriker sein und auch ein rechtes Ekel, aber dass er ein junges Mädchen umbringt und in einem Weiher versenkt, das passt irgendwie nicht zu ihm.«

»Entspricht ganz meinem Eindruck«, stimmte Sinha ihm zu. »Und im Übrigen möchte ich sicherheitshalber klarstellen, dass ich Daniel *nicht* verdächtige, schuld an Marcs Unfall zu sein. Auch wenn Marc meint, Daniels Wagen erkannt zu haben – aber dann hätte man doch Spuren finden müssen, und wenn ich Wegener richtig verstanden habe, war das nicht der Fall.«

»Richtig«, bekräftigte Schobinger. »Keine Splitter und nicht der kleinste Kratzer im Lack. Ich weiß, dass damals sämtliche Autowerkstätten im Umkreis überprüft worden sind, denn es hat ein paar Tage gedauert, bis Marc wieder so weit auf dem Damm war, dass er seinen Verdacht äußern konnte, und bis dahin, so die Kollegen, hätte Daniel sein lädiertes Auto locker reparieren lassen können. Aber keine der Werkstätten hat den Wagen in Arbeit gehabt, und am Unfallort selbst ist auch nichts gefunden worden, was mit ihm in Verbindung gebracht werden kann. Kurz und gut: Er war's nicht. Wie denn auch, er war den ganzen Abend mit Moira zusammen.«

»Die Frage ist, ob das jeder so klar sieht«, versetzte Sinha. »Oder ob es nicht doch womöglich Leute im Dunstkreis von Marc gibt, die Daniel die Schuld geben und es ihm heimzahlen wollen. Vielleicht hat jemand sich ja auch deshalb mit Moira gestritten – und sie dann im Affekt erschlagen. Wäre doch möglich!«

»Möglich ist alles.« Erneut machte Schobinger sich eine Notiz.

Für einen Moment überlegte Sinha, ob er Einar Birkelands Bemerkung wegen Daniels zahlreicher Flirts in Furtwangen und damit die Theorie, hinter Moiras Tod könnte auch lediglich eine eifersüchtige Rivalin stecken, vorläufig noch für sich behalten sollte. Es war Schobinger anzusehen gewesen, dass es ihm überhaupt nicht gefiel, dass sein Sohn eine derart prominente Figur in Sinhas Gedankenspielen rund um die Adlerweiher-Leiche war, und womöglich würde er es ihm ziemlich verübeln, wenn er jetzt noch mit weiteren Vorwürfen gegen Daniel daherkam. Andererseits – wie hatte er zu Birkeland gesagt: *»Es gilt, ein Gewaltverbrechen aufzuklären.«* Und wenn auch nur die geringste Möglichkeit bestand, dass Moira Opfer eines Eifersuchtsdramas geworden war, dann musste dem nachgegangen werden, ob es Papa Schobinger passte oder nicht.

Er räusperte sich erneut. *Man konnte das Ganze ja ein bisschen diplomatisch formulieren.*

»Übrigens – mir ist außerdem zu Ohren gekommen, dass Ihr Sohn in Furtwangen offenbar eine Menge Verehrerinnen hat. Das wäre eventuell auch noch ein Ansatzpunkt; vielleicht wollte eine dieser jungen Damen Moira ans Leder, um bei Daniel zum Zug zu kommen.«

Schobinger musterte ihn mit einem Blick, der überrascht, aber nicht unfreundlich wirkte.

»Von wem haben Sie *das* denn?«

»Einar Birkeland.«

Schobinger schnaubte kurz. »Na, *der* muss es ja wissen. Der kennt schließlich die komplette weibliche Belegschaft in dem Skiinternat von vorne und hinten, wenn Sie verstehen, was ich meine.« Er grinste breit. »Aber gut, wir nehmen auch das zu den Akten. Sonst noch was?«

»Nein.«

»Schön.« Schobinger streckte den Arm aus und angelte eine weitere Butterbrezel aus der Tüte. »Dann vielen Dank, Herr Kollege. Übrigens, Sie sagten doch, Sie wollen heute Abend zum

Sommerskispringen kommen; haben Sie Lust auf einen Blick hinter die Kulissen? Um halb acht beginnt der Probedurchgang, da wird Daniel zum ersten Mal als Vorspringer über die Schanze gehen, und danach könnte ich Sie ein bisschen herumführen, bevor das eigentliche Springen losgeht.«

»Klingt verlockend.«

»Schön. Dann treffen wir uns – Augenblick.« Er legte die Brezel beiseite, griff in seine Anzugtasche und zog das Smartphone hervor, das dort leise zu klingeln begonnen hatte. »Ja?«

Er hielt sich das Smartphone ans Ohr und lauschte mit zusammengezogenen Brauen.

»*Was??* – Das kann doch nicht sein! – Das kann der doch nicht machen! – *Scheiße!!* – Okay, wo bist du jetzt? – Gut, ich komm gleich … – Nein, kein Problem, ich fahr sofort los. – Ja, bis gleich!«

Er ließ das Smartphone sinken und starrte vor sich hin.

»Verdammt noch mal!«, murmelte er.

»Was ist denn passiert?« Zum ersten Mal meldete sich Michaela Lux wieder zu Wort.

Schobinger hob den Kopf und sah sie an.

»Das war Daniel. Einar Birkeland war gerade bei ihm und hat sich mit ihm unterhalten, wegen Moira. Und danach hat er vorgeschlagen, dass Daniel heute auf seine Sprünge besser verzichten soll, aufgrund der … der *unglücklichen äußeren Umstände.*« Sein Tonfall triefte nur so vor Sarkasmus.

»Und was sagt Daniel dazu?«

»Was soll er schon groß sagen? Was der Trainer bestimmt, gilt.«

»Aber Sie sagten doch, er hat es nur *vorgeschlagen* …«

Schobinger gab ein verächtliches Schnauben von sich. »Meine liebe Frau Lux, man merkt, dass Sie keine Ahnung haben. Natürlich schlägt er es freundlich vor, damit es nicht wie ein Befehl klingt und damit der andere das Gefühl hat, dass man ihn auch mitreden lässt, aber das Ende vom Lied ist: Daniel darf heute nicht als Vorspringer antreten. Er ist schon wieder ausgebootet worden. *Schon wieder!*« Er atmete tief durch. »Tut mir leid, Lux, aber ich muss mal eben zu meinem Sohn fahren, der ist jetzt natürlich völlig durch den Wind, und ich muss mich ein bisschen um ihn kümmern. Kann ich Sie mit der Arbeit hier allein lassen? Ich komm zurück, so schnell es geht.«

»Natürlich. Und Gruß an Daniel, es tut mir wahnsinnig leid.«

»Danke. Ich meld mich.«

Er nickte Sinha kurz zu und verließ ohne ein weiteres Wort hastig den Raum.

Für einen Moment trafen sich Sinhas und Michaela Lux' Blicke. Sinha hatte das Gefühl, dass sie über diese schlechte Nachricht für den Sohn ihres Kollegen ehrlich betroffen war, und das machte sie ihm nun doch wieder ein wenig sympathischer. Gleichzeitig stellte er fest, dass sie müde und überarbeitet wirkte. Ihr halblanges, dunkelblondes Haar war zerzaust, als hätte sie es nicht gekämmt, sondern nur notdürftig im Nacken zusammengebunden, und sie trug das gleiche Outfit wie am Tag zuvor, Jeans und ein schwarzes, weites T-Shirt, das ihre kräftigen Rundungen großzügig umflatterte. Er fragte sich, ob sie in dieser Nacht überhaupt zum Schlafen gekommen war, und wenn ja, wie lange.

Während er noch überlegte, was er als Nächstes sagen oder tun sollte, setzte Michaela Lux sich wortlos an den Schreibtisch und klappte einen Laptop auf.

»Ähm, Frau Lux – hören Sie …«, begann er vorsichtig.

»Ich muss arbeiten«, sagte sie knapp, ohne den Blick von ihrem Laptop zu nehmen.

»Ich weiß«, entgegnete er. »Ich wollte nur … also wenn ich Ihnen irgendwie helfen kann, dann sagen Sie's mir. Bis Ihr Kollege wieder da ist, meine ich.«

Sie blickte hoch und sah ihn überrascht an. Dann wurden ihre Lippen schmal.

»Ich komm zurecht«, murmelte sie. »Danke.«

Sinha begriff zwei Dinge. Erstens, dass er nicht der Einzige war, der hier etwas diplomatisch formulieren konnte; netter hätte auch er nicht rundheraus Nein sagen können. Und zweitens, dass es für ihn jetzt nur noch eines gab: Ade sagen und gehen.

Was er dann auch tat.

5

Für den Rest des Nachmittages entfloh Surendra Sinha dem Sommer-Grand-Prix-Trubel in Hinterzarten und machte in aller Ruhe eine gemütliche Wanderung zum Titisee, die ihm sehr dabei half, den Kopf wieder ein wenig freizubekommen. Das strahlend schöne Sommerwetter hielt nach wie vor an, der ganz leichte Wind, der leise durch die Tannenwipfel rauschte, wirkte erfrischend und belebend. *Vermutlich ideale Bedingungen für ein Skispringen.*

In Titisee gönnte er sich eine kleine Stärkung in einem Café und beschloss dann, sich als zusätzliche Belohnung für den für seine Verhältnisse doch sehr ausgiebigen Fußmarsch eine Rückfahrt mit der Höllentalbahn zu spendieren. Kurz vor der Einfahrt des Zuges in den Hinterzartener Bahnhof erreichte ihn ein Anruf von Peter Schobinger. Der Kommissar teilte ihm mit, dass er mit seinem Sohn gesprochen habe und der schlimmste Sturm vorüber sei; er werde deshalb wie geplant nachher zum großen Springen gehen, und wenn Sinha noch immer an einem Blick hinter die Kulissen interessiert sei, so gelte sein Angebot unverändert. Sinha nahm gerne an, und sie verabredeten sich für Viertel nach sieben am Eingang.

Als Sinha zur vereinbarten Zeit das Adler-Skistadion erreichte, hatten sich dort bereits Tausende von Besuchern versammelt. Erwartungsfrohe, heitere Stimmung lag in der Luft; alles fieberte dem Wettkampf entgegen. Er hatte Mühe, in dem Gewimmel Peter Schobinger zu finden, und atmete unwillkürlich auf, als er ihn endlich neben einem der mächtigen, dunkelgrünen Tannenbäume erspähte.

»Da sind Sie ja!«, rief Schobinger ihm über den Lärmpegel entgegen. »Kommen Sie, gleich geht der Probedurchgang los, und ich würd gern zumindest den Sprung vom Jonas anschauen;

er geht als erster Vorspringer über die Schanze. Danach drehen wir eine Runde. In Ordnung?«

»Ich richte mich ganz nach Ihnen«, antwortete Sinha.

Er folgte seinem Freiburger Kollegen, der am Eingang seinen Dienstausweis vorzeigte und ein paar Worte mit dem Mann dort wechselte, auf das Stadiongelände. Überrascht stellte er fest, dass Schobinger überall problemlos Zugang erhielt, auch zu Bereichen, die für das allgemeine Publikum gesperrt waren, und von vielen Seiten freundlich gegrüßt wurde. Offenbar war er hier bestens bekannt, entweder als Kriminalhauptkommissar oder als Vater eines vielversprechenden Nachwuchstalents aus dem Landeskader. *Oder beides.*

»Hier.« Schobinger blieb auf einer kleinen Anhöhe stehen. »Von dieser Stelle aus können wir Jonas gut sehen. Ich möchte doch wissen, wie sich der Junge macht, wenn er schon anstelle meines Sohnes springen darf.«

Sinha betrachtete ihn nachdenklich von der Seite und beschloss, die Frage zu riskieren.

»Stört Sie das?«

Schobinger antwortete nicht sofort. Sein Blick hing unverwandt an dem Schanzentisch.

»Nun ja … ich denke, ich wäre kein guter Vater, wenn mich das kaltlassen würde«, sagte er schließlich. »Ich weiß, wie viel Daniel das Skispringen bedeutet. Er hat nie ein anderes Hobby gehabt, für ihn hat es immer nur die Schanze gegeben. Keine Trainingseinheit, keine noch so harte Schinderei ist ihm zu viel, weil er stets das große Ziel vor Augen hat – eines Tages zum DSV-Kader zu gehören. Umso bewundernswerter ist, wenn man mich fragt, wie er die ganzen Rückschläge wegen des Alpencups und Marcs Unfall weggesteckt hat. Aber als nun auch noch Moira …«

Er brach ab, schluckte und wandte sich Sinha zu; er war sehr blass geworden.

»Da dachte ich nur noch: *Bitte nicht! Nicht auch das noch! Das verkraftet er nicht!* Ich hab in dem Moment wirklich Angst gehabt um meinen Jungen. Können Sie das verstehen, Herr Sinha? Haben Sie Kinder?«

»Nein. Aber ich denke, ich verstehe Sie trotzdem.«

Schobinger nickte sachte. »Und ich glaube, was ihn nach diesem Schock noch aufrecht gehalten hat … was für ihn ein Grund war, *nicht* zusammenzubrechen – das war die Aussicht auf diese beiden Sprünge heute. Deshalb war ich vorhin so entsetzt, als Daniel mir am Telefon gesagt hat, dass sein Trainer umdisponiert hat und ihn nicht springen lässt. Ich meine, gut, ich verstehe den Mann; er hat eine Fürsorgepflicht gegenüber seinen Schützlingen, und Daniel *ist* psychisch gerade nicht hundertprozentig auf dem Damm, da beißt die Maus keinen Faden ab. Trotzdem. Ich dachte wirklich, das wird jetzt der Tropfen, der das Fass zum Überlaufen bringt. Deshalb habe ich mich auch so Hals über Kopf verabschiedet. Ich *musste* unbedingt sofort zu meinem Jungen. Um ihn im Falle eines Falles aufzufangen.«

Er atmete tief durch.

»Zum Glück war das nicht nötig. Auch wenn Daniel furchtbar enttäuscht ist – er respektiert die Entscheidung seines Trainers. Das tut er immer. Und er ist jetzt sogar mit mir hierhergekommen, weil er Jonas vor seinem Sprung noch über die Schulter spucken will. Ist das nicht wahrer Sportsgeist? Ich bin unglaublich stolz auf meinen Sohn.«

Jetzt war es Sinha, der sachte nickte. Wenn das stimmte, was Schobinger da erzählte, dann war dieser Daniel ein wahrhaft bemerkenswerter junger Mann. So viele Niederlagen und Schicksalsschläge einzustecken … und dann besaß er trotzdem noch die Größe, seinem Rivalen Glück zu wünschen. *Alle Achtung.*

»Das heißt, er ist jetzt auch hier irgendwo?«

»Ja. Wir werden ihn sicher nachher noch treffen. Aber – schauen Sie, Jonas macht sich schon bereit. Jetzt kann's nicht mehr lang dauern.«

Sinha folgte Schobingers Blicken hinauf zum Anlaufturm. Dort oben saß auf dem Balken eine schmale, kleine Gestalt in einem blauen Skianzug und mit weißem Helm, die sich offenbar gerade die Skibrille zurechtrückte. Die muntere Stimme aus dem Lautsprecher, die den Vorspringer ankündigte, vermischte sich mit dem Applaus und dem erwartungsfrohen Jubel des Publikums.

Und dann war es so weit. Die Gestalt stieß sich von dem Balken ab, fuhr in tiefer Hocke die keramikgekachelte Anlaufspur hinab zum Schanzentisch und sprang dort kraftvoll ab. Wie von selbst glitten die Ski in der Luft auseinander in die V-Stellung, der schmale Körper reckte sich lang nach vorne, und getragen von den Anfeuerungsrufen der Zuschauer flog der junge Springer zu Tal und landete schließlich sicher auf den gewässerten Matten. Herzlicher Beifall belohnte ihn, während er umgehend seine langen Sprungski abschnallte und den Auslaufbereich verließ, um für den nächsten Vorspringer Platz zu machen.

»Nicht schlecht«, hörte Sinha neben sich Schobingers anerkennende Stimme. »Der Junge hat's drauf, gar keine Frage. Kommen Sie, Herr Sinha – wir gehen rüber zum Betriebsgebäude, da können Sie vielleicht den einen oder anderen Skisprung-Promi kennenlernen. Und ein schönes Tannenzäpfle kann ich uns sicher auch organisieren.«

Beziehungsweise ein Fichtenzäpfle, dachte Sinha ironisch. Aber natürlich sagte er es nicht laut.

* * *

Vor den Umkleiden unten im Betriebsgebäude des Stadions trafen sie auf Einar Birkeland und Jonas Steigenberger, der seine Ski noch immer in der Hand hielt. Das Gesicht des Jungen war diesmal fast genauso rot wie seine Haare, und Sinha fragte sich unwillkürlich, ob das mehr der Anstrengung des Sprunges oder

der Aufregung des Nachwuchsadlers zuzuschreiben war – oder der Kritik, mit der sein Trainer ihn offenbar gerade bedachte.

»Hallo zusammen!«, unterbrach Schobinger ungeniert den Redefluss des Norwegers. »Entschuldige die Störung, Einar, wir wollen nur schnell Jonas zu seinem Sprung gratulieren. Gut gemacht, Jonas – noch so ein Satz nachher, und die DSV-Herren schreiben sich deinen Namen bestimmt ganz vorne in ihre kleinen Notizbücher.«

»Danke«, erwiderte Jonas verlegen und lief, was Sinha kaum mehr für möglich gehalten hätte, noch eine Schattierung roter an.

»Ja, der Sprung war okay«, meinte Einar Birkeland. »Ich hab Jonas grade gesagt, dass er den Absprung nicht ideal erwischt hat, sonst wär er sicher noch ein bisschen weiter gegangen. Aber wenn er das bei seinem nächsten Sprung umsetzt und noch mal so gut runterkommt, dann können wir zufrieden sein.«

»Trotzdem«, kam es leise von Jonas. »Mir wär's lieber gewesen, Daniel wäre gesprungen. Er wäre dran gewesen, nicht ich. Er war vorhin noch in der Umkleide, um mir Glück zu wünschen – das fand ich toll von ihm. Wo ist er jetzt?«

»Keine Ahnung«, erwiderte Schobinger. »Sollen wir ihm was ausrichten, wenn wir ihn sehen?«

Jonas schüttelte – fast ein wenig hastig – den Kopf und senkte den Blick. Wie schon am Abend zuvor stellte Sinha fest, dass der Junge sich als Einspringer für Daniel offenbar alles andere als wohl fühlte und nun zudem auch noch irgendwie nervös wirkte. Spontan fragte er sich, ob Jonas psychisch tatsächlich so viel stabiler war als Daniel, dass dieser Wechsel gerechtfertigt gewesen war.

»Gut«, sagte Einar Birkeland. »Dann geh rein, Jonas, halt dich warm und konzentrier dich auf deinen zweiten Sprung; ich werde – was ist da denn los?«

Hinter ihnen war zwischen den Umstehenden Unruhe aufgekommen, und plötzlich lösten sich zwei Polizeibeamte aus der

Menge und kamen zielbewusst auf sie zu. Einen von ihnen erkannte Sinha; er hatte zu der Streife gehört, die am Vortag die Leichenfundstelle am Adlerweiher abgesichert hatte, und war ihm vor allem wegen seiner Körpergröße in Erinnerung geblieben – Sinhas Schätzungen zufolge maß er mindestens einen Meter neunzig. Den Namen des Mannes hatte er jedoch, wie er sich zu seiner Schande eingestehen musste, nicht behalten.

»Entschuldigung«, sagte der Lange nun. »Wir suchen Jonas Steigenberger; ist er hier?«

Spontan wandten sich Birkeland, Schobinger und auch Sinha dem Jungen zu, der die beiden Polizisten erschrocken anstarrte und so aussah, als würde er sich am liebsten hinter seinen langen, breiten Sprungski verstecken.

»Das … das bin ich«, piepste er.

Der Lange sah ihn ernst an. »Wir haben einen anonymen Hinweis bekommen, dass sich in deinem Besitz Drogen befinden sollen.«

»*Was?*« Mehr brachte Jonas nicht hervor, er wirkte wie ein Kaninchen in Todesangst vor zwei Riesenschlangen.

»Das ist doch Unsinn!«, ging stattdessen Schobinger dazwischen und zückte seinen Dienstausweis. »Kriminalhauptkommissar Schobinger, Kripo Freiburg. Ich kenne Jonas, der hat noch nie in seinem Leben etwas mit Drogen zu tun gehabt. Das ist entweder ein Missverständnis oder ein schlechter Scherz.«

»Egal was es ist, wir müssen der Sache nachgehen«, entgegnete der Lange spitz. »Das brauchen wir doch gerade Ihnen sicher nicht zu sagen. Also, Jonas – können wir uns mal bei dir umsehen? Wo sind hier die Umkleiden? Gut, dann fangen wir da an. Zeig uns, wo deine Sachen hängen!«

Jonas sah verwirrt und hilfesuchend um sich.

»Schon gut, Jonas«, sagte Schobinger ruhig. »Zeig den Herren, was sie sehen wollen, damit wir diesen Irrtum aus der Welt schaffen können. Wenn du keine Drogen hast, dann kann dir ja auch nichts passieren. Soll ich mitkommen? Ist dir das lieber?«

Jonas nickte stumm.

»Na denn – wenn die Herren auch nichts dagegen haben, dann gehen wir!«

Der Kommissar gab Jonas einen aufmunternden kleinen Klaps auf die Schulter. Der Junge, der immer noch wie betäubt war, trabte gehorsam los und knallte prompt wenige Schritte später, als er das Betriebsgebäude mit den Umkleiden betreten wollte, seine langen Sprungski gegen den Türrahmen – er schien völlig vergessen zu haben, dass er sie noch immer in den Händen hielt. Einar Birkeland kam ihm zu Hilfe, nahm ihm die Ski ab und sah dann mit ungläubiger Miene zu, wie die kleine Prozession in dem Haus verschwand.

»*Faen i helvete*«, zischte er, gefolgt von einer Serie weiterer Ausdrücke, die Sinha aufgrund von Birkelands Tonfall als ein Arsenal ausgesuchter norwegischer Flüche deutete. »Das kann doch wohl nicht wahr sein! Halten Sie die mal bitte, ja? Ich muss wissen, was hier los ist.« Mit diesen Worten drückte er Sinha umstandslos Jonas' Sprungski in die Hand und hastete der Prozession hinterher.

Völlig überrumpelt starrte Sinha zuerst die Ski an und dann den Eingang, durch den Birkeland verschwand. *War er jetzt hier zum Skiwächter ernannt worden oder was? Was um Himmels willen sollte er mit diesen beiden Riesenbrettern machen?*

Mit einem Mal wurde er von hinten angerempelt. Er drehte sich um und erkannte Daniel Schobinger, der ein verlegenes »Entschuldigung!« murmelte und schon weitergehen wollte, als sein Blick auf die Ski fiel, die sich in Sinhas Hand mehr und mehr wie ein unangenehmer Fremdkörper anfühlten. Verblüfft blieb er stehen und musterte Sinha mit einem fragenden Blick.

»Sind das nicht die Ski vom Jonas?«

»Sind sie«, bestätigte Sinha und überlegte fieberhaft, wie er seinen Einsatz als Skiwächter erklären sollte, ohne Jonas' augenblickliche prekäre Lage preiszugeben.

»Und wo ist er?«, erkundigte sich Daniel natürlich prompt. »Ich hab mir seinen Sprung angesehen und wollte ihm gratulieren. Ich dachte, er ist schon wieder in der Umkleide.«

Ist er ja auch, dachte Sinha resignierend. *Aber ich kann dich da jetzt nicht reinlassen. Tut mir leid.*

»Da … da war jemand, der ihn kurz sprechen wollte«, sagte er. »Und er wusste auf die Schnelle nicht, wohin mit den Ski … und weil ich grade so schön dastand, hab ich gesagt, er soll sie mir geben, ich pass so lange auf sie auf.«

Nicht wirklich überzeugend, seufzte er innerlich, während ihm gleichzeitig auffiel, dass Daniel noch schmaler und blasser wirkte als am Tag zuvor, als er ihn am Adlerweiher zum ersten Mal gesehen hatte. Einar Birkeland hatte seine Entscheidung an diesem Vormittag offenbar nicht ohne Grund getroffen.

Daniel legte den Kopf ein klein wenig schräg und betrachtete ihn mit zusammengekniffenen Augen.

»Sie sind doch dieser Kommissar, oder?«, fragte er plötzlich. »Der von gestern?«

Der Zusatz löste bei Sinha trotz der ernsten Situation ein amüsiertes Grinsen aus. *Der Kommissar von gestern. Wenn das jetzt seine Mutter gehört hätte.*

Aber auch Daniel schien nun der Doppelsinn seiner Formulierung aufzugehen. Ein kleines, wässriges Lächeln umspielte seine Lippen.

»Tut mir leid. So war das nicht gemeint.«

»Ist mir schon klar«, versetzte Sinha gutmütig. »Kein Problem. Und ja, ich bin der Kommissar von gestern. Surendra Sinha. Oder einfach Kay-Kay.«

Er lächelte ebenfalls, krampfhaft bemüht, die Lage ein wenig zu entspannen – ein Versuch, der im nächsten Augenblick mit Pauken und Trompeten zunichte gemacht wurde, als Einar Birkeland aus dem Betriebsgebäude stürmte, eine erneute saftig norwegische Tirade auf den Lippen und sehr offensichtlich aufgewühlt.

»Einar?« Daniel packte seinen Trainer am Arm. »Ist was passiert?«

Birkeland wirbelte herum. »Daniel? *Takk gud*, du kommst wie gerufen! Schnell, geh rein, wärm dich auf – du musst jetzt doch noch als Vorspringer ran; es geht nicht anders, so kurzfristig kann ich keinen anderen mehr rekrutieren, jedenfalls keinen, der die notwendigen Qualifikationen mitbringt. Geht das, traust du dir das zu?«

»Aber – was ist mit Jonas?«

»Frag nicht; zieh dich um und mach deine Aufwärmübungen, ich komm dann …«

Er unterbrach sich, als im gleichen Moment die beiden Polizisten wieder auftauchten, mit ernsten Mienen und mit Jonas Steigenberger zwischen sich, dem jede Farbe aus dem Gesicht gewichen war und der gar nicht zu begreifen schien, was gerade mit ihm geschah. Ahnungsvoll sah Sinha hinterher, als die Polizisten den Jungen durch die Menschenmassen hindurch in Richtung Ausgang dirigierten, verfolgt von unzähligen neugierigen und sensationslüsternen Blicken. Unwillkürlich verkrampften sich seine Finger; dabei spürte er etwas Kantiges, und ihm wurde bewusst, dass er immer noch Jonas' Sprungski in der Hand hielt. Er wandte sich um zu den anderen und sah nun auch Peter Schobinger herauskommen, mit zerfurchtem, müdem Gesicht und sichtlich betroffen.

»Papa?« Daniel lief ihm entgegen. »Was ist hier los, wieso nehmen die Jonas mit?«

Schobinger gab einen traurigen Seufzer von sich. »Sie haben zwei Tütchen Kokain in Jonas' Jackentasche gefunden.« Seine Augen wurden dunkel. »Das ist unbegreiflich. Wie kommt der Junge dazu?«

Daniel riss die Augen auf. »Jonas – *Kokain?*«

»Du hast nichts davon gewusst, oder?«, fragte Schobinger.

Daniel schüttelte entschieden den Kopf. »Nee. Keine Spur. Aber das …«

»Könnt ihr das bitte alles *hinterher* ausdiskutieren?«, ging Birkeland heftig dazwischen. »In einer halben Stunde fängt der Wettkampf an, und Daniel muss sich jetzt vorbereiten, wenn er als Vorspringer über die Schanze gehen will.«

»Vorspringer?« Schobinger sah Birkeland vewundert an. »Also jetzt doch?«

»Ja, es geht nicht anders«, erklärte Birkeland. »Aber Daniel macht's, er ist einverstanden ... bist du doch, oder?«

»Ja ... ja, natürlich.« Daniel biss sich auf die Lippen.

»Gut, dann ab mit dir!«

Gehorsam verschwand Daniel in dem Betriebsgebäude. Einar Birkeland atmete tief durch, und Peter Schobinger starrte eine Weile unschlüssig zu Boden, bevor er mit einem »Entschuldigen Sie!« in Richtung Sinha sein Smartphone zog, eine Nummer aufrief und sich ein paar Schritte entfernte. Sinha hörte gerade noch: *»Ja, ich bin's; hören Sie, Lux, Sie müssen mir einen Gefallen tun ...«*, bevor der Kommissar um die Hausecke bog und seinen Blicken entschwand.

Bevor auch noch Birkeland davoneilen konnte, ergriff Sinha die Initiative.

»Sagen Sie, gehe ich recht in der Annahme, dass Daniel eigene Ski hat?«, fragte er den Norweger in seinem besten harmlosen Tonfall und wies mit vielsagender Miene auf die langen Bretter in seiner Hand.

»Oh – *unnskyld!*« Hastig nahm Birkeland die Ski an sich. »Entschuldigen Sie bitte.«

»Keine Ursache. Lieben Gruß an Daniel – und toi, toi, toi!«

»Danke, richt ich aus.«

Birkeland hastete mit Jonas' Sprungski davon. Gleich darauf tauchte Peter Schobinger wieder auf.

»Ah, Sie sind noch da? Tut mir leid; wenn ich geahnt hätte, was hier heute Abend alles abgeht ... Und jetzt kommt mein Sohn doch noch als Vorspringer dran! Ich müsste eigentlich ganz schnell zusehen, dass ich einen guten Platz bekomme; Lux hat mir versprochen, dass sie an der Sache Jonas dranbleibt und mich per SMS auf dem Laufenden hält … aber eigentlich wollte ich Sie ja noch ein bisschen herumführen …«

»Ich bitte Sie, das geht doch jetzt selbstverständlich vor!«, entgegnete Sinha. »Bleiben Sie ruhig für den Rest des Abends bei Ihrem Sohn; ich komm hier auch allein zurecht, und was den Blick hinter die Kulissen betrifft – das nächste Sommerskispringen kommt bestimmt.«

Schobingers Blick leuchtete auf. »In genau einem Jahr«, ergänzte er. »Und Sie sind schon jetzt herzlich eingeladen. Vielen Dank, Herr Kollege. Wir sehen uns, ja?«

»Bestimmt.«

Schobinger lächelte ihm zu und verschwand eilig in der Menge. Sinha blieb zurück. Seine Gedanken wanderten zu dem dünnen, siebzehnjährigen Jungen, bei dem gerade Drogen gefunden worden waren und dem nun eine Vernehmung bei der Polizei bevorstand, auf die er in keiner Weise vorbereitet war und die ihn vermutlich restlos überfordern würde. *Eigentlich braucht der Junge Hilfe,* dachte Sinha. Aber wenn er jetzt hinterherfuhr, um die Sache im Auge zu behalten, dann war ihm das nächste Donnerwetter von Michaela Lux so sicher wie die nächste Heiratskandidatin aus dem unerschöpflichen Fundus seiner Mutter. Und außerdem hatte Jonas bestimmt Angehörige, die sich um ihn kümmern konnten. *Nein.* Es gab überhaupt keinen Grund für Sinha, sich schon wieder einzumischen.

Aber es gab auch keinen Grund, noch länger hierzubleiben. Noch war Surendra Sinha weit davon entfernt, ein Skisprung-Fan zu werden, und wenn er ehrlich war, dann fühlte er sich in diesem Moment in dem Stadion auch nicht mehr wirklich wohl. Er musste weg hier. Zum Durchatmen.

Und zum Nachdenken.

***

Wenige Minuten später erreichte Sinha den Bahnübergang, hinter dem der Weg in das dichtbewaldete Gebiet des Hinterzartener Hochmoors hineinführte. Der Lärm aus dem Skistadion verfolgte ihn zwar noch bis hierher, aber vermutlich gab es an diesem Abend in dem gesamten Ort keinen Winkel, in dem die Lautsprecheransagen und der Jubel des Publikums *nicht* zu hören waren. Und hier war er wenigstens von schöner und weitgehend unberührter Natur umgeben.

Langsam schlenderte er den Waldpfad entlang, studierte interessiert die bisweilen bereits leicht verwitterten und mit Flechten bewachsenen Schilder, die ihm von Waldkiefern und Moorbirken erzählten, von Torfmoosen, Wollgräsern und Rosmarinheiden. Die Luft war ein wenig frisch geworden, aber insgesamt war es ein angenehmer Sommerabend, und dass Sinha dennoch nur ganz wenigen anderen Spaziergängern begegnete, war wohl dem gerade laufenden sportlichen Höhepunkt des Jahres zuzuschreiben.

Auch auf dem langen Holzsteg, der quer über das Moor führte, war fast niemand unterwegs. Die einzige Gestalt, die Sinha von weitem erspähte, lehnte an dem Holzgeländer und blickte regungslos hinaus auf die faszinierende Moorlandschaft. Eine Gestalt, die Sinha irgendwie bekannt vorkam … *groß, sehr schmal, raspelkurzes blondes Haar* … aber erst, als er an ihr vorbeigegangen war, machte es *klick* in ihm, und er blieb stehen und drehte sich um.

Ja, kein Zweifel. Es war Marc Wegener.

Im gleichen Moment schien der junge Mann zu spüren, dass er beobachtet wurde; er wandte Sinha das Gesicht zu und sah ihn mit einem fragenden Ausdruck in den großen blauen Augen an. Sinha beschloss, die Flucht nach vorne anzutreten.

»Entschuldigen Sie, ich wollte nur sichergehen – Sie sind doch Marc Wegener, nicht wahr? Aus dem Sporthotel *Schanzenberg*?«

Der junge Mann nickte bejahend.

»Wusst ich’s doch!« Sinha lächelte. »Ich habe gestern in Ihrem Restaurant gegessen. Sehr köstlich übrigens. Und da haben wir uns kurz gesehen.«

»Ja, ich erinnere mich.« Marc musterte ihn prüfend. »Sind Sie ein Bekannter von meinem Vater?«

»Nicht wirklich, ich kenne ihn auch erst seit gestern.« Sinha zögerte kurz, entschied dann aber, seinem Gegenüber reinen Wein einzuschenken. »Ich bin Kriminalkommissar, müssen Sie wissen; Surendra Sinha ist mein Name. Und ich war dabei, als die Leiche von Moira Kerber im Adlerweiher gefunden wurde. Bei der Gelegenheit bin ich auch Ihrem Vater zum ersten Mal begegnet.«

Das ernste Gesicht des jungen Mannes, das auf Sinha so seltsam erwachsen wirkte, erbleichte um eine kaum merkliche Nuance.

»Ich verstehe«, sagte er. »Heißt das, Sie sind dienstlich hier?«

»Nein«, entgegnete Sinha. »Mit dem Fall Moira Kerber bin ich nicht befasst. Und ich hoffe ja doch, dass nach der Weiherleiche nicht auch noch eine Moorleiche auf mich wartet.«

Mit dieser Bemerkung gelang es ihm immerhin, dem jungen Mann ein leises Glucksen zu entlocken.

»Bloß nicht«, versetzte Marc trocken. »*Eine* Leiche langt uns. Sie sagen, Sie sind mit dem Fall nicht befasst … Dann wissen Sie wohl auch nicht, ob man schon eine Idee hat, *wer* Moira getötet hat?«

»Nein«, antwortete Sinha.

Ein Schatten glitt über Marcs Gesicht. »Ich war’s jedenfalls nicht. Das hab ich heute auch schon zu Protokoll gegeben. Ich war am Donnerstagabend bei der Krankengymnastin, um meine Übungen zu machen, und danach hab ich bis nach Mitternacht im Hotel an der Rezeption gesessen. Das kann mein Vater bestätigen, der war auch da.«

Sinha hob abwehrend die Hände. »Wie gesagt, mich geht der Fall nichts an. Vor mir müssen Sie sich weder rechtfertigen noch verteidigen.«

Marc nickte kurz. Dann wandte er sich ab und schaute wieder hinaus auf das Moor. Sinha betrachtete ihn nachdenklich. Hatte etwa Michaela Lux seine Anregung aufgegriffen und tatsächlich noch an diesem Nachmittag die Wegeners auf ihre Alibis überprüft? Damit hätte er jetzt nicht wirklich gerechnet. Aber gut, dann hatte er immerhin sein Scherflein zu dem Fall beigetragen. Und er sollte jetzt eigentlich weitergehen und den jungen Mann in Ruhe lassen.

Aber irgendetwas in ihm widersetzte sich dagegen, die Begegnung mit Marc Wegener abzubrechen. Stattdessen trat er wie selbstverständlich neben ihn an das Geländer und versank ebenfalls in den Anblick der Bäume auf dem weichen Teppich aus langen, sanften Gräsern – kräftige Kiefern, dichtbelaubte Birken und dazwischen immer wieder auch tote Bäume, hellgrau und verkrüppelt, die in dieser Symphonie aus Grüntönen beinahe gespenstisch wirkten.

»Dieses Moor ist beeindruckend«, stellte er leise fest. »So etwas habe ich noch nie gesehen.«

»Glaub ich Ihnen«, sagte Marc neben ihm. »Sie sollten mal im Winter herkommen, wenn hier alles dick verschneit ist; dann ist es erst richtig faszinierend. Und jetzt im Sommer ist es voller Leben – Schmetterlinge, Käfer, Eidechsen, Vögel, und ganz viele seltene Blumen und Kräuter wachsen hier auch.«

»Deshalb hat man dieses Moor wohl auch zum Naturschutzgebiet erklärt«, meinte Sinha. »Das hab ich auf der Informationstafel am Beginn des Weges gelesen. ›*Der größte Moorkomplex des Schwarzwalds*‹ steht da auch, wenn ich mich recht erinnere.«

»Stimmt.«

Erneut verfiel Marc in Schweigen, und nach einer Weile beschloss Sinha, die Sache nun doch zu beenden.

»Okay, Marc – war nett, Sie wiederzusehen. Ade.«

Er nickte Marc zu und wandte sich zum Gehen.

»Wollen Sie denn gar nicht zum Sommerskispringen?«

Diese Frage kam für Sinha derart überrumpelnd, dass er spontan und entsprechend unbedacht antwortete: »Nein. Ich hab gestern schon das Qualifikationsspringen durchgestanden, das reicht mir voll und ganz.« Er stockte, dann sah er Marc schuldbewusst an. »Tut mir leid. Ich hab vergessen, wie wichtig das Skispringen für Sie ist.«

Für einen Moment wurden Marcs Augen dunkel.

»Sie Glücklicher. Ich wünschte, ich könnte es auch vergessen.«

Er drehte sich wieder in Richtung Moor.

»Hier kann ich es meist am besten. An normalen Tagen jedenfalls, wenn man nichts hört als die Stille und ich mit meinen Gedanken in dieses Moor eintauchen kann … tief, ganz tief. Aber heute … würde ich das alles selbst da drin nicht überhören können.« Er machte eine schnelle, vielsagende Kopfbewegung in die Richtung, aus der der Lärm aus dem Skistadion durch den Moorwald zu ihnen drang, und verzog das Gesicht zu einer bitteren Grimasse.

Überrascht starrte Sinha ihn an. Zwar hatte er es während seiner Karriere als Kommissar schon des Öfteren erlebt, dass Menschen erstaunlich schnell Zutrauen zu ihm fassten und sich ihm öffneten – ohne dass er sich wirklich erklären konnte, woran das lag. Aber dass auch Marc Wegener zu dieser Kategorie gehörte, damit hätte er nicht gerechnet. Wie kam der junge Mann dazu, sein persönliches Trauma ihm gegenüber zur Sprache zu bringen? Hatte er etwa sonst niemanden, mit dem er reden konnte?

Marcs Gedanken schienen in eine ähnliche Richtung zu gehen, denn mit einem Mal erschien ein blasses, verlegenes Lächeln auf seinem Gesicht.

»Sorry – wahrscheinlich interessiert Sie das gar nicht. Vergessen Sie es einfach, ja?«

Sinha schüttelte ruhig den Kopf. »Sie sind nicht der Einzige, der manche Dinge nicht so ohne weiteres vergessen kann, Marc.«

Marcs Augen wurden schmal. »Bezieht sich das auf mich?«

»Nein«, erwiderte Sinha. »Jedenfalls nicht nur. Aber ich gebe zu, Ihre Geschichte bewegt mich. Ihr Vater hat mir davon erzählt, und auch Ihr Trainer, Einar Birkeland. Sie haben mein volles Mitgefühl. Auch wenn ich nicht weiß, ob Ihnen etwas daran liegt.«

Marc schien eine Weile nachzudenken. Dann wandte er sich ab und schaute in Richtung Skistadion.

»Ich wollte da auch mitspringen«, sagte er leise. »Beim Sommer-Grand-Prix, irgendwann mal. Ich hab mir immer vorgestellt, wie das sein wird, hier zu Hause gegen die Weltelite anzutreten, vor *meinem* Publikum. Und natürlich hab ich auch vom Weltcup geträumt, von der Vierschanzentournee und den Olympischen Spielen ... dass ich auf dem Siegerpodest stehe, und sie spielen die Nationalhymne, für *mich!* Und ich war *so* sicher, dass ich das alles erreichen würde! Einar hat immer gesagt: ›Wart's nur ab, Marc – du bist der Nächste, den sie auf diesen Verkaufsstand im Stadion pinseln!‹« Er schnaubte bitter. »Tja ... das wird ja nun nichts mehr. Hoch geflogen, tief gefallen. Haben Sie im Skistadion die Informationstafel über die Adlerschanze gesehen? Die mit der Überschrift ›*Wo die Adler fliegen*‹, rechts neben der großen Schanze?«

»Nein«, gab Sinha zu. »Ich war zwar jetzt schon zweimal in dem Stadion, aber die ist mir entgangen.«

»Ich hab sie so oft gelesen, dass ich sie auswendig kann«, sagte Marc. »Jeden Tag bin ich mindestens einmal davorgestanden. Ich weiß jede Jahreszahl, jede Höhenangabe, jedes einzelne Detail. Aber den wirklich wichtigen Satz auf der Tafel – den hab ich erst begriffen, als alles vorbei war: ›*Es gibt keine Höhen, wenn dazwischen nicht auch Täler liegen.*‹« Er senkte den Kopf. »Jahrelang hab ich immer nur auf die Täler herabgeschaut. Mein Platz war oben, in den Höhen. Bei den Adlern. Die Täler waren nur für andere, nicht für mich. Jetzt haben die Täler mich in ihren Krallen, und ich sitze in ihnen fest, für den Rest meines Lebens. Im Schatten.«

»Wer sagt denn, dass es keine Höhen mehr für Sie geben wird?«, erwiderte Sinha behutsam. »Aus jedem noch so tiefen Tal führt irgendwo auch wieder ein Weg hinaus und den nächsten Berg hinauf. Geradewegs in die Sonne.«

»Und wie soll ich diesen Weg bitte gehen?« Marc schnaubte erneut und deutete auf sein rechtes Knie. »Mit *dem* Bein?«

»Lukas Müller geht den Weg«, betonte Sinha. »So wie Nicholas Fairall auch. Und die beiden haben nach ihren Stürzen sogar im Rollstuhl gesessen, nicht wahr?«

»Ja, ich weiß.« Marc biss sich auf die Lippen. »Absolut bewundernswert, wie die sich zurückkämpfen.«

Sinha nickte. Er hatte die beiden Namen am Vorabend noch gegoogelt, nachdem er sie im Skistadion bei Einar Birkeland aufgeschnappt hatte (*Müller* war zum Glück ein Name, den man sich merken konnte). Ein Österreicher und ein Amerikaner, beide Mitte zwanzig, beide mit gebrochenen Wirbeln nach schweren Stürzen von der Schanze. Und beide wild entschlossen, sich nicht unterkriegen zu lassen. Beeindruckt hatte er Berichte gelesen über mühsame erste Schritte an Krücken, über Rollstuhlrugby und Monoski, über Zukunftspläne wie Studium, Pilotenausbildung und Skisprung-Trainerschein … und innerlich den Hut vor den beiden gezogen.

»Da sind wir absolut einer Meinung«, sagte er und unterstrich seine Worte mit einem aufmunternden Lächeln. Zu seiner Erleichterung lächelte Marc zurück – ein wenig scheu, aber erfreulich offen. Gleichzeitig schwoll der Geräuschpegel, der aus der Richtung des Skistadions permanent zu ihnen herüberdrang, plötzlich hörbar an und kulminierte in einem kollektiven Aufschrei aus mehreren Tausend Kehlen, der Sinha durch Mark und Bein ging. Erschrocken sah er Marc an. »Was war das?«

»Ich weiß nicht.« Marc war kreidebleich geworden. »Ich versuch mal, meinen Bruder zu erreichen; der ist ja als Helfer in dem Stadion drin.«

Er zog ein Smartphone aus seiner Hosentasche und rief eine Nummer auf.

»Ja, ich bin's. Sag mal, was war denn da gerade los bei euch? – *Was??* – Oh *nein!* – Aber wieso denn überhaupt, ich dachte, er … – *Wie bitte?* – Jonas? Das ist doch wohl ein Witz! – Verstehe. Ja, und wie ist das jetzt passiert? – Ach du Schande! – Und was ist mit ihm? – Mein Gott … – Ja. – Ja. – Sag mir Bescheid, wenn sie irgendwas durchgeben, ja? – Okay.«

Er beendete das Gespräch. Die Hand mit Smartphone sank langsam, wie in Zeitlupe, nach unten.

»Marc?«, fragte Sinha besorgt. »Was ist geschehen?«

Marc sah ihn an; blankes Entsetzen stand in seinen Augen.

»Daniel ist abgestürzt«, sagte er tonlos. »In der Luft hat es ihm die Ski verschlagen und er ist mit dem Rücken und dem Kopf auf den Hang gekracht. Stefan sagt, er liegt jetzt unten im Auslaufbereich und rührt sich nicht mehr. Die Betreuer und Ärzte sind bei ihm, mehr weiß er noch nicht. Aber er meint, es … es sieht nicht gut aus.«

Er begann heftig zu zittern; es sah aus, als könnte er sich kaum noch auf den Beinen halten. Instinktiv trat Sinha auf ihn zu, legte den Arm um ihn und hielt ihn fest. So blieben sie stehen, wortlos und erschüttert, bis sie über ihren Köpfen das Geräusch des herannahenden Hubschraubers hörten.

6

Am Morgen darauf stieg die Sonne erneut an einem heiteren, wolkenlosen Himmel über Hinterzarten empor. Nichts erinnerte mehr an den Schatten, der sich wenige Stunden zuvor nach dem Horrorsturz eines jungen Vorspringers kurzzeitig über das große, fröhliche Sommerskispringen und den gesamten Ort gelegt hatte.

Surendra Sinha hatte in dieser Nacht nur wenig geschlafen. Er war am Vorabend nur noch so lange im Dunstkreis des Skistadions geblieben, bis die ersten, niederschmetternden Nachrichten über den Gesundheitszustand Daniel Schobingers zu ihm durchgedrungen waren. *Halswirbelbruch.* Marc Wegener hatte er danach ziemlich schnell aus den Augen verloren, und Peter Schobinger zu suchen hätte vermutlich wenig Sinn gehabt; sein Kripo-Kollege hatte sich mit Sicherheit sofort nach Freiburg in die Klinik begeben, in die man seinen schwerverletzten Sohn per Hubschrauber transportiert hatte. Deshalb war er schließlich zurück in seine Ferienwohnung gegangen und hatte sich dort eingeigelt. Ruhe jedoch hatte er nicht gefunden. Selbst das stundenlange Abspielen seiner Playlists hatte nicht verhindern können, dass er mit seinen Gedanken ständig bei drei jungen Skispringern war – einer mit zertrümmerten Halswirbeln, einer unter akutem Drogenverdacht, einer mit steifem Bein, verbittert und voller lähmender Zukunftsängste.

Und zwischen ihnen eine bleiche, triefend nasse Frauenleiche.

Vier junge Menschen. Jäh aus ihrem früheren Leben gerissen. Bewegungsunfähig. Beschuldigt. Desillusioniert. Tot.

Irgendwann mitten in der Nacht war er in die Küche gegangen, hatte seine Vorräte inspiziert und aus roten Linsen, Zwiebeln und Tomaten ein indisches Daal-Gericht gekocht, wie er es von seiner Mutter abgeschaut hatte. Warum er das tat, hätte er nicht sagen können. Wahrscheinlich war es einfach nur ein weiterer verzweifelter Versuch gewesen, sich abzulenken und diese endlosen nächtlichen Stunden, in denen der Schlaf ihn mied, hinter sich zu bringen.

Immerhin roch die ganze Wohnung nun, da draußen endlich der Tag anbrach, herrlich nach würzigen Linsen, geschmortem Gemüse und Garam Masala (das er wundersamerweise in dem spärlichen Gewürzbestand seiner Ferienhaus-Küche gefunden hatte) – und damit auf tröstliche Weise nach Familie und Geborgenheit. Er beschloss, nachher ein wenig von dem Daal in eine kleine Schüssel umzufüllen und zu versuchen, diese in die Földiklinik und zu seiner Mutter zu schmuggeln. *Als milde Sonntagsgabe eines zwar unbeweibten, aber immerhin guten und fürsorglichen Sohnes.*

Als er wenig später frisch geduscht und mit einer ersten Tasse Kaffee im Garten saß, fühlte er sich endlich wieder besser, auch wenn ihm der Schlafmangel und die Ereignisse des Vortages noch immer in den Knochen steckten. Die trotz der frühen Stunde bereits angenehm warme Sonne weckte neue Energie in ihm, und nach der zweiten Tasse Kaffee bekam er Lust auf einen Morgenspaziergang.

Er ging zurück ins Haus, um feste Schuhe anzuziehen und seine Jacke zu holen. Im letzten Moment dachte er an Billi, die vielleicht demnächst aufkreuzen und sich dann über die Abwesenheit ihres sonst so zuverlässigen Milchspenders wundern würde. Also goss er schnell noch ein wenig Milch und Wasser in ihr Schüsselchen und stellte es draußen unter dem Fenster, an dem sie immer Einlass zu begehren pflegte, für sie bereit.

Dann zog er los.

* * *

Aus dem Morgenspaziergang wurde eine so ungeplante wie ausgewachsene Wanderung durch die schöne Naturlandschaft rund um Hinterzarten. Surendra Sinha stellte fest, dass er dabei war, sich mehr und mehr in diese Ecke des Schwarzwalds zu verlieben, und er ging schon jetzt davon aus, dass er künftig noch öfter hierherkommen würde, auch wenn es nicht gerade jemanden in der Földiklinik für ihn zu besuchen gab. *Es würde schon nicht gleich jedes Mal wieder irgendwo eine Leiche auftauchen, sobald er seinen Fuß in diese Region setzte.*

Mittlerweile schien die Sonne ziemlich intensiv auf ihn herab, und er verwünschte sich dafür, dass er vergessen hatte, eine Wasserflasche einzustecken. Er beschloss, nach Hause zu gehen, sich dort um seinen Flüssigkeitspegel zu kümmern und noch ein Weilchen die Füße hochzulegen, bevor er das Schmuggel-Daal einpackte und bei seiner *maaji* in der Klinik ablieferte.

Der Rückweg führte ihn ein kleines Stück den Zartenbach entlang, und er genoss den Blick hinüber auf den Ort und den hübschen alten Zwiebelturm der Kirche Maria in der Zarten. Viele Menschen waren hier an diesem schönen Sonntag unterwegs, darunter ein Mann, der Sinha aufgrund der leuchtend roten Jacke, die er trug, schon von weitem ins Auge stach. Als er näher kam, stellte Sinha fest, dass er mit seiner ersten spontanen Vermutung recht gehabt hatte: Diese Jacke und ihren Träger kannte er.

»Guten Morgen, Herr Birkeland!«

Der Mann in der roten Jacke blieb abrupt stehen und sah sich verwundert um, bis er Sinha entdeckte.

»Hallo, Herr Sinha.« Seine Stimme klang seltsam erloschen, und Sinha erschrak, als er den Mann genauer betrachtete; Einar Birkeland schien um Jahre gealtert zu sein. »Sagen Sie nicht, dass Sie jetzt auch noch gegen mich ermitteln, weil ich für Daniels Absturz verantwortlich bin.«

»Ich ermittle gegen gar niemanden«, entgegnete Sinha und fragte sich zugleich, wie oft er diese Versicherung wohl noch gebetsmühlenartig würde aufsagen müssen. »Und wie kommen Sie auf den Gedanken, dass man Ihnen für diesen furchtbaren Vorfall die Schuld geben könnte?«

»Na, wer hat den Jungen denn über die Schanze geschickt, obwohl er mental nicht hundertprozentig fit war?« Es klang ausgesprochen bitter. »Noch dazu so hopplahopp von einer Sekunde auf die andere. Kein Wunder, dass er sich da nicht richtig konzentrieren konnte und den Sprung total versemmelt hat.«

»Mag sein, aber meiner Ansicht nach kann man da trotzdem nicht Sie verantwortlich machen«, meinte Sinha. »Zumindest nicht *allein*. Ich habe ja die Umstände live mitbekommen. Sie haben diese Entscheidung innerhalb von Sekunden treffen müssen, noch dazu unter Voraussetzungen, die gelinde gesagt mehr als unglücklich waren. Und Daniel hat sich ja auch nicht gegen seinen Einsatz gewehrt, sondern zugestimmt, oder?«

»Ja, das schon … trotzdem …«

»Und davor haben Sie, so wie ich das sehe, jede Umsicht und Vorsicht walten lassen, die man von Ihnen als Trainer erwarten darf«, fuhr Sinha unbeirrt fort. »Sie haben, als Sie von Moiras Tod erfuhren, sofort das Gespräch mit Daniel gesucht und danach beschlossen, ihn zu schützen und *nicht* die Schanze runterzuschicken. Dass Sie diesen Entschluss später so *hopplahopp*, wie Sie es nennen, revidieren mussten, war fatal, aber was hätten Sie in dem Moment anderes machen sollen?«

Einar Birkelands Miene verfinsterte sich. »Ich kann Ihnen sagen, was ich hätte machen sollen: die Verantwortlichen des DSV anfunken und ihnen mitteilen, dass wir einen Ersatz für Jonas brauchen. Sie hätten mit Sicherheit problemlos auch so kurzfristig einen anderen Vorspringer aus dem Landeskader abstellen können – einen, der ohne eine eben erst ermordete Freundin im Gepäck auf den Anlaufturm geklettert und entsprechend unbelastet runtergesprungen wäre. Aber mein verfluchter Ehrgeiz hat mich davon abgehalten. Ich wollte *meine* Jungs durchboxen. Ich hatte im Vorfeld bei den Veranstaltern durchgesetzt, dass ich eines von meinen Talenten als Vorspringer nominieren darf – und das wollte ich mir jetzt nicht nehmen lassen. Das war *meine* Chance. Beziehungsweise die von meinen Jungs.«

Er gab einen elenden Seufzer von sich. »Und jetzt liegt Daniel in der Klinik. Vom Hals abwärts gelähmt.« Sein Blick wanderte an Sinha vorbei in die Richtung der Sprungschanzen. »Offenbar steht mein Kader unter keinem guten Stern. Marc hat's ja auch schon erwischt. Und dann auch noch Jonas und die Drogen! Im Moment hab ich gute Lust, alles hinzuschmeißen.«

»Haben Sie denn etwas von Jonas gehört? Ich meine, was bei der polizeilichen Vernehmung herausgekommen ist?«, erkundigte sich Sinha. Er hatte volles Verständnis dafür, dass Birkeland gerade ziemlich niedergeschlagen war, bezweifelte jedoch, dass er für eventuelle Hinschmeiß-Absichten des norwegischen Trainers der richtige Gesprächspartner war. Und das mit Jonas hätte er an diesem Tag ohnehin noch herauszufinden versucht.

»Ja, ich hab ihn heute früh angerufen«, antwortete Birkeland. »Er hat noch gestern Abend wieder nach Hause gehen dürfen, aber es wird jetzt gegen ihn ermittelt. Auch wenn er Stein und Bein schwört, die Kokainpäckchen noch nie gesehen zu haben – aber Fakt ist nun mal: Sie waren in seiner Jackentasche.«

»Wohin sie rein theoretisch natürlich auch jemand anderes gesteckt haben könnte«, gab Sinha zu bedenken. »Oder war die Jacke in einem Spind weggesperrt?«

»Nein, die hing offen am Haken.« Birkeland sah Sinha nachdenklich an. »Sie meinen, jemand wollte Jonas reinreiten? Aber warum?«

»Wer weiß? Rivalitäten unter Klassenkameraden, Mobbing, eine Racheaktion, wofür auch immer … Ich kenne den Jungen und sein Umfeld ja nicht, aber das sind ein paar Motive, die mir in solchen und ähnlichen Situationen schon öfter untergekommen sind.«

»Oder …« Birkeland wurde plötzlich blass. »Oder jemand wollte verhindern, dass Jonas an dem Abend springt.«

»Auch möglich«, nickte Sinha ernst. »Hätte denn jemand einen Grund dafür gehabt – abgesehen von Daniel, den wir wohl ausschließen können?«

»Können wir das?« Birkelands Stimme wurde rau. »Immerhin war Daniel vor Jonas' erstem Sprung noch in der Umkleide, um ihm toi, toi, toi zu wünschen. Da hätte er durchaus eine Gelegenheit gehabt, ihm das Zeug unterzujubeln. Vielleicht … hat er es doch nicht so sportlich hingenommen, dass ich ihm seinen Einsatz gestrichen und stattdessen Jonas rangelassen habe. Zumal das ja nicht das erste Mal war.«

»Sie meinen, er hat mittlerweile einen regelrechten Neid auf Jonas entwickelt?« Sinha runzelte die Stirn. »Und wäre jetzt sogar bereit gewesen, ihn derart in Schwierigkeiten zu bringen, nur damit er nicht schon wieder eine Chance verliert?«

»Ich kann's mir eigentlich nicht vorstellen«, erwiderte Birkeland bedrückt. »Aber andererseits … halte ich inzwischen so ziemlich alles für möglich.«

Sinha, der von Berufs wegen *grundsätzlich* erst einmal alles für möglich hielt, ließ spontan vor seinem inneren Auge dieses Szenarium ablaufen – Daniel, der seinem Rivalen freundschaftlich viel Glück wünschte und ihm zugleich Kokain, wo immer er es herhaben mochte, in die Tasche schmuggelte. Und er erinnerte sich daran, wie blass und verkrampft der junge Mann gewesen war, als er ihn am Vorabend im Skistadion angerempelt hatte. Sinha hatte das auf die Trauer um Moira geschoben und vielleicht auch noch auf die Enttäuschung, erneut zum Zuschauen verdammt zu sein. Nun fragte er sich, ob es womöglich auch ein Zeichen von Nervosität gewesen war … von unsicherer Spannung, ob sein Plan wohl aufgehen und er wenig später vor den Augen der Welt mit Glanz und Gloria über die Schanze fliegen würde. Wenn ja – dann hatte Daniel für diese selbstsüchtige Aktion einen Preis bezahlt, wie man ihn sich grausamer kaum vorstellen konnte.

»Warten wir's ab, was bei den polizeilichen Ermittlungen herauskommt«, meinte er schließlich. »Niemandem ist geholfen, wenn wir uns hier in irgendwelche Spekulationen verrennen.«

»Nein, da haben Sie recht«, stimmte Birkeland ihm zu. »Und wer weiß – am Ende hat Jonas ja tatsächlich selber zu Drogen gegriffen. Weil er sie gebraucht hat … Ich meine, vielleicht war er doch noch nicht so weit, wie ich dachte, und wir haben ihn überfordert mit der Alpencup-Nominierung. Verdammt, das wäre dann auch meine Schuld. *Helvete!*«

Er schüttelte sich leicht, als wäre ihm trotz der warmen Sommertemperaturen und der roten Jacke kalt geworden.

»Wieso erzähle ich Ihnen das eigentlich alles?«, fragte er plötzlich und musterte Sinha aus schmalen Augen.

»Vielleicht, weil es ganz guttut, sich ab und zu mal aussprechen zu können«, entgegnete Sinha gelassen. »Oder weil Sie wissen, dass ich sowieso nur noch wenige Tage hier rumhänge und wir uns danach aller Wahrscheinlichkeit nach nie mehr wiedersehen.«

Bei dieser Antwort schien Birkeland sich wieder ein wenig zu entspannen.

»Möglich«, sagte er. »Wobei ich gar nichts dagegen hätte, wenn wir uns mal wieder über den Weg laufen. Eigentlich sind Sie mir nämlich ganz sympathisch … auch wenn Sie ein skisprungtechnischer Blindgänger sind. Ich könnt mich immer noch kringeln, wenn ich an Ihren *Kalif Storch* denke.«

»*Kamil Stoch*, bitte!«, schmunzelte Sinha. »Den Namen werd ich mit Sicherheit nie wieder vergessen. Zumal Kamil ein Name ist, den ich auch aus Indien kenne.«

»Echt jetzt? Wie kommt der Kamil zu einem indischen Vornamen?«

»*Arabisch*, um exakt zu sein.« Sinha lächelte. »Und ich könnte jetzt furchtbar mit meinem Wissen angeben, aber ich gebe zu, dass ich danach gegoogelt habe: Kamil Stoch ist ja Pole, und im Polnischen wird der Name *Kamil* nicht aus dem Arabischen abgeleitet, sondern aus dem Lateinischen, *Camillus*, was übrigens so viel wie ›*ehrbar*‹, ›*edel*‹ oder ›*frei geboren*‹ heißt. Fast so schön wie die arabische Bedeutung – da steht *Kamil* nämlich für ›*vollkommen*‹ und ›*perfekt*‹.«

»Nicht schlecht!« Birkeland schnalzte leicht mit der Zunge. »Das muss ich mir merken, damit ich … Na sieh mal einer an, wer beehrt uns denn da schon wieder?«

Sinha drehte sich um und entdeckte sofort, was offenbar auch Birkeland gerade gesehen hatte: Die Walker-Twins kamen beschwingt auf sie zu.

»Einar! Kay-Kay!« Sie winkten heftig, beschleunigten ihre Schritte und blieben neben ihnen stehen. »Good morning! Sind Sie am Reden uber die große Springen gestern?«

»Nein – genau genommen diskutieren wir gerade über den Unterschied zwischen arabischen und polnischen Vornamen«, erwiderte Sinha todernst und quittierte die verblüfften Mienen der englischen Ladys mit einem verschmitzten Grinsen. »Good morning, die Damen!«

»Oh, die Wettkampf, sie war *so* spannend – but my God, der arme junge Eagle, der gesturzt ist auf die Rucken, it was just *horrible!* Sie sagen, er ist … he's paralysed, is that true, Einar?«

Einar Birkeland biss sich auf die Lippen. »Ich fürchte, ja.«

»*Jesus*, what a disaster! Poor boy. Werden Sie ihn sehen, Einar? Wir beten fur ihn and we wish him all the best, Sie sagen ihm das?«

»Das werde ich.« Birkeland räusperte sich. »Vielen Dank, das ist sehr nett.«

»Don't mention it.«

Eine Weile herrschte unschlüssiges Schweigen. Dann straffte sich die eine der beiden Walker-Twins. »Well … chin up, Einar! Es ist nicht deine Schuld, it was just a terrible accident. Sehen wir dich noch einmal in die Stadion?«

»Nein«, erwiderte Birkeland. »Ich fahre nachher zurück nach Furtwangen und von dort aus weiter nach Norwegen. Gott sei Dank sind schon Ferien, die Kids sind alle zu Hause bei ihren Eltern, und ich hab frei. Im Moment wär ich als Trainer wohl auch kaum bei der Sache. Ein paar Tage in Norwegen werden mir guttun.«

»I see. Dann wir sehen uns wohl nicht mehr, wir wollen jetzt gehen spazieren ein wenig und dann in die Skimuseum. Wir haben es noch nicht gesehen, und es soll sein sehr interessant.«

»Ist es auch«, versicherte Birkeland. »Dann alles Gute, die Damen. See you.«

»It was a *pleasure* meeting you!« Ohne viel Federlesens fielen die beiden englischen Ladys Einar Birkeland um den Hals und drückten ihn an sich. »See you. Bye, Kay-Kay – bis später!«

Sie strahlten Sinha und Birkeland an und setzten ihren Weg fort. Sinha konnte hören, wie sie dabei eifrig auf Englisch miteinander redeten, und er bekam gerade noch mit, dass es dabei um diesen *sooo handsome Norwegian stud* ging, bevor sie zu weit entfernt waren, um ihn Details aufschnappen zu lassen, die ihn vermutlich überhaupt nichts angingen.

Einar Birkeland schien Sinhas Gedanken zu erraten, denn als der sich ihm wieder zuwandte, verzog er sein Gesicht zu einem schrägen Grinsen.

»Was immer Sie jetzt von mir denken – es ist nicht wahr.«

»Und selbst wenn, dann kann's mir egal sein«, erwiderte Sinha gleichmütig. »Außerdem sind das zwei ausgesprochen reizende Damen.«

»Das stimmt«, schmunzelte Birkeland. »Und total skisprungverrückt. Als sie am Donnerstagabend auf der Party mitgekriegt haben, dass ich Trainer bin und noch dazu ehemaliger Springer für Norwegen, da haben sie sich fast nicht mehr eingekriegt vor Begeisterung. Vor allem die eine – Kim; fragen Sie mich nicht, welche von den beiden das ist. Aber die hat mich angeflirtet bis zum Gehtnichtmehr, ich bin sie fast den ganzen Abend über nicht mehr losgeworden.«

»Kim?« Unwillkürlich lächelte Sinha.

»Ja, so hat sie sich mir vorgestellt. Sagen Sie bloß, Sie können die beiden auseinanderhalten!«

»Keine Chance«, erwiderte Sinha trocken. »Ich amüsiere mich nur gerade, weil *beide* Damen Kim heißen. Kim-Celine und Kim-Marie, um exakt zu sein. Das heißt, Sie werden wohl nie herausfinden, welche der beiden Ihr Partyflirt war.«

»*Sier du det!*« Birkeland gluckste in sich hinein. »So ein raffiniertes kleines Biest! Was soll's, ich hatte nicht vor, um die Hand von dieser Kim anzuhalten, also kann's mir relativ egal sein, welche der beiden *crazy ladies* es war, die sich mir an den Hals geworfen hat.«

Er grinste breit, und Sinha erinnerte sich plötzlich an Peter Schobingers spöttischen Kommentar: *›Der muss es ja wissen, der kennt schließlich die komplette weibliche Belegschaft in dem Skiinternat von vorne und hinten, wenn Sie verstehen, was ich meine.‹* Seine Mundwinkel stiegen leicht nach oben. Von einem *handsome Norwegian stud* würde Kollege Schobinger in diesem Zusammenhang wohl sicher *nicht* reden.

»Na denn«, meinte er. »Dann wünsch ich trotz allem noch einen schönen Sonntag. Und einen erholsamen Urlaub in Norwegen.«

»Vielen Dank. Und Ihnen auch noch eine gute Zeit hier. Auf Wiedersehen, Herr Sinha!«

»Wiedersehen!«

Sie schüttelten einander freundlich die Hand, dann gingen sie weiter, jeder in seine Richtung.

* * *

Wenig später passierte Sinha das Polizeigebäude und stieß unwillkürlich einen erleichterten Seufzer darüber aus, dass er es diesmal links liegenlassen konnte. Doch nur ein paar Meter weiter seufzte er erneut, als ihm Michaela Lux entgegenkam. Ignorieren konnte er sie nicht, denn genau in diesem Moment trafen sich ihre Blicke. Schicksalsergeben ging er auf sie zu. *Hoffentlich war sie diesmal wenigstens etwas besser aufgelegt als gestern.*

»Hallo, Frau Lux«, grüßte er.

»Guten Tag, Herr Sinha.«

Ihr Mund verzog sich tatsächlich zu einem schmallippigen Lächeln, und Sinha fiel auf, dass sie noch erschöpfter aussah als am Tag zuvor.

»Viel zu tun?«, erkundigte er sich höflich.

»Ich kann nicht klagen«, versetzte sie mit leicht ironischem Unterton. »Noch dazu, wenn man das ganze Pensum plötzlich allein stemmen soll. Natürlich hab ich volles Verständnis dafür, dass Schobinger jetzt erst mal ganz für seinen Sohn da sein will … aber die Arbeit muss ja trotzdem gemacht werden.« Sie musterte Sinha fragend durch ihre Nerdbrille. »Sie wissen das mit seinem Sohn, ja?«

»Ja, ich habe es gestern mitbekommen«, erwiderte er. »Schlimme Sache. Gibt's irgendwas Neues aus der Klinik?«

»Mein aktueller Wissensstand ist, dass Daniel völlig gelähmt ist«, antwortete Michaela Lux. »Allerdings hab ich seit heute Morgen um zwei nichts mehr von Schobinger gehört – außer eben, dass er vorläufig in der Klinik bleiben möchte und ich erst mal ohne ihn klarkommen soll.« Sie versuchte vergeblich, ein Gähnen zu unterdrücken, und hob die Hand, um es zu verbergen. »Zum Glück hab ich die wichtigsten Befragungen gestern schon abgearbeitet. Gerade hab ich mir den Stefan Wegener noch mal vorgenommen – und jetzt brauch ich dringend einen Kaffee. Auch wenn ich an dieses Automatengebräu da drin lieber noch gar nicht denke.«

Sinha überlegte kurz, dann holte er tief Luft. »Also was Kaffee betrifft – dem könnte ich abhelfen. In meiner Ferienwohnung steht eine ziemlich gute Kaffeemaschine; wenn Sie möchten, lad ich Sie gerne zu einem ein. Abgesehen davon … mein Angebot von gestern gilt nach wie vor: Wenn ich Ihnen helfen kann – als Kommissar und Kollege –, dann stehe ich Ihnen zur Verfügung.

Ohne irgendwelche bösen Absichten, einen Fähigkeits-Wettbewerb zwischen Schwarzwald und Bodensee zu starten.«

Er lächelte sie an, und mit einem Mal lächelte sie verlegen zurück.

»Das klingt gut«, meinte sie. »Vor allem das mit dem Kaffee. Wenn es Ihnen tatsächlich nichts ausmacht …«

»Kein Problem.« Er wies mit einer einladenden Geste in die Richtung seines Domizils. »Kommen Sie!«

7

Als Surendra Sinha kurz darauf die Tür zu seiner Wohnung im Ferienhaus *Sonnenblume* aufschloss und Michaela Lux höflich den Vortritt in die Diele ließ, hörte er, wie seine Kollegin sofort neugierig zu schnuppern begann.

»Hmmm, das riecht ja köstlich hier! Wie beim Inder von nebenan.«

»Inder?«, fragte Sinha unwillkürlich. »Wohnen Sie etwa neben einem?«

Michaela Lux wandte sich ihm zu; ein Lächeln huschte über ihr Gesicht. »Das nicht, aber neben einem indischen Restaurant nur zwei Häuser weiter«, antwortete sie. »Und ich geb zu, ich geh da sehr gerne hin … viel zu gerne, um genau zu sein.« Sie legte beide Hände auf ihren wohlgerundeten Bauch und sah mit einem vielsagenden Seufzer an sich herab. »Können alle Inder so sagenhaft gut kochen?«

»Zumindest ihre Mütter.« Sinha grinste. »Bei den Söhnen trennt sich dann die Spreu vom Weizen; ich bin das lebende Beispiel dafür. Einfache indische Hausmannskost krieg ich hin, aber das ist kein Vergleich zu dem, was meine *maaji* kocht. Wenn sie mein Daal hier unter die Finger kriegen würde, dann würde sie wahrscheinlich feststellen, dass sie dann ebenso gut gleich *Linsen mit Spätzle* essen könnte – ihrer Meinung nach bin ich im richtigen Hantieren mit Gewürzen beklagenswert talentfrei. Was soll's; solange das Ergebnis genießbar ist, kann ich damit leben. Möchten Sie etwas probieren, haben Sie Hunger?«

»Nein, danke«, wehrte sie ab. »Im Moment sehne ich mich lediglich nach einem ordentlichen Kaffee.«

»Kommt sofort«, erwiderte Sinha. »Nein, lassen Sie die Schuhe ruhig an … da drüben geht's ins Wohnzimmer, machen Sie es sich gemütlich.«

»Gerne, vielen Dank.«

Während Michaela Lux im Wohnzimmer verschwand, befüllte Sinha die Kaffeemaschine und setzte sie in Gang. In seinem Schrank lag noch eine angebrochene Packung Schokoladenkekse; kurz entschlossen holte er sie heraus und brachte sie zusammen mit zwei Tassen in das Wohnzimmer, wo seine Kollegin sich bereits in dem Sessel niedergelassen hatte.

»Bitte schön«, sagte er mit einem leichten Augenzwinkern und legte die Kekspackung auf den Tisch. »Kleine Nervennahrung. Der Kaffee kommt gleich; nehmen Sie Milch und Zucker?«

»Beides, wenn's geht.«

Sinha nickte, stellte die Tassen ab und ging wieder in die Küche. Wenig später kehrte er zurück, einen Tetrapak mit Milch unter den Arm geklemmt und mit Zuckerpaket und Thermoskanne in den Händen. Das Gesicht von Michaela Lux hellte sich sichtlich auf, während er ihr einschenkte, und als sie genießerisch an dem Inhalt ihrer Tasse schnupperte, stiegen ihre Augenbrauen hoch.

»Ist da etwa Zimt drin?«

»Ja, eine Prise«, gab Sinha zu. »Und ein bisschen Kardamom. Ich hoffe, das stört Sie nicht – ich mach meinen Kaffee immer so, und ich hab nicht dran gedacht, die Gewürze diesmal wegzulassen.«

»Wenn es so gut schmeckt, wie es riecht, dann stört es mich überhaupt nicht«, versetzte Lux und löffelte ordentlich Zucker in ihren Kaffee. »Schön haben Sie's hier, übrigens. Hier kann man's sicher aushalten.«

»Unbedingt«, stimmte Sinha zu. »Ich fühle mich ausgesprochen wohl hier.«

Eine Weile schwiegen beide. Lux goss Milch in ihre Tasse und rührte um. Einmal mehr fiel Sinha auf, wie überarbeitet und müde sie aussah – besonders jetzt in diesem eher privaten Umfeld. Sie schien auch nicht sonderlich viel Zeit für sich selbst zu haben; im Gegensatz zu ihrem Kollegen Peter Schobinger, der stets auftrat wie einem Modemagazin für Herren entsprungen, schien sie nur schlichte Hosen und weit geschnittene T-Shirts im Schrank zu haben, die zudem ziemlich mitgenommen wirkten. Womöglich kam sie manchmal vor lauter Stress abends gar nicht mehr dazu, die Kleider abzulegen – und stieg am nächsten Morgen genauso aus dem Bett, wie sie erschöpft hineingesunken war. Was Sinha nicht verwundern würde. Er kannte das. *Nur zu gut.*

Er nahm einen Schluck Kaffee. Gleichzeitig legte Michaela Lux den Löffel beiseite, hob die Tasse ebenfalls zum Mund … und stellte sie wieder ab.

»Hören Sie, Herr Sinha – bevor ich Ihre Gastfreundschaft weiter ausnutze, sollte ich mich wohl erst mal bei Ihnen entschuldigen. Ich weiß, dass ich bislang nicht gerade freundlich zu Ihnen war, vor allem gestern … da habe ich mich definitiv im Ton vergriffen. Es tut mir leid, ehrlich.«

»Schon okay.« Sinha lächelte. »Jeder hat mal einen schlechten Tag. Ich bin auch nicht immer so nett wie jetzt, wo ich ein paar gesegnete Tage Urlaub habe. Im Alltagsstress rutscht mir auch bisweilen das eine oder andere raus, was ich hinterher gern zurücknehmen würde.«

»Tröstlich.« Lux verzog ein wenig das Gesicht. »Und sind Sie auch schon mal von einem Kollegen um die Früchte Ihrer Arbeit betrogen worden? Dann verstehen Sie mich nämlich vielleicht sogar noch besser.«

»Wie meinen Sie das?«

Sinha beugte sich leicht nach vorne. Sollte er jetzt etwa erfahren, was hinter dem sonst so abweisenden Verhalten der Kommissarin steckte?

Michaela Lux seufzte leise. »Vor drei Jahren, als ich gerade neu zur Kripo in Freiburg gekommen war, da haben sie mich Peter Schobinger als Assistentin zugeteilt, weil der gerade in einem ziemlich scheußlichen Doppelmordfall ermittelte und dringend eine helfende Hand brauchte. Ich hatte mich noch gar nicht ganz in den Fall und den bisherigen Wissensstand eingelesen, als Schobinger plötzlich seine Frau verlor; sie kam bei einem Autounfall ums Leben. Danach hatte er natürlich erst mal überhaupt keinen Kopf für die Arbeit – was ja völlig verständlich ist. Ich hab ihm sogar gesagt, er soll sich ein paar Tage freinehmen, ich schmeiß den Laden bis dahin schon. Er hat das Angebot dankend angenommen. Und ich hab mich mit voller Kraft reingekniet – auch weil das für mich eine Gelegenheit war, mich zu beweisen. Tatsächlich bin ich zwei Tage später auf den entscheidenden Hinweis gestoßen. Als Schobinger danach wieder an seinem Schreibtisch auftauchte, konnte ich ihm einen fast vollständig gelösten Fall präsentieren.«

Sie gab ein frustriertes Schnauben von sich.

»Und was macht er? Rafft meine Unterlagen zusammen, läuft damit im Triumph zum Ersten Kriminalhauptkommissar und legt sie ihm als das Ergebnis der Arbeit *seines Teams* vor – und zwar so, dass er als der Chef den ganzen Ruhm abgekriegt hat. Die Zeitungen haben Jubelarien auf ›*Schobinger und seine Leute*‹ gesungen, und wenn ich Glück hatte, dann ist mein Name wenigstens in einem Nebensatz noch genannt worden.«

Sie seufzte erneut.

»Verstehen Sie mich richtig – ich möchte Schobinger nicht schlechtreden; er ist ein verdammt guter Kommissar, und ich habe durch unsere Zusammenarbeit viel gelernt. Aber seit dieser Sache reagiere ich einfach grundsätzlich allergisch, wenn ich das Gefühl bekomme, jemand möchte sich mit Lorbeeren schmücken, die eigentlich mir zustehen. Dass Schobinger bei uns den Ton angibt und sich daran gewöhnt hat, gewisse … *Arbeitsüberschüsse* grundsätzlich an mich zu delegieren – damit hab ich mich abgefunden. Ich mach meinen Job ja auch gern, zumal wenn sich der ganze Einsatz am Ende auszahlt und wir ein Verbrechen aufklären können. Aber insgesamt möchte ich die Früchte meiner Arbeit doch gerne selbst ernten. Verstehen Sie das?«

»Voll und ganz.« Sinha nickte. »Und ich versichere Ihnen, ich habe nicht die leisesten Absichten, auch nur *eine* Frucht aus Ihrem Korb zu stehlen.«

Sie betrachtete ihn prüfend und nickte. »Ja. Mittlerweile bin ich geneigt, Ihnen das zu glauben.«

Sinha lächelte. »Heißt das also, wir schließen vorläufig Waffenstillstand?«

»Unbedingt.« Auch in Lux' Mundwinkel spielte nun ein Lächeln. »Und ich hätte nichts dagegen, wenn daraus am Ende ein Friedensvertrag wird.« Sie hob ihm ihre Tasse wie zu einem Salut entgegen und nippte prüfend. Dann hob sie den Kopf.

»Zimt und Kardamom, ja?«

»Ja.«

»Muss ich mir merken.«

Sie trank erneut und lehnte sich mit einem wohligen Seufzer zurück. »So, jetzt geht's mir besser. In jeder Hinsicht. Vielen Dank, Herr Kollege!«

»Gern geschehen.«

Sinha gönnte sich ebenfalls einen weiteren Schluck. Er war erleichtert darüber, dass die Mauer des Misstrauens, die Michaela Lux zwischen sich und ihm errichtet hatte, merklich zu bröckeln anfing und teilweise sogar schon durchlässig geworden war. Was die Frau ihm über Peter Schobinger erzählt hatte, gefiel ihm natürlich weniger. Er hatte Schobinger als einen sympathischen Menschen kennengelernt, und als Kommissar hatte er offensichtlich auch seine Meriten – aber Michaela Lux wäre ein wellenlängenmäßig passenderer Partner zu wünschen. *Beziehungsweise Schobinger eine Partnerin, die ihm auch mal auf die Zehen stieg.*

Er nahm sich einen Schokoladenkeks und schob die Packung mit einer einladenden Geste zu Lux hinüber, die sofort die Augen zum Himmel verdrehte.

»Führen Sie mich nicht in Versuchung!« Sie wies auf ihre Fettpölsterchen. »Oder sehe ich so aus, als ob ich einen Zuckerstoß dringend brauche?«

»Da vielleicht nicht«, erwiderte Sinha unverblümt und zeigte dann auf ihren Kopf. »Aber da oben ganz bestimmt. Ich fress den Rest der Packung allein auf, wenn Sie heute schon gefrühstückt haben.«

Sie gluckste, dann griff sie demonstrativ nach einem Keks und biss feierlich hinein.

»Wusst ich's doch«, schmunzelte Sinha. »Also nur zu, auch der fleißigste Kommissar braucht zwischendurch mal was zu essen. Sonst kann er Früchte weder anbauen noch ernten.«

Sie nickte zustimmend, während sie den Rest des Kekses vertilgte.

»Ich hab heute Nacht kaum geschlafen«, erklärte sie. »Gestern ist es hier spät geworden, und als ich dann endlich wieder zu Hause in Freiburg angekommen bin, hat sich Carolin Kerber bei mir gemeldet und gesagt, sie hätte da etwas gefunden, was für die Aufklärung des Mordes an ihrer Tochter vielleicht wichtig sein könnte, und ob ich kurz Zeit für sie hätte. Natürlich bin ich sofort zu ihr gefahren. Ist noch Kaffee da?«

Sie hielt ihm mit einem fragenden Blick ihre Tasse entgegen. Sinha nickte wortlos und schenkte nach.

»Nach unserem Waffenstillstand verlasse ich mich jetzt auf Ihre kollegiale Diskretion«, fuhr Lux fort und zog ein dickes Heft aus ihrer Umhängetasche. »Das hier ist das Tagebuch von Moira Kerber.«

Sie legte es vor sich auf den Tisch, und Sinha hütete sich, die Hand danach auszustrecken. Stattdessen sah er Lux ruhig und abwartend an.

»Carolin Kerber hat sich gestern im Zimmer ihrer toten Tochter umgesehen und dabei dieses Tagebuch entdeckt«, fuhr Lux fort. »Bis dahin hatte sie gar nicht gewusst, dass Moira überhaupt ein Tagebuch geführt hat, und unter normalen Umständen hätte sie auch nie hineingeschaut. Versichert sie zumindest. Aber nun hat sie natürlich gehofft, Hinweise auf den oder die Mörder zu finden.«

»Und? Hat sie?«, fragte Sinha pflichtschuldigst, als Lux an dieser Stelle innehielt.

»Nicht so, dass man den Finger drauflegen und sagen könnte: ›*Da – da haben wir's*‹«, antwortete Lux. »Aber zumindest haben die Aufzeichnungen unseren Blick noch einmal auf Stefan Wegener gelenkt.«

»Inwiefern?« Sinha runzelte die Stirn.

Lux schnitt eine ironische Grimasse. »Es ist Frau Kerber sichtlich schwergefallen, es zuzugeben, aber ihre so *brave* und *wunderbare* Tochter hatte es offenbar faustdick hinter den Ohren. Man soll über Tote ja nichts Schlechtes sagen, und schon gar nicht über Ermordete – aber nach dem, was Moira da drin alles vermerkt hat, war sie offenbar ein richtiges kleines Biest. Jedenfalls wenn ihre Mutter sie zu Hoteltests mitgenommen hat. Das hat sie nämlich, so wie's aussieht, jedes Mal hemmungslos ausgenutzt, um es sich so richtig gutgehen zu lassen – und wenn das Personal nicht sofort übers Stöckchen gehüpft oder auf ihre manchmal regelrecht unverschämten Forderungen gar nicht erst eingegangen ist, dann hat sie ihrer Mutter etwas über den miesen Hotelservice vorgejammert.«

»Was dann natürlich in deren Hotelbewertung mit eingeflossen ist«, mutmaßte Sinha.

»Klar«, versetzte Lux trocken und schlug das Tagebuch an einer Stelle auf, wo ein kleines gelbes Post-it klebte. »Beispiel gefällig? Vor zwei Jahren, in einem Hotel an der französischen Riviera: ›Dieser Zimmerservice-Typ ist *so süß!* Und leider arrogant wie alle Franzosen; wenn du nicht französisch mit ihnen redest, behandeln sie dich wie Dreck. Aber nicht mit mir. Jetzt spreche ich erst recht nur deutsch oder englisch mit ihm. Wobei … eigentlich könnte er sich mein Französisch ja verdienen. Im doppelten Sinne des Wortes. Ich denke, ich werde da heute Abend mal vorfühlen. Auch im doppelten Sinne des Wortes. Hehe.‹«

Sie warf Sinha über das Tagebuch hinweg einen vielsagenden Blick zu; ihre Augenbrauen ließen den oberen Rand der Nerdbrille weit unter sich.

»Und bevor Sie fragen – hier der nächste Eintrag: ›Okay, er hat's nicht anders verdient. Mich nennt keiner ungestraft eine *salope* und eine *traînée*. Der wird sich noch wundern.‹« Michaela Lux schloss das Tagebuch. »Frau Kerber konnte sich an den Besuch in diesem Hotel noch gut erinnern. Sie sagt, Moira hätte ihr damals erzählt, dass dieser Angestellte ihr ständig lüsterne Blicke zugeworfen und sie einmal sogar am Hintern begrapscht hätte. Weswegen sie, also die Mutter, sich bei der Hoteldirektion über den jungen Mann beschwert und durchgesetzt hat, dass er eine Abmahnung bekommt. Tja. Jetzt weiß sie es besser.«

Sinha schüttelte den Kopf. »Und solche Ereignisse gab es mehrere?«

»Genügend, um mich fast die ganze Nacht lang wachzuhalten.« Lux strich mit dem Finger über die zahlreichen Post-its, die zwischen den Tagebuchseiten hervorlugten. »Eines von Moiras harmloseren Lieblingsspielchen war, die Rezeption mit Anrufen zu bombardieren und dann jedes Mal ohne ein Wort aufzulegen, sobald der Hörer abgenommen wurde. Oder die Arbeit der Zimmermädchen zu sabotieren, damit es so aussah, als sei nicht ordentlich saubergemacht worden.«

»Das hat sie wohl auch hier im *Schanzenberg* abgezogen«, warf Sinha ein. »Hat mir jedenfalls Karsten Wegener erzählt – mit dem Zusatz, seine Zimmermädchen würden immer tipptopp arbeiten und es sei eine Frechheit, zu behaupten, in seinem Hotel sei es nicht sauber. Da war sein Vertrauen in sein Personal wohl gerechtfertigt.«

»In diesem Fall unbedingt.« Lux suchte unter den Post-its und schlug eine neue Seite auf. »Hier haben wir die Eintragungen aus der Zeit, als Moira mit ihrer Mutter im *Schanzenberg* gewohnt hat – und hier erzählt sie so richtig genüsslich, wie sie, nachdem das Zimmermädchen nach getaner Arbeit abgezogen ist, sich im Bad ausgetobt hat. Ihre Mutter fand dann später Wasserspritzer auf dem Spiegel vor, Haare im Ausfluss der Duschkabine und Kotreste in der Kloschüssel. Moira hat selbstverständlich Stein und Bein geschworen, dass sie das Zimmer verlassen hat, *bevor* das Reinigungspersonal gekommen ist; und seitdem hätte sie das Bad nicht mehr betreten.«

Lux hob abwehrend die Hand, als Sinha etwas erwidern wollte.

»Aber jetzt kommt's: In allen Eintragungen aus den verschiedensten Hotels, die ich hier markiert habe, hat sie es immer offen formuliert, wenn sie jemanden gezielt dazu bringen wollte … *nett zu ihr zu sein*, nennen wir's mal so. Beziehungsweise wenn sie ihn danach angeschwärzt hat, wenn er nicht ganz so *nett* war, wie sie es gerne gehabt hätte. Im *Schanzenberg* dagegen schreibt sie plötzlich: ›*Scheiße*. Ich muss weg, ich bleib hier nicht eine Sekunde länger. Stefan hat sich schon wieder an mich rangemacht, diesmal hinter dem Skischuppen. Er hat mir an die Brust gelangt, und dann hat er mich geküsst … Ich hab ihm eine geknallt, aber er hat nur gelacht und gesagt, ich würde es doch auch wollen … *Drecksack!* Ich muss Mama dazu bringen, dass wir hier auschecken. Sofort.‹« Sie ließ das Tagebuch sinken. »Was halten Sie davon?«

Sinha nickte nachdenklich.

»Ich verstehe, was Sie meinen. Moira hat Stefan damals offen der sexuellen Belästigung bezichtigt – was sämtliche Wegeners, nebenbei bemerkt, empört zurückgewiesen haben, wenn ich richtig informiert bin. Wäre das auch wieder nur fingiert gewesen, so wie bei dem jungen Franzosen an der Riviera, dann hätte sie es in dem Tagebuch entsprechend dargestellt. So aber … drängt sich jetzt der Verdacht auf, dass sie in diesem Fall *nicht* gelogen und Stefan sie tatsächlich sexuell bedrängt hat.«

»Ganz genau«, stimmte Lux ihm zu. »Das war auch meine Schlussfolgerung.«

»Also deshalb haben Sie Stefan Wegener heute früh noch einmal vernommen?« Sinha musterte Lux kritisch. »Haben Sie ihm etwa dieses Tagebuch vorgelegt?«

»Bin ich verrückt?« Lux schnaubte. »Natürlich nicht. Ich habe lediglich angedeutet, Moira habe seine Aktionen ihr gegenüber schriftlich festgehalten, und diese Notizen lägen uns vor. Woraufhin er plötzlich überraschend gesprächig geworden ist. Er hat die sexuelle Belästigung zugegeben – aber im gleichen Atemzug beteuert, nichts mit Moiras Tod zu tun zu haben. Das hat er mir auch gestern schon versichert. Ja, ich hab da Ihren Rat befolgt und die Wegeners wegen Alibis befragt. Marc und seine Eltern können wir wohl ausschließen; die waren alle im Hotel und sind da sicher auch von genügend Gästen gesehen worden. Stefan dagegen war bei der Eröffnungsparty im Skistadion. Als Zeugen dafür hat er ein paar von seinen Freunden genannt und diese englischen Zwillingsladys, die später die Leiche gefunden haben.«

»Das kann gut sein«, meinte Sinha. »Jedenfalls *waren* die Walker-Twins auf dieser Party; sie haben mir am Tag danach in höchsten Tönen davon vorgeschwärmt, und vorhin, als ich sie getroffen habe, da haben sie auch noch einmal darüber geredet.«

Michaela Lux' Augenbrauen wanderten erneut nach oben. »Walker-Twins?«

»So nenne ich sie«, schmunzelte Sinha. »Auseinanderhalten kann ich sie sowieso nicht.«

»Würde mir vermutlich auch schwerfallen«, stimmte Lux ihm zu. »Da fällt mir ein – diese *Walker-Twins* wohnen doch auch hier, oder?«

»Ja«, bestätigte Sinha. »Aber falls Sie das deshalb wissen möchten, weil Sie die beiden nach Stefan Wegeners Alibi ausfragen wollen: Die sind jetzt sicher noch unterwegs; sie wollten wandern und danach in das Skimuseum gehen. Das wird also wohl noch ein wenig dauern, bis Sie die beiden hier antreffen.«

»Macht nichts. Bis dahin kann ich ja schon mal versuchen, Stefans Freunde zu erreichen. Dieses Alibi muss ich ganz genau abklopfen, bevor ich den jungen Mann aus dem engsten Kreis der Verdächtigen wieder rauslasse.«

Sie trank ihre Kaffeetasse leer und gähnte herzhaft. Sinha, der schon die ganze Zeit über beobachtet hatte, wie sie immer wieder mühsam versuchte, ein Gähnen zu unterdrücken, fasste einen spontanen Entschluss.

»Ich hab eine bessere Idee«, sagte er. »Was halten Sie davon, wenn Sie bis dahin eine Runde schlafen? In meinem Schlafzimmer stehen zwei Betten, eines davon ist unbenutzt, und ich werde Sie ganz bestimmt nicht stören. Kaffee hin oder her, Sie können mir nicht erzählen, dass Sie jetzt sehr viel wacher sind als vorhin.«

»Nicht wirklich«, gab Michaela Lux zu. »Und ich gebe zu, die Aussicht auf eine Mütze voll Schlaf ist verlockend.«

»Was hält Sie dann davon ab?«, lächelte Sinha.

»Was jede vernünftige Frau davon abhalten sollte, sich in der Wohnung eines Mannes schlafen zu legen, den sie kaum kennt«, schnaubte Lux trocken. »Jedenfalls hat man mich so erzogen.«

»Und mich hat man dazu erzogen, Frauen zu respektieren«, entgegnete Sinha ernst, bevor er mit einem Augenzwinkern hinzufügte: »Wenn Sie in dem Punkt sichergehen wollen, dann fragen Sie meine Mutter, die liegt derzeit hier in der Földiklinik. Und sie wäre auch die Erste, die mich übers Knie legen würde, wenn ihr entsprechende Klagen über mich zu Ohren kämen.«

Die Kommissarin prustete belustigt. »Klingt so, als wäre ich bei Ihnen tatsächlich auf der sicheren Seite. Also schön, ich nehme Ihr Angebot an. Aber höchstens eine Stunde, ja? Danach wecken Sie mich.«

»Versprochen.«

»Gut.« Sie stand auf. »Wo ist das Schlafzimmer?«

»Erste Tür rechts im Flur. Und das linke Bett ist das Ihre.«

»Danke.«

In der Tür drehte sie sich noch einmal um.

»Und übrigens – wenn Sie möchten, dann schauen Sie sich das Tagebuch an. Vielleicht fällt Ihnen ja noch etwas auf, was mir entgangen ist.«

Sie gähnte erneut und grinste verlegen. Dann verließ sie den Raum.

***

Eine halbe Stunde später hatte Surendra Sinha das Tagebuch etwa zu einem Drittel durchgelesen. Auf dem Sessel, auf dem vorhin Michaela Lux gesessen hatte, lag mittlerweile Billi und schlummerte friedlich; kurz nachdem die Kommissarin sich hingelegt hatte, war die kleine Tigerkatze vor dem Fenster aufgetaucht, und Sinha stellte mit einem Anflug von Selbstironie fest, dass er gerade einen persönlichen Rekord aufstellte: Zwei weibliche Wesen schliefen gleichzeitig unter seinem Dach. *Wenn das maaji wüsste!*

Leider war das Tagebuch nicht ganz so amüsant; im Gegenteil. Was Moira sich in zahlreichen Hotels im In- und Ausland geleistet hatte, war – gelinde gesagt – ein starkes Stück. Gerade war er bei einem Aufenthalt von Mutter und Tochter Kerber in London angekommen, wo sie im *Ginger Inn* logiert hatten, einem Hotel, das Sinha kannte; er hatte sich dort vor einigen Jahren mit ein paar Bekannten aus Indien getroffen, die auf Englandreise waren. Auch hier hatte Moira ihr altbewährtes Mobbing abgezogen, sich dafür aber ausgerechnet die Töchter des Hotelbesitzers als Opfer ausgewählt – und bei ihnen auf Granit gebissen. Woraufhin Moira einen ihrer Ringe versteckt und die beiden jungen Frauen des Diebstahls bezichtigt hatte. Natürlich hatte dieser ihnen nicht nachgewiesen werden können, aber der Verdacht blieb, und Carolin Kerbers Artikel fiel entsprechend aus. ›Diesmal hab ich es der Marie und dieser dummen Selina gezeigt‹, hatte Moira abschließend triumphierend in ihrem Tagebuch vermerkt. ›Mit mir legt man sich nicht an. Das haben sie jetzt hoffentlich begriffen.‹

Sinha seufzte leise. Er erinnerte sich noch gut an den Besitzer des *Ginger Inn*, einen älteren, jovialen Herrn, der damals ihm und seinen indischen Freunden gutgelaunt eine Runde Bier spendiert und zum allgemeinen Gaudium versucht hatte, ein paar Brocken Hindi zu lernen. Wie war doch gleich sein Name gewesen? Sinha legte das Tagebuch beiseite, fuhr seinen Laptop hoch und zerbiss eine Verwünschung über die wieder einmal ausgesprochen lahme Netzverbindung zwischen den Zähnen. Schließlich jedoch hatte er gefunden, was er suchte: die Website des *Ginger Inn*. Und da war auch ein Foto des Besitzers. *Edward Walker – natürlich.* Sinha betrachtete das Bild. Ein offener, liebenswerter Mensch, der wegen Moira Kerber einen ungerechtfertigten Verriss seines Hotels hatte hinnehmen müssen – und dazu auch noch einen Diebstahlverdacht gegen seine Töchter. An die konnte Sinha sich nicht erinnern. Hatte er sie überhaupt kennengelernt? *Marie und Selina*, hatte Moira geschrieben. Die Namen sagten ihm nichts.

Oder etwa doch?

Mit einem Mal richtete Surendra Sinha sich kerzengerade auf.

Selina und Marie Walker.

Kim-Celine und Kim-Marie.

Der Gedanke erschien ihm so ungeheuerlich, dass es eine Weile dauerte, bis er es sich gestattete, ihn tatsächlich für denkbar zu halten. Waren die Walker-Twins aus London etwa die Töchter des lieben, alten Edward Walker aus dem *Ginger Inn*, die von Moira des Diebstahls bezichtigt worden waren? Hatten womöglich *sie* etwas mit dem Tod der jungen Frau zu tun?

Aber das war nicht möglich. Sie waren beide auf der Eröffnungsparty im Skistadion gewesen, als Moiras Schädel von einem Stein zertrümmert worden war. Einar Birkeland konnte das bezeugen, Stefan Wegener offensichtlich auch, und sicher noch einige andere Menschen, die die beiden skisprungverrückten Ladys während ihres Aufenthalts in Hinterzarten kennengelernt hatten. Wahrscheinlich verrannte er sich gerade in eine völlig absurde Theorie, über die Kommissarin Lux, wenn sie nachher aufwachte, sich kaputtlachen würde.

Und trotzdem.

Fünf Minuten später verließ er das Haus und machte sich auf den Weg in Richtung Skimuseum. Für einen Moment stach ihn das Gewissen sowohl wegen seiner Mutter, die sich mit Sicherheit längst fragte, wo ihr guter und fürsorglicher Sohn heute blieb, als auch wegen Michaela Lux, die er schnöde in seiner Wohnung zurückließ, zusammen mit Billi, die aufzuwecken er nicht übers Herz gebracht hatte. Er hoffte, dass die Kommissarin ihm nachher dafür nicht den Waffenstillstand aufkündigen würde. *Und dass sie keine Katzenhaarallergie hatte.*

Auf dem Tisch in seiner Ferienwohnung lag ein Zettel, den er in aller Hast noch geschrieben hatte: *Liebe Frau Kollegin, bitte seien Sie mir nicht böse, aber mir ist etwas aufgefallen, was ich unbedingt schnell nachprüfen muss. Nehmen Sie sich von dem Daal, wenn Sie möchten. Ich bin zurück, so schnell es geht. Surendra Sinha.*

8

Das Schwarzwälder Skimuseum am südlichen Ortsrand von Hinterzarten entpuppte sich zu Sinhas Überraschung nicht als nüchternes Zweckgebäude in moderner Architektur, sondern als riesiger alter Schwarzwaldhof – ein sogenanntes Heidenhaus, an einen Hang gebaut, mit dunkelbraunen Holzschindeln und an den Längsseiten weit heruntergezogenem Krüppelwalmdach. Eine Holzplanke, neben dem Museumseingang angebracht, informierte die Besucher über die wichtigsten Eckdaten des Hauses. *1446 erbaut*, stellte Sinha fest. *Zweimal abgebrannt und wiedererrichtet. Und seit 1997 Skimuseum.* Ein Haus mit Geschichte also, nun sogar im doppelten Sinne des Wortes.

Er trat ein in ein helles, luftiges Foyer, oben ringsum von einer Galerie umgeben und mit Schautafeln und Exponaten aus der Welt des Skilaufens bestückt. Die Walker-Twins sah er nirgends; dafür begrüßte ihn an der Kasse eine gemütliche, herzlich lächelnde Dame, die ihm sein *Eintrittskärtle* verkaufte und ihm riet, seinen Rundgang in der Georg-Thoma-Stube zu beginnen. Er bedankte sich, folgte dem von ihr gewiesenen Weg und fand sich gleich darauf in einer niedrigen, gemütlichen Bauernstube wieder, mit Wänden aus Holz und einem Kachelofen. An den Tischen saß eine Besuchergruppe und lauschte den Ausführungen eines sichtlich gut gelaunten Mannes, der ihnen von der Geschichte des Hauses erzählte. Sinha hörte von der Tür aus zu und erfuhr so, dass das Anwesen *Hugenhof* hieß, in seiner jetzigen Form über dreihundert Jahre alt und bis Anfang des 20. Jahrhunderts ein Bauernhof gewesen war, ehe es in den Besitz der Gemeinde Hinterzarten überging. Georg Thoma – der *Jörgli*, wie der Mann ihn liebevoll nannte – hatte dann die Idee gehabt, hier ein Skimuseum einzurichten, wie er es aus den großen Wintersportzentren am Holmenkollen und im finnischen

Lahti kannte, und seither wurde hier deutsche und vor allem natürlich Schwarzwälder Skigeschichte erzählt und in Form von unzähligen Gegenständen, Bildern und Filmen bewahrt.

Sinha hätte dem lebhaften Mann gerne noch länger zugehört, und er musste sich geradezu selbst in den Hintern treten, um sich daran zu erinnern, dass er nicht zu seinem Vergnügen hier war, sondern um einem – wenn auch vagen – Verdacht nachzugehen. Er verließ die Bauernstube und zog durch die Räume und Galerien mit ihren zahlreichen Ausstellungsstücken und Informationstafeln, die er jedoch kaum eines Blickes würdigte. Alles, was ihn in diesem Moment interessierte, waren zwei weibliche Fans des Skisprung-Sports aus London … *beziehungsweise der Name ihres Vaters.*

Doch er konnte sie nirgends entdecken, und als er schließlich wieder im Foyer landete, war sein Fazit so einfach wie logisch: Entweder waren die beiden Ladys noch immer unterwegs oder er hatte sie hier bereits verpasst. Er beschloss, noch ein wenig zu warten; vielleicht hatte er ja Glück. *Und dabei konnte er sich zumindest in dem Foyer noch mal in Ruhe umsehen.*

Er studierte interessiert alte Holzski mit in seinen Augen geradezu vorsintflutlichen Bindungen und verneigte sich in seinem Inneren respektvoll vor den Pionieren, die einst auf solchen ohne jegliche ausgeklügelte Hightech-Finessen angefertigten Brettern die Schwarzwald-Berge hinauf- und hinuntergelaufen waren und sogar Polarregionen durchquert hatten. Auch ein paar gerahmte Bilder an den Wänden fesselten seine Aufmerksamkeit, ganz besonders ein großes Ölgemälde, das eine tief verschneite Schwarzwaldlandschaft an einem klaren Wintertag zeigte; eine einsame Skispur zog sich durch den Schnee. Es war in zarten Pastelltönen gemalt, in sanftem Hellblau und weichen Weißschattierungen – so realistisch, dass Sinha die Sonne über den schneebedeckten Tannen ebenso zu spüren glaubte wie die kalte, reine Luft an diesem stillen und verzauberten Ort.

Er erinnerte sich, an der Kasse einen kleinen Ständer mit Postkarten gesehen zu haben, und wandte sich an die freundliche Dame, die dort in einer Zeitschrift blätterte.

»Entschuldigen Sie – gibt es dieses Bild da oben zufällig auch als Postkarte?«, erkundigte er sich und zeigte dabei auf das Gemälde.

»Nai, dut mer leid, des hemmer nit do«, bedauerte die Dame.

»Schade«, sagte Sinha. »Ich hätte gern gewusst, von wem das ist.«

»Dann froge Se doch eifach mich!« Ihre Augen funkelten heiter. »Des isch vom Karl Hauptmann. Es heißt *Am Stübenwasen* und stammt aus dem Jahr 1919.«

»Donnerwetter!« Sinha sah die Dame anerkennend an. »Jetzt fehlt nur noch, dass Sie auch noch wissen, wo der Maler damals seine Farben und die Leinwand gekauft hat. Ich würd's Ihnen jedenfalls sofort glauben.«

Sie lachte hell auf. »Vorsicht – sonst verrzell ich Ihnen am Ende noch, dass die Leinwand us Bandagen us de Földiklinik zsammegnäht worre isch, und für die Ölfarben fällt mir bestimmt au ebbes Luschtiges i.«

Sinha gluckste. »Ich fürchte, das würde mein Vertrauen in Ihre Allwissenheit dann doch wieder erschüttern. Aber auf jeden Fall vielen Dank für die Auskunft. Dieses Bild ist wunderschön.«

»Jo, des find i au«, stimmte die Dame ihm zu. »Es ghert dem Georg Thoma, der het des zum siebzigschte Geburtstag gschenkt kriegt.«

Georg Thoma. Sinha erinnerte sich sofort an den liebenswerten alten Herrn, den er zwei Tage zuvor im Skistadion gesehen hatte, und er hörte dazu in seinem Inneren Einar Birkelands Stimme, die fast ehrfürchtig von Thomas Olympiasieg, Weltmeistertitel und Ehrenbürgerwürde erzählte.

»Ich muss ja zu meiner Schande gestehen, dass ich bis vor zwei Tagen noch nie etwas von Georg Thoma gehört hatte«, gab er mit einem verlegenen Lächeln zu. »Ich bin, um es frei nach den Worten eines Skisprung-Trainers aus Furtwangen zu sagen, ein ›*wintersporttechnischer Blindgänger*‹. Aber wenn ich richtig informiert bin, dann war dieses Museum hier seine Idee, ja?«

Sie nickte eifrig. »Ja – er het sich damals zu sinem Fuchziger keine Gschenke gwünscht, sondern Spende für e Skimuseum. Domit het alles agfange. Und er het e Menge us sinere eigene Sammlung gschtiftet – sine ganze Medaille und de Holmenkollen-Orde, den er vom norwegische Kronprinze griegt het … und sine Ski, mit denen er in Squaw Valley Olympiasieger worre isch. Do stand ich jedes Mol wieder fasziniert davor. Wenn mer sich vorstellt: Bis do na hen immer nu Norweger die Nordische Kombination gwunne … und dann kunnt do so en kleiner Briefbot us em Schwarzwald doher und schnappt dene die Goldmedaille vor de Nase weg! *Ha!!*« Sie grinste breit.

Sinha grinste zurück. »Ich kann mir gut vorstellen, dass damals ganz Hinterzarten kopfgestanden hat.«

»Aber so ebbis von … Entschuldige Sie, ich muss emol abkassiere. Gute Dag!«

Sie wandte sich an jemanden, der offensichtlich hinter Sinha das Museum betreten hatte. Unwillkürlich drehte sich Sinha um – und sah in die Gesichter der Walker-Twins, die bei seinem Anblick wie gewohnt freudig aufstrahlten.

»*Kay-Kay!* How do you do? Warum Sie haben nicht gesagt, dass Sie auch wollen kommen hierher?«

»Weil ich das eigentlich gar nicht vorhatte«, antwortete Sinha. »Das war eine Spontan-Idee von mir.«

»*Great* idea! Wollen wir gehen in die Museum together? Dann wir Sie lernen viele Dinge über die ski jumping, die Sie noch nicht haben gewusst.«

Für einen Moment war Sinha versucht, das Angebot anzunehmen. Aber dann dachte er an Michaela Lux, die möglicherweise inzwischen wieder aufgewacht war und sich nun fragte, wo ihr seltsamer Bodensee-Kollege abgeblieben war.

»Ein andermal gern, danke«, erwiderte er. »Ich habe heute schon meine Runde gedreht, und …« Eine Idee schoss ihm durch den Kopf. »Und ich bin jetzt dann noch verabredet – mit einem Freund von mir, der auf der Durchreise ist. Übrigens, da fällt mir ein, ich wollte Sie ja noch etwas fragen. Dieser Freund fährt demnächst für ein paar Tage nach London, zum ersten Mal; und weil er weiß, dass ich da schon ein paarmal gewesen bin, hat er mich gefragt, ob ich ihm ein Hotel empfehlen könnte. Kann ich natürlich, aber ich dachte, ich frage Sie auch mal. Vielleicht haben Sie ja den einen oder anderen Geheimtipp für mich.«

Die Walker-Twins waren eindeutig sofort Feuer und Flamme. »Of course! Sie mussen schicken ihm zu der *Ginger Inn*. Absolutely!«

»*Ginger Inn?*«, fragte Sinha harmlos, als hätte er diesen Namen noch niemals gehört, während er gleichzeitig innerlich vor Anspannung bebte.

»Best place in town«, versicherte eine der beiden Ladys enthusiastisch. »Gute Zimmer, nice food. You know der *Ginger Inn?*«

»Nein«, log Sinha ungeniert.

»Oh, Sie mussen wohnen dort, next time Sie sind in London!« Die Wangen der Lady röteten sich vor Begeisterung. »Listen, wir geben Sie unsere phone number, und wenn Sie wollen kommen, Sie rufen an and we'll fix it. Be our guest!«

»Guest?« Sinha setzte seine erstaunteste Unschuldsmiene auf. »Ja, haben Sie denn mit diesem *Ginger Inn* etwas zu tun?«

Sie lachte hell. »You bet we have! Unser daddy, er ist der Boss! Der *Ginger Inn* gehört zu unsere Familie!«

»*You* don't say!!« Sinha riss die Augen weit auf, als hätte die Walker-Lady soeben verkündet, dass er einen Schauspiel-Oscar bekommen würde. *Den er mit dieser Leistung eigentlich glatt verdient hätte.* »Ja, *dann* – dann muss ich natürlich unbedingt irgendwann mal dorthin! Vielen Dank, ich werde den Tipp nachher gleich an meinen Freund weitergeben.«

»My pleasure.« Sie strahlte Sinha an und ging zu ihrer Schwester, die inzwischen an der Kasse stand und den Eintritt bezahlte.

Sinha verfolgte sie mit seinen Blicken, bemüht, sich seine Erregung nicht anmerken zu lassen. Die Walker-Twins waren also tatsächlich die Töchter von einem von Moira Kerbers Mobbing-Opfern. Natürlich rückte das die beiden englischen Ladys nicht zwangsläufig in den Kreis der Verdächtigen, zumal sie mit ihrem Party-Besuch ja ein Alibi hatten. Aber es war doch ausgesprochen interessant.

»… so, Sie sind Fans von unserem Jörgli?«, hörte er plötzlich hinter sich die gut gelaunte Stimme der Dame an der Kasse. »Dann sind Sie do genau richtig. Gucke Sie mol!«

Er wandte den Kopf in die Richtung, in die sie zeigte, ebenso wie die Walker-Twins. Eine Besuchergruppe drängte ins Foyer, an ihrer Spitze der kleine alte Herr, den mittlerweile auch Sinha – wintersporttechnischer Blindgänger hin oder her – mühelos erkannte. *Allein schon das heitere Funkeln in den hellwachen Augen war unverkennbar.*

Georg Thoma verabschiedete seine Besucher herzlich und wartete ab, bis alle das Museum verlassen hatten. Dann ging er auf den Kassentisch zu. Als er die englischen Ladys erblickte, lachte er fröhlich.

»Welch Glanz in unserer Hütte!«, sagte er augenzwinkernd zu ihnen. »Grüß Gott, die Damen – nett, Sie wiederzusehen.« Er schüttelte den beiden Ladys nacheinander die Hand. »Kim-Celine, nicht wahr? Und Sie sind Kim-Marie!«

In diesem Moment erlebte Sinha etwas, das er nicht für möglich gehalten hätte: Die Walker-Twins waren für ein paar Sekunden sprachlos. *Genauso wie er selbst, zugegeben.*

»*Blimey!*«, entfuhr es schließlich einer der beiden Ladys. »Sie wissen noch unsere Namen?«

»And you're able … Sie wissen, who is who?«, fügte die andere höchst verblüfft hinzu.

»Aber sicher!« Die Augen des alten Herrn sprühten nur so vor Schalk. »Glauben Sie etwa, in meinem Alter hat man keinen Blick mehr für schöne Frauen?«

»No … I mean, yes, I mean … wie können Sie wissen, dass ich bin Kim-Marie?«

Georg Thoma zwinkerte ihr vergnügt zu. »Das bleibt mein Geheimnis. Sonst bewundern Sie mich am Ende nicht mehr.« Er wandte sich an die Dame hinter dem Kassentisch. »Wann ist die nächste Gruppenführung?«

»Innere Viertelstund.«

»Ah, gut, dann kann ich vorher noch was erledigen. Bin gleich wieder da. Wiedersehen zusammen!«

Er nickte den Walker-Twins und Sinha zu und stieg mit schnellen Schritten eine Treppe zu der Galerie hinauf. Die Walker-Twins starrten ihm fasziniert hinterher.

»Isn't he gorgeous??«, seufzte die Lady, von der Sinha zumindest in diesem Moment sicher wusste, dass es Kim-Celine Walker war.

»He is«, stimmte ihre Schwester ihr zu. »He absolutely is.«

Sinha nickte wortlos. Nichts zu machen, in diesem Moment war er genauso rückhaltlos beeindruckt wie die beiden Kims.

»Also«, setzte schließlich die freundliche Dame an der Kasse energisch ein, »wenn die Damen jetzt den Rundgang mache wolle, dann fanget Sie am beste dohinte in der Georg-Thoma-Stube a. Und gucke Sie auf die Pläne für die alte Seilbahn nebem Kachelofe – die werre oft übersehe, und hinterher ärgern sich die Lit dann drüber, dass sie des verpasst hen.«

Es war den Walker-Twins anzusehen, dass sie kein Wort verstanden hatten – außer dem Namen der Georg-Thoma-Stube vermutlich, der für sie dann wohl auch Grund genug war, sich zielstrebig auf den Weg in die Richtung zu machen, die die Dame ihnen wies. Im letzten Moment fiel es ihnen noch ein, sich mit einem »See you, Kay-Kay!« von Sinha zu verabschieden, bevor sie seinen Blicken entschwanden.

Sinha sah ihnen hinterher, während er gleichzeitig zu grübeln begann. Dass Georg Thoma die beiden englischen Ladys wie selbstverständlich mit ihren Namen angeredet hatte, war eventuell noch einem guten Namensgedächtnis zuzuschreiben. Dass er sie aber noch dazu nicht miteinander verwechselt hatte, war wirklich bemerkenswert. Gut, natürlich konnte der alte Herr auch auf gut Glück geraten und einen Volltreffer gelandet haben – aber irgendetwas sagte Sinha, dass Georg Thoma ganz genau gewusst hatte, welcher Name zu welcher Lady gehörte. *Und er wollte wirklich zu gerne wissen, warum.*

Er beschloss, noch ein wenig zu warten; wenn Thoma in einer Viertelstunde erneut eine Besuchergruppe durch das Museum führen wollte, dann konnte er ja nicht allzu lange fortbleiben. Tatsächlich dauerte es nur ein paar Minuten, bis er wieder auf der Treppe erschien. Kurz entschlossen ging Sinha ihm entgegen.

»Entschuldigen Sie, Herr Thoma – kann ich Sie bitte ganz kurz sprechen?«

»Aber sicher«, sagte Georg Thoma und sah ihn freundlich an.

»Ich habe gerade mitbekommen, dass Sie die Damen Walker auseinanderhalten können. Alle Achtung! Ich bin ein Bekannter von den beiden, aber an dieser Aufgabe bin ich bislang stets glorios gescheitert. Sie sind nicht zufällig bereit, mir Ihren Trick zu verraten?«

Georg Thoma gluckste belustigt. »Wieso Trick? Sie brauchen sich die beiden Damen doch nur mal genau anzusehen. Dann löst sich das Problem ganz von selber. Simsalabim.«

Zu seiner Verlegenheit spürte Sinha, wie seine Wangen zu brennen begannen. »Sie meinen, dazu braucht's nicht mehr als eine gute Beobachtungsgabe? Ich fürchte, dann sollte ich mich mal eben kurz in die Ecke stellen und mich schämen – denn daran sollte es bei mir eigentlich nicht scheitern. Nicht bei meinem Beruf.«

»Warum?«, wollte Georg Thoma wissen. »Sind Sie Polizist?«

»Treffer, versenkt«, seufzte Sinha und zückte seinen Dienstausweis. »Surendra Sinha, Kriminalpolizei.«

Georg Thomas Augenbrauen stiegen leicht in die Höhe. »Verstehe. Haben die beiden Damen was ausgefressen?«

»Nein«, erwiderte Sinha und beschloss, Zuflucht zu einer Halbwahrheit zu nehmen, um die Walker-Twins nicht einem möglicherweise ungerechtfertigten Verdacht auszusetzen. »Ich bin rein als Privatperson hier. Aber es ist so: Die Damen wohnen im gleichen Ferienhaus wie ich, und sie halten mich ständig zum Narren mit ihrer verflixten Ähnlichkeit. Wenn ich den Unterschied endlich raushätte, dann könnten sie mich nicht mehr so ohne weiteres an der Nase herumführen.«

Jetzt konnte Georg Thoma sich ein amüsiertes Lachen nicht mehr verkneifen. »Sie Armer! Ich seh schon, Sie brauchen Unterstützung. Und wann hat unsereins schon mal die Gelegenheit, einem Freund und Helfer unter die Arme zu greifen!«

Er zwinkerte Sinha zu und trat nahe an ihn heran.

»Wenn Sie den beiden das nächste Mal begegnen, dann schauen Sie, welche von ihnen dicht unter dem rechten Ohrläppchen einen kleinen Leberfleck hat. Das ist Kim-Marie.«

Sinha starrte ihn verblüfft an. »So etwas fällt Ihnen auf?«

»Purer Zufall«, schmunzelte Georg Thoma. »Hätte mir auch genauso gut entgehen können. Wissen Sie, die beiden haben mich um Autogramme gebeten und mir dabei ihre Namen genannt. Irgendwie hab ich sie mir gemerkt, wahrscheinlich weil es doch eher ungewöhnliche Namen sind. Und vielleicht hab ich einfach von Anfang an ein bisschen die Sensoren geschärft – ich meine, bei Zwillingen, die sich derart ähnlich sehen, entwickelt man doch automatisch den Ehrgeiz, einen Unterschied zu entdecken. Oder?«

»Doch, schon«, meinte Sinha. »Aber auf die Idee, nach einem Muttermal zu suchen, bin ich nicht gekommen. Ein schöner Kommissar bin ich.«

»Ach was, nur nicht den Kopf hängen lassen«, meinte Georg Thoma vergnügt. »Selbst der beste Kommissar braucht ab und zu mal die Hilfe von Kollege Zufall. So, ich sehe, meine nächsten Besucher kommen – hat mich gefreut, Herr Sinha, und viel Erfolg beim Leberfleckchensuchen!«

Er schlug Sinha mit einem aufmunternden Lächeln auf die Schulter, dann ging er auf eine Besuchergruppe zu, die sich gerade an dem Kassentisch versammelte.

Sinha sah ihm nach – dem Brennen seiner Wangen nach zu urteilen immer noch rot im Gesicht, aber zugleich plötzlich voller neuer Energie.

Ein Leberfleckchen also. Unter dem rechten Ohr von Kim-Marie. Halali.

* * *

Wenig später machte er sich auf den Heimweg zu seiner Ferienwohnung. Er marschierte die Erlenbrucker Straße entlang zurück in Richtung Ortskern und wollte gerade die Kirche Maria in der Zarten passieren, als ihm ein junger Mann auffiel, der dort blass und regungslos auf einer Bank saß – und den Sinha allein schon wegen des feuerroten Haarschopfs ebenso mühelos wiedererkannte wie vorhin Georg Thoma. *Jonas Steigenberger.*

Spontan blieb er stehen. Er verspürte große Lust, mit dem Jungen zu reden und herauszufinden, wie er die Erlebnisse des Vorabends verkraftet hatte. Andererseits war Jonas eben wegen dieser Erlebnisse mit Sicherheit nicht nach einer erneuten Begegnung mit einem Gesetzeshüter zumute. Wahrscheinlich sollte er einfach weitergehen und den Jungen in Frieden lassen.

Doch genau in diesem Moment schien Jonas zu spüren, dass er beobachtet wurde, und hob den Kopf. Als er Sinha erblickte, duckte er sich wie ein verschrecktes Tier in der Falle.

»Hallo, Jonas!«, sagte Sinha in unbefangenem Tonfall und setzte sein heiterstes Lächeln auf. »Keine Angst, ich bin nicht im Dienst, und ich hab es auch nicht auf dich abgesehen. Es ist purer Zufall, dass ich hier vorbeilaufe.«

Er überlegte kurz, dann trat er an Jonas heran und schaltete in den väterlichen Modus, der ihm beim Umgang mit jungen Menschen schon des Öfteren gute Dienste geleistet hatte.

»Und, ist alles in Ordnung? Haben sie dich anständig behandelt gestern?«

Die Wirkung setzte prompt ein; Jonas entspannte sich … ein wenig nur, aber immerhin merklich.

»Ja. Sie haben mich gefragt, wo ich das Kokain herhabe. Ich hab ihnen gesagt, dass ich keine Ahnung habe, wie es in meine Tasche gekommen ist, und dass ich noch nie in meinem Leben Drogen genommen habe.« Er sah Sinha aus großen Augen an. »Und das stimmt auch. Okay, ich hab mit dreizehn mal heimlich eine Zigarette geraucht, aber die hat scheußlich geschmeckt, und danach hab ich so ein Zeug nie wieder angerührt.«

»Glaub ich dir«, sagte Sinha lächelnd. »Und danach haben sie dich gehen lassen?«

»Ja«, nickte Jonas. »Sie haben alles aufgeschrieben … und dann haben sie gesagt, ich darf nach Hause.« Ein Schatten glitt über sein Gesicht. »Und da hab ich dann erfahren, was mit Daniel passiert ist.«

Er schloss die Augen, und Sinha folgte einem spontanen Impuls und setzte sich vorsichtig neben ihn auf die Bank; er spürte, dass es in diesem Moment wohl nicht gut war, den Jungen allein zu lassen.

Eine Weile schwiegen beide. Dann atmete Jonas tief durch und blickte auf. Es schien ihn nicht im Mindesten zu überraschen oder gar zu stören, dass der Kommissar neben ihm Platz genommen hatte.

»Eins steht fest«, sagte Jonas leise. »Wer immer mir das Kokain in die Tasche geschmuggelt hat – er ist schuld daran, dass

Daniel jetzt behindert ist. Für immer.« Er warf Sinha einen fragenden Blick zu. »Oder gibt's inzwischen was Neues von ihm? Geht's ihm besser?«

»Leider nein.« Sinha schüttelte den Kopf. »Er hat einen Halswirbelbruch erlitten und ist vom Hals abwärts gelähmt.«

»*Scheiße!*«, stieß Jonas hervor; es klang wie ein aus tiefstem Herzen kommender Stoßseufzer. »Mein Gott, hätte die Polizei nicht eine halbe Stunde später kommen können? Dann hätte ich wenigstens noch selber springen können, und Daniel wäre nichts passiert.«

»Du magst Daniel sehr, ja?«, wagte Sinha einen vorsichtigen Vorstoß.

Jonas nickte. »Ja. Er ist ein prima Kerl. Und ich fühl mich immer noch mies, weil sie mich an seiner Stelle zum Alpencup gelassen haben. Das hat ihn so fertiggemacht ... er hat sich bemüht, es sich nicht anmerken zu lassen, aber ich hab's ihm angesehen. Deshalb hab ich damals auch mit dem Einar geredet – ich hab ihm gesagt, dass der Alpencup Daniels großes Ziel ist und dass es mir viel lieber wäre, wenn sie *ihn* mitnehmen. Aber der Einar ist stur geblieben; er hat gemeint, das würde zu viel Unruhe ins Team bringen nach der Sache mit Marc und dem Unfall. Ich hab nichts machen können. Und seitdem ... hab ich mich Daniel gegenüber immer irgendwie ... schuldig gefühlt.«

»Warst du *deshalb* nicht glücklich, als Einar bei der Quali angekündigt hat, dass möglicherweise du die Aufgabe als Vorspringer übernehmen musst?«, fragte Sinha. »Den Eindruck hatte ich nämlich.«

»Na klar!« Jonas' Wangen bekamen wieder ein wenig Farbe. »Das war doch für Daniel der Super-Gau! Und außerdem ...« Er brach ab und biss sich auf die Lippen.

»Außerdem was?«, fragte Sinha behutsam.

»Außerdem hab ich Angst gehabt, dass er mich jetzt dann irgendwann nicht mehr mag«, antwortete Jonas leise. »Weil ich ihm immer vorgezogen werde. Und dabei will ich das doch gar nicht!«

Sinha zögerte, dann streckte er die Hand aus und legte sie Jonas auf den Unterarm. Der Junge warf ihm einen verwunderten Seitenblick zu, machte jedoch keine Anstalten, sich ihm zu entziehen.

»Du bist ein wirklich guter Freund«, sagte Sinha sanft. »Ich bin sicher, Daniel sieht das genauso und weiß, was er an dir hat.«

»Ich hoffe es«, erwiderte Jonas mit belegter Stimme. »Nicht dass ... ich meine ... ich will ihn ja nicht reinreiten, und vielleicht lieg ich da ja auch völlig falsch ... aber seit gestern frag ich mich ständig, ob womöglich *er* mir die Drogen in die Jackentasche gesteckt hat, als er vor dem Probedurchgang in der Umkleide war, um mir Glück zu wünschen. Weil er mich inzwischen regelrecht hasst.« Er sah Sinha unsicher an. »Können Sie sich das vorstellen?«

Natürlich konnte Sinha sich das vorstellen. *Und* wie *er sich das vorstellen konnte, verdammt noch mal!* Aber er würde den Teufel tun und das dem Jungen gegenüber offen aussprechen.

»Weißt du, Jonas«, begann er stattdessen, »in meinem Beruf lernt man irgendwann, nichts, aber auch wirklich *gar* nichts für undenkbar zu halten. Natürlich wäre es rein theoretisch möglich, dass Daniel das getan hat. Aber ganz ehrlich: Trauen wir es ihm zu?«

Jonas schüttelte verbissen den Kopf. »Nein. Ich *will* es ihm nicht zutrauen.«

»Dann lass uns davon ausgehen, dass er nichts mit der Sache zu tun hat«, beschloss Sinha. »Und ich verspreche dir, wir tun alles, was in unserer Macht steht, um herauszufinden, wer dir – und damit auch ihm – das angetan hat.«

Jonas richtete den Blick auf ihn. »Sie glauben mir also, dass diese Kokainpäckchen nicht mir gehören?«

»Ja«, sagte Sinha ruhig. »Ich glaube dir.«

Zum ersten Mal erschien ein leichtes Lächeln auf Jonas' Lippen wie ein zarter Hoffnungsschimmer.

»Danke. Das ... das tut verdammt gut.«

Das Lächeln verschwand so schnell, wie es gekommen war, und Sinha fragte sich unwillkürlich, ob die polizeiliche Vernehmung am Vorabend tatsächlich so geschmeidig abgelaufen war, wie der Junge es vorhin dargestellt hatte.

»Werden Sie Daniel deswegen eigentlich verhören? Wegen dieser Drogensache?«, fragte Jonas plötzlich.

»*Ich* ganz bestimmt nicht«, erwiderte Sinha. »Ich gehöre ja nicht zur hiesigen Polizei. Aber ja, ich gehe davon aus, dass jemand ihn dazu mal befragen wird, wenn es ihm wieder bessergeht. Es kann ja auch sein, dass er im Stadion etwas beobachtet hat, was dich entlasten kann.«

»Das wäre schön«, seufzte Jonas hoffnungsvoll. »Ich wünschte, ich könnte auch etwas für ihn tun. Er hat zuletzt so viel einstecken müssen. Sogar Moira hat sich noch mit ihm gestritten, bei der Party am Donnerstag. Er war total down hinterher.«

»Ich hab allmählich das Gefühl, ganz Hinterzarten war bei dieser Party, nur ich nicht«, lächelte Sinha. »Jeder, den ich treffe, erzählt mir davon.«

»Dabei bin ich eigentlich kein großer Partygänger«, bekannte Jonas. »Ich wollte auch gar nicht hingehen, aber dann hat Daniel mich angerufen, nach dem Krach mit Moira, ob ich nicht kommen könnte … und da bin ich natürlich sofort losgelaufen, ich wohn ganz in der Nähe. Unterwegs ist mir dann Moira schon entgegenkommen, und ich hab gesehen, dass sie stinksauer war. Ich frag mich, was da zwischen ihr und Daniel abgegangen ist.«

»Hat er dir das dann nicht gesagt?«, erkundigte sich Sinha beiläufig, bemüht, sich seine plötzlich steigende Anspannung nicht anmerken zu lassen.

»Nein«, antwortete Jonas. »Er hat nur gesagt, dass sie eine blöde Kuh ist, und sich dann ein Bier reingezogen.«

»Und *wo* hast du Moira gesehen?«

»Irgendwo auf dem Weg, der vom Skistadion aus runter in den Ort führt.«

»War sie allein?«

»Ja. Das heißt, natürlich waren da noch eine Menge andere Leute, die auch schon nach Hause gegangen sind. Sogar eine von diesen englischen Zwillingen hat zu dem Zeitpunkt schon das Handtuch geschmissen gehabt – die beiden, die jeden Tag im Stadion rumhängen und beim Training zuschauen, meine ich. War fast witzig, die mal allein zu sehen; sonst kleben die zwei doch ständig zusammen wie die beiden Teile von einem Druckknopf!«

»Wohl wahr«, schmunzelte Sinha. »Aber Moira war also ohne Begleitung, sagst du?«

»Ganz sicher.« Zwischen Jonas' Augenbrauen bildete sich eine steile, nachdenkliche Falte. »Sie meinen, einer von denen, die da zusammen mit ihr aus dem Stadion rausgegangen sind, könnte derjenige sein, der sie umgebracht hat?«

»Wie ich sagte: Denkbar ist alles.« Sinha betrachtete ihn ernst. »Wenn dir also noch mehr Leute einfallen, die du bei der Gelegenheit gesehen hast und die du kennst, dann solltest du nicht zögern, die Namen der Polizei mitzuteilen. Das ist kein Anschwärzen, sondern eine schlichte Zeugenaussage, die für die Ermittler von großem Wert sein kann. Und sei es nur, weil du ihnen zu weiteren Zeugen verhilfst, die womöglich etwas Wichtiges beobachtet haben.«

»Mach ich«, versprach Jonas und schaute auf seine Armbanduhr. »Oh – entschuldigen Sie, aber ich muss jetzt los.« Er stand auf und sah Sinha an. »Auf Wiedersehen, Herr Kommissar – und vielen Dank!«

»Keine Ursache«, erwiderte Sinha. »Wiedersehen, Jonas. Und Kopf hoch! Ich bin sicher, das mit den Drogen wird sich aufklären.«

Jonas nickte dankbar, dann drehte er sich um und ging. Sinha sah ihm nach, während das freundliche Lächeln, das er dem Jungen zum Abschied geschenkt hatte, allmählich grimmig wurde.

Und übrigens – dir auch vielen Dank, dachte er.

9

Surendra Sinhas Hoffnung, Michaela Lux bei seiner Heimkehr noch immer selig und süß schlummernd vorzufinden, zerstob jäh, als er sein Wohnzimmer betrat: Seine Kollegin saß hellwach in dem Sessel und streichelte die Katze, die es sich auf ihrem Schoß gemütlich gemacht hatte und höchst zufrieden vor sich hin schnurrte.

»Da sind Sie ja wieder!«, stellte sie fest, als sie ihn entdeckte, und Sinha registrierte erleichtert, dass es keineswegs verärgert klang. »Erfolg gehabt?«

»Kann man so sagen«, murmelte Sinha verlegen. »Tut mir leid, dass ich einfach so verschwunden bin.«

»Kein Problem, ich weiß doch, wie das ist, wenn man plötzlich eine Eingebung hat und ihr unbedingt sofort nachgehen will«, erwiderte sie und kraulte Billi zwischen den Ohren. »Wer ist eigentlich dieser pelzige Hausgenosse?«

»Billi«, antwortete Sinha. »Keine Ahnung, wem sie gehört, aber sie scheint diese Wohnung als ihr Revier zu betrachten. Ich hoffe, sie hat Sie nicht gestört.«

»Gar nicht, ich liebe Katzen«, sagte Michaela Lux. »Ich bin jetzt natürlich neugierig ohne Ende: Darf ich wissen, *was* Sie da auf die Schnelle nachprüfen wollten? Hat es was mit dem Tagebuch zu tun?«

Sinha ließ sich seiner Kollegin gegenüber auf dem Sofa nieder und atmete tief durch.

»Ja. Eine Eintragung ist mir aufgefallen, weil es darin um ein Londoner Hotel geht, in dem ich schon einmal war – den *Ginger Inn*. Laut Moira hat der Besitzer zwei Töchter, *Marie und Selina*. Und wenn ich Ihnen verrate, dass besagter Hotelbesitzer Edward Walker heißt, dann klingelt mit Sicherheit auch bei Ihnen sofort ein kleines Glöckchen.«

Die Hand, die sanft über Billis Fell glitt, hielt mitten in der Bewegung inne, als Michaela Lux sich kerzengerade aufrichtete. »Marie und Selina Walker … Sagen Sie bloß, das sind diese Walker-Zwillinge?«

»Ich war mir nicht sicher«, gestand Sinha. »Wie gesagt, ich war mal in diesem *Ginger Inn*, aber die Töchter des Hauses hab ich damals nicht kennengelernt. Deshalb bin ich vorhin so Hals über Kopf losgezogen in der Hoffnung, die Walker-Twins im Skimuseum abzupassen. Ich wollte unbedingt wissen, ob *Kim-Marie* und *Kim-Celine* tatsächlich die beiden Damen sind, die Moira lapidar *Marie* und *Selina* genannt hat. Und kurz und gut: Sie sind es.«

»Nicht zu fassen.« Lux' Augen wurden schmal. »Und wie haben Sie das herausgefunden?«

»Keine Sorge, das Tagebuch kam dabei nicht zur Erwähnung«, versicherte Sinha, der die Gedanken seiner Kollegin erriet. »Manchmal genügen auch ganz simple Tricks.«

Sie nickte bedächtig. »Interessant. Aber wenn ich meine Notizen richtig im Kopf habe, dann waren die beiden Damen doch am Donnerstagabend bei der Eröffnungsparty im Stadion, oder? Das heißt, im Mordfall Moira bringt uns das nicht weiter.«

»Vielleicht doch«, versetzte Sinha. »Auf dem Heimweg bin ich nämlich noch Jonas Steigenberger begegnet. Und der hat mir erzählt, eine der beiden Walker-Ladys habe die Party vorzeitig verlassen – zur gleichen Zeit wie Moira. Er ist erst ziemlich spät ins Stadion gegangen, und auf dem Weg dorthin sind beide ihm entgegengekommen. Nicht gemeinsam, aber immerhin in etwa zur gleichen Zeit.«

»Da soll mich doch …« Michaela Lux starrte ihn an. »Ich ziehe ja nur ausgesprochen ungern voreilige Schlüsse, aber das ist zumindest eine Spur, der wir in jedem Fall nachgehen sollten. Dieser Jonas hat nicht zufällig gewusst, *welche* der beiden Zwillingsdamen er da gesehen hat?«

»Leider nein«, erwiderte Sinha.

»Schade«, meinte sie. »Das hätte uns die Sache ein wenig erleichtert.«

»Dann fragen Sie doch einfach mich«, schlug Sinha feierlich vor. »Ich weiß es nämlich.«

Michaela Lux öffnete den Mund – und schloss ihn wieder. Trotz des Ernsts der Situation konnte Sinha sich ein diebisches Grinsen jetzt nicht mehr verkneifen, und er breitete mit einer entschuldigenden Geste die Arme aus.

»Bedanken wir uns bei Kommissar Zufall«, erklärte er. »Beziehungsweise bei Georg Thoma. Vorhin im Skimuseum habe ich bemerkt, dass er die Zwillinge auseinanderhalten kann, und er hat mir netterweise verraten, dass die eine von ihnen, nämlich Kim-Marie, einen kleinen Leberfleck unter dem rechten Ohrläppchen hat. Der ist ihm beim Autogrammgeben aufgefallen. Als danach Jonas mir von seiner Beobachtung erzählt hat, ist mir plötzlich ein Gedanke durch den Kopf geschossen. Einar Birkeland, der Skisprung-Trainer aus Furtwangen, und eine der beiden Ladys haben bei der Eröffnungsparty ausgiebig miteinander geflirtet – das weiß ich sozusagen *straight from the stud's mouth*. Natürlich waren die Chancen, dass er sie dabei auf Muttermale taxiert hat, minimal, aber einen Versuch war es wert: Ich hab Birkeland angerufen – das heißt Karsten Wegener, weil ich Birkelands Nummer nicht wusste und hoffte, Wegener könnte sie mir sagen. Wie der Zufall es wollte, saß Birkeland gerade im *Schanzenberg* beim Essen, so dass ich gleich direkt mit ihm reden konnte. Ich hab ihn gefragt, ob die Lady, die es sich an dem Abend in seinen Armen gemütlich gemacht hatte, zufällig ein Leberfleckchen unter dem Ohr gehabt hat. Um ehrlich zu sein, hatte ich ziemlich sicher mit einem amüsierten Lachanfall am anderen Ende der Leitung gerechnet. Stattdessen bekam ich ein promptes und geradezu selbstverständliches ›Ja‹ zur Antwort.«

»*Was?*«, platzte Michaela Lux heraus. »Dem Mann fällt ein Leberfleckchen auf, zumal er überhaupt keinen Grund hat, nach einem zu suchen, und er erinnert sich auch noch daran? Wie verrückt ist *das* denn, bitte?«

»Das dachte ich auch«, gab Sinha zu. »Aber Birkeland meinte, seine Schwester in Norwegen habe ein ganz ähnliches Muttermal, nur etwas größer und fast genau an der gleichen Stelle; deshalb sei es ihm ins Auge gestochen. Damit steht fest: Einar Birkelands Partyflirt war Kim-Marie – und der Zwilling, den Jonas Steigenberger außerhalb des Stadions in der Nähe von Moira gesehen hat, muss demnach Kim-Celine gewesen sein.«

Bevor Michaela Lux antworten konnte, entschied Billi, dass es wieder einmal Zeit für einen Abgang war, und hüpfte vom Schoß der Kommissarin auf den Boden. Sinha stand folgsam auf, öffnete das Fenster, und mit zwei eleganten Sprüngen verabschiedete sich der kleine Stubentiger auf das Fensterbrett und hinaus ins Freie.

»Kim-Celine Walker«, sagte Lux nachdenklich, während Sinha das Fenster wieder schloss. »Sieht so aus, als sollten wir uns mit dieser Dame mal unterhalten, was?«

»*Wir?*« Sinhas Augenbrauen stiegen vielsagend in die Höhe.

Die Kommissarin gab ein sarkastisches Schnauben von sich. »Ja, ja, ich weiß – erst kriege ich Zustände, wenn Sie auch nur Ihre Nasenspitze in unseren Fall stecken, und dann adoptiere ich Sie als meinen *partner in action*. Sie dürfen auch gerne einmal kurz und trocken auflachen deswegen, wenn Sie wollen. Aber jetzt sind wir schon mal gemeinsam auf dieser Fährte – was spricht dagegen, dass wir sie auch gemeinsam weiterverfolgen?«

»Nichts«, gestand Sinha ein und lächelte. »Jedenfalls, solange unser Waffenstillstand anhält.«

»Machen Sie weiter so, und ich plädiere offen dafür, dass wir in konkrete Friedensverhandlungen einsteigen«, entgegnete Lux mit einem Augenzwinkern. »Also, Lagebesprechung. Meinen Sie, die beiden sind noch immer im Skimuseum?«

»Durchaus möglich«, überlegte Sinha. »Georg Thoma führt nämlich höchstpersönlich Besuchergruppen durchs Haus, und so verrückt, wie die beiden Ladys nach ihm sind, bringen sie es glatt fertig, dortzubleiben, bis der Laden geschlossen wird. Es kann also durchaus siebzehn Uhr werden, bis sie sich losreißen.«

»Egal«, versetzte Lux. »Solange wir nur einen Verdacht und keine handfesten Beweise gegen sie haben, würde ich eine Konfrontation in aller Öffentlichkeit gerne vermeiden.«

»Das heißt, wir warten hier, bis sie nach Hause kommen?«, fragte Sinha.

»Wenn es Ihnen nichts ausmacht«, antwortete sie. »Hier ist es angenehmer als in der Amtsstube im Polizeihaus. Abgesehen davon, dass auch der Kaffee entschieden besser ist.«

»Kombiniere: Ich soll noch einmal eine Kanne aufsetzen, ja?«

»Mit Zimt und Kardamom, bitte.« Sie lächelte. »Wobei ich trotzdem einmal schnell rüberlaufe und meine ganzen Aufzeichnungen und Unterlagen hole. Dann bringe ich Sie ein bisschen auf den aktuellen Stand der Dinge, während wir Kaffee trinken und warten.«

»Deal«, sagte Sinha. »Aber wenn's recht ist, geh ich mit; das Wetter ist viel zu schön, um länger im Haus herumzusitzen als notwendig.«

»Stimmt.« Michaela Lux erhob sich. »Ach, apropos *deal* – Ihr *Daal* ist wirklich lecker. Schönen Gruß an Ihre Mutter; wenn Sie in puncto Kochen und Gewürze etwas *nicht* sind, dann ›beklagenswert talentfrei‹. *In my humble opinion.*«

Sie zwinkerte ihm erneut zu und ging hinaus in den Flur. Sinha starrte ihr mit offenem Mund nach – für einen Moment hin- und hergerissen zwischen seiner Verblüffung darüber, dass sie tatsächlich sein Linsencurry probiert hatte, und der schlagartigen Erkenntnis, dass es mit seinem Besuch bei *maaji* heute wahrscheinlich nichts mehr werden würde. *Das Donnerwetter von morgen hörte er jetzt schon.*

Dann zuckte er gleichmütig die Schultern und folgte seiner Kollegin.

* * *

Als Surendra Sinha und Michaela Lux einige Zeit später mit zwei Tüten voller Akten und Notizen das Polizeihaus verließen und die Tür hinter sich schlossen, hörten sie von weitem ein lautes *»Halt, noch nicht zusperren, warten Sie!«*. Die Stimme gehörte einer wohlbeleibten Frau, die eilends auf sie zuhastete und dabei ein Mädchen von etwa fünfzehn Jahren an der Hand hinter sich herzerrte. Sinha unterzog die beiden einer schnellen Musterung; auf den runden Wangen der Frau brannten hektische rote Flecken, und der Gesichtsausdruck des Mädchens verriet bockige Ablehnung und eine gehörige Portion Missmut.

»Tut mir leid«, hörte er neben sich die Stimme von Michaela Lux. »Der Polizeiposten hat heute geschlossen.«

»So ein Unsinn!«, bellte die Frau empört. »Sie waren doch auch gerade drinnen!«

»Wir haben lediglich ein paar Akten abgeholt«, erwiderte Lux. »Wir sind von der Kripo Freiburg und ermitteln in einem Mordfall.«

So weit sind wir jetzt also schon, dachte Sinha mit einem Anflug von Belustigung. *Die Freiburger Kripo hat mich in ihre Reihen integriert.*

»Na und? Polizei ist Polizei!«, schnappte die Frau.

»Eben nicht«, erklärte Lux geduldig. »Wie gesagt, tut mir leid. Sie sehen ja« – sie wies auf die Tafel mit den Öffnungszeiten, die neben dem Eingang angebracht war – »Samstag und Sonntag ist dieser Polizeiposten nicht besetzt. Wenn es wichtig ist, wenden Sie sich bitte an die Kollegen vom Polizeirevier Titisee-Neustadt. Ansonsten ist man hier morgen ab acht Uhr wieder für Sie da.«

»Also das ist doch eine Unverschämtheit!«, zeterte die Frau los. »Wofür zahlen wir eigentlich Steuern? Kein Wunder, dass es mit unserem Land immer mehr bergab geht! Ich meine, wo kommen wir denn da hin? Da wird der Kriminalität doch Tür und Tor geöffnet, wenn die Polizei am Wochenende gemütlich die Füße hochlegt! Stellen Sie sich vor, jemand drischt mir jetzt hier einen über den Schädel – muss ich mich dann erst mal feierlich mit dem Taxi an den Titisee kutschieren lassen, um Anzeige zu erstatten?«

»Für Notfälle gibt es immer noch die 110«, kam Sinha seiner Kollegin zu Hilfe. »Ich verstehe natürlich, dass Sie verärgert sind, weil Sie sich jetzt umsonst auf den Weg gemacht haben …«

»*Verärgert* ist gar kein Ausdruck!«, schimpfte die Frau. »Jetzt kann ich morgen also zusehen, dass ich ein paar Stunden freikriege, damit ich noch mal hierherlatschen kann. Und das alles nur wegen *dir!*«, blaffte sie das Mädchen an, das betont gelangweilt an einem Kaugummi kaute und so tat, als ginge das Ganze sie hinten und vorne nichts an.

»Worum geht es denn überhaupt?«, erkundigte sich Sinha in einem tapferen Versuch, die Situation zu entspannen.

»Ich hab heute im Zimmer von meiner Tochter aufgeräumt.« Die Frau wies mit vielsagendem Blick auf das Mädchen, das sichtlich genervt die Augen verdrehte. »Selber macht die ja nichts, das ist so ein *Saustall* bei der, das glauben Sie nicht! Also *ich* könnt so nicht leben, ich frag mich wirklich, wie die jungen Dinger sich in so einem Chaos überhaupt wohlfühlen können, da findet man doch nichts! Und wenn ich dann wenigstens für ein *bisschen* Ordnung sorge, dann mault sie mich auch noch an! Ich schlag drei Kreuze, wenn die aus der Pubertät endlich wieder raus ist!«

»Sie sind aber doch sicher nicht hier, um Ihre Tochter wegen ihres nicht aufgeräumten Zimmers anzuzeigen, oder?«, fragte Sinha lächelnd.

»Natürlich nicht!«, motzte die Frau, offensichtlich völlig unbeeindruckt von Sinhas Charmeoffensive. »Aber ich hab beim Aufräumen was gefunden und gedacht, das muss ich zur Polizei bringen, denn das ist ganz bestimmt nicht sauber!«

»Ist es wohl!«, ließ sich nun zum ersten Mal ihre Tochter vernehmen, und sie klang ebenso schlechtgelaunt, wie sie aussah.

»Ist es nicht!«, widersprach ihre Mutter im Brustton der Überzeugung.

»Was ist ›es‹ denn?«, warf Sinha ein, der mittlerweile tatsächlich neugierig geworden war.

Die Frau griff in ihre Tasche … zog ihre Hand jedoch wieder zurück und musterte Sinha misstrauisch.

»Sind Sie denn auch wirklich von der Kripo?«, fragte sie plötzlich inquisitorisch. »Nicht dass Sie in Wahrheit zwei Halunken sind, die unsere Polizei ausrauben – und das am helllichten Tag, weil sie ganz genau wissen, dass hier am Wochenende keiner da ist!«

Sinha gluckste. *Die Frau begann ihm Spaß zu machen.*

»Ich weiß ja nicht, was bei den geschätzten Hinterzartener Kollegen zu holen wäre«, erwiderte er. »Aber vor uns sind sie in jedem Fall sicher. Ich bin Kriminalkommissar Surendra Sinha, und das ist meine Kollegin Kriminalkommissarin Michaela Lux. Bitte schön!« Er zeigte der Frau seinen Dienstausweis und stellte fest, dass Lux den ihren vorausschauend ebenfalls bereits gezückt hatte und nun hochhielt. »Dürfen wir im Gegenzug auch Ihren Namen erfahren?«

Der Anblick der beiden Dienstausweise schien die Frau zumindest halbwegs zu beruhigen, auch wenn die Flecken auf ihren Wangen in fröhlichem Rot weiterblühten.

»Monika Brenner«, stellte sie sich vor. »Na schön, dann zeig ich Ihnen, warum ich mir meine Tanja unter den Arm geklemmt habe und mit ihr hierhergekommen bin. Und zwar …« Sie wühlte in ihrer Tasche und zog einen kleinen, weißen Briefumschlag ohne Aufschrift hervor. »Wegen dem hier. Ich hab ein paar Sachen in ihren Schrank geräumt, und da drin hat's ausgeschaut wie Kraut und Rüben, da waren sogar ein paar Klamotten, die Tanja schon mal angehabt und danach *nicht* in die Wäsche gesteckt hat … *getragene* Klamotten im Schrank, einfach zusammengeknüllt und reingestopft, das geht ja wohl gar nicht! Da müffelt doch irgendwann *alles* nach Schweiß, auch die frisch gewaschenen Kleider, und wofür hab ich die dann vorher stundenlang mühsam gebügelt und sorgfältig zusammengelegt? Oh nein, nicht mit mir! Also hab ich die Sachen rausgeholt – und da blitzt mir das hier entgegen. Und jetzt raten Sie mal, was da drin ist!«

»Das gehört *mir!*«, begehrte Tanja auf. »Und du hast *überhaupt* kein Recht, in meinen Sachen zu wühlen, Mama! Das ist …« Sie wandte sich an Sinha. »Das ist doch Hausfriedensbruch, oder?«

Sinha musste seine komplette Selbstbeherrschung aufbieten, um nicht loszuplatzen.

»Nicht wirklich«, antwortete er und bemühte sich um einen seriösen Gesichtsausdruck. »Ich fürchte, dafür wirst du deine Mama nicht belangen können.«

»Sie mich aber auch nicht!«, schoss Tanja zurück. »Der Umschlag und alles, was drin ist, gehört *mir!*«

»Was ist denn nun da drin?«, warf Michaela Lux ein; Sinha registrierte anerkennend, dass sie einen ebenso beschwichtigenden Tonfall anschlug wie er.

»Tausend Euro!«, trompetete Monika Brenner; es klang wie eine unheilverkündende Fanfare. »In bar! Und sie will mir nicht sagen, wo sie die herhat.«

»Ich hab's gespart«, maulte Tanja. »Ist das vielleicht verboten?«

»Von *was* denn?« Monika Brenner stemmte die Hände in die Hüften und sah ihre Tochter mit blitzenden Augen an. »Dein Taschengeld verjubelst du doch immer gleich in der ersten Woche! Wie oft hab ich dir schon finanziell aus der Klemme helfen müssen, weil du wieder mal blank warst! Und jetzt willst du mir erzählen, dass du tausend Euro angespart hast? Da lachen doch die Hühner!«

»Das geht dich *überhaupt* nichts an!« Wütend stampfte Tanja mit dem Fuß auf. »Und jetzt gib mir meine Kohle zurück!«

Sie versuchte, ihrer Mutter den Umschlag zu entreißen. Kurz entschlossen ging Sinha dazwischen und brachte das Corpus Delicti mit einem schnellen, geschickten Griff an sich.

»Einen Moment!«, sagte er, zu Tanja gewandt. »Du musst zugeben, tausend Euro sind für jemanden in deinem Alter eine stattliche Summe, und ich kann verstehen, dass deine Mutter sich fragt, wo die herkommen. Hast du vielleicht einen Ferienjob oder hast du sonst irgendwie gearbeitet?«

Tanja biss sich auf die Lippen und schwieg.

»Na red schon!«, forderte ihre Mutter ungeduldig. »Sonst bist du doch auch nicht so um Worte verlegen!«

»Das ist *meine* Sache!«, fauchte Tanja sie heftig an.

Monika Brenner schnaubte. »Eben nicht!« Sie wandte sich an Sinha und Lux. »Sie müssen wissen, meine Tochter hat schon einmal lange Finger gemacht. Ich sag das wirklich nicht gerne, und es ist mir verdammt unangenehm, aber eine Bekannte von mir hat einen kleinen Laden, und vor zwei Jahren hat Tanja da mal in die Kasse gegriffen und zweihundert Euro rausgeholt! Herrgott im Himmel, war mir das peinlich! Noch dazu hat meine Bekannte das überall rumerzählt, ich hab mich wochenlang nirgends mehr blicken lassen können! Zum Glück war Tanja damals noch nicht vierzehn; wenn ich mir vorstelle, meine Tochter vor Gericht, und dann kommt sie womöglich noch ins Gefängnis – mit den Fingern würden die Leute auf uns zeigen, und am Ende müssten wir noch von hier wegziehen, dabei haben wir so ein schönes Häusle … Willst du das etwa?«, schnauzte sie ihre Tochter an.

»Mein Gott, Mama, du *nervst!*« Mit dieser Feststellung wandte Tanja ihrer Mutter den Rücken zu und verschränkte mit finsterer Miene die Arme vor der Brust.

Sinha hatte den Wortwechsel zwischen Mutter und Tochter aufmerksam verfolgt, doch bevor er nun einen weiteren Versuch starten konnte, die Wogen zu glätten, streckte zu seiner Überraschung Michaela Lux neben ihm die Hand aus und nahm ihm den Umschlag ab.

»Wir kümmern uns um die Angelegenheit, Frau Brenner«, sagte sie ruhig. »Ich gebe Ihnen recht; bei diesen Voraussetzungen ist es zumindest nicht unangebracht, dass die Polizei die Sache untersucht – auch wenn wir selbstverständlich erst mal davon ausgehen, dass Ihre Tochter nichts Unerlaubtes getan hat. Ich schaue morgen sowieso noch einmal bei den Kollegen hier in Hinterzarten vorbei; wenn Sie mir Ihre Personalien geben, dann liefere ich sie mitsamt dem Umschlag bei ihnen ab.«

»Na also, warum nicht gleich so!« Monika Brenners Augenbrauen hoben sich leicht. »Das heißt, wir müssen jetzt nicht noch mal extra hierher kommen?«

»Nein«, lächelte Michaela Lux freundlich. »Wir nehmen uns der Sache an, und die Kollegen melden sich dann bei Ihnen.«

»So ist's recht«, erwiderte Monika Brenner sichtlich zufrieden. Sie diktierte Lux eine Adresse und eine Telefonnummer in den Notizblock, warf ein »Vielen Dank und Ade, die Herrschaften!« in die Runde und zog schließlich mit ihrer übellaunigen Tochter ab.

Sinha sah ihnen kopfschüttelnd nach. Dann warf er einen Blick hinüber zu seiner Freiburger Kollegin, die gerade den Umschlag in ihre Unterlagentüte steckte.

»Darf ich fragen, wieso Sie …«

»Später!«, wehrte sie ab, mit einem Mal angespannt wie eine Stahlfeder. »Schauen Sie – da hinten kommen die Walker-Twins; offenbar sind sie auf dem Heimweg. Nichts wie los, damit wir vor ihnen da sind und sie in Empfang nehmen können! Kommen Sie!«

* * *

Außer Atem erreichten sie Sinhas Domizil, wo sie gerade noch ein paar Minuten Zeit hatten, um sich abzusprechen. Dann ging Sinha hinaus, passte die Walker-Twins ab und bat sie freundlich, zu ihm in seine Wohnung zu kommen, er müsse ihnen unbedingt etwas zeigen. »*Wir machen das besser bei mir und nicht bei ihnen drüben*«, hatte er zu Lux gesagt. »*Hier sind wir auf vertrautem Terrain im Gegensatz zu den beiden Ladys, das verschafft uns zumindest einen kleinen psychologischen Vorteil.*«

Zum Glück erwiesen sich die Walker-Twins als genauso neugierig, wie er es erhofft hatte, und folgten ihm ohne weitere Umstände in seine vier Wände, wo Michaela Lux im Sessel saß und ihnen ruhig entgegenblickte.

»Now what?«, sagte eine der beiden Ladys verblüfft und wandte sich an Sinha. »Ist es das, was Sie uns wollen zeigen, Kay-Kay?«

Sinha erwiderte ihren Blick und schielte dabei so unauffällig wie möglich in den Bereich ihres rechten Ohrläppchens. *Da war es. Ein ganz kleines rundes Muttermal, wie mit einer feinen Pinselspitze hingetupft. Nice to meet you, Kim-Marie.*

»Nein«, entgegnete er ruhig und lehnte sich gegen die geschlossene Wohnzimmertür. »Eigentlich möchte ich Sie auch eher etwas fragen. Wollen Sie nicht Platz nehmen?« Mit einer einladenden Geste wies er auf das Sofa.

»Was soll das?«, fragte Kim-Marie mit gerunzelter Stirn. »Wird das hier eine hearing?«

»In gewisser Weise«, sagte Sinha. »Seit Sie mir vorhin im Skimuseum von Ihrem Vater erzählt haben, geht mir nämlich eine Frage im Kopf herum, auf die ich gerne eine Antwort hätte.«

»Und was wollen Sie wissen?«

Sinha wandte sich an die andere Walker-Lady und inspizierte dabei sicherheitshalber auch bei ihr den Bereich rund um das rechte Ohrläppchen. *Weit und breit kein Leberfleckchen. Hello, Kim-Celine.*

»Als Ihre Schwester mir den *Ginger Inn* Ihres Vaters in so leuchtenden Farben beschrieben hat, da sind Sie plötzlich erstaunlich still geworden«, sagte er zu ihr. »Was sonst gar nicht Ihre Art ist.«

»Just a moment!«, fiel Kim-Marie ihm ins Wort und sah ihn verwundert an. »Wie können Sie wissen, dass es war *ich*, die Sie hat erzählt von daddy?«

»Das tut nichts zur Sache«, versetzte Sinha gleichmütig. »Ich weiß ganz einfach, dass Sie Kim-Marie sind. Und Sie« – sein Blick wanderte wieder zu dem anderen Zwilling – »Kim-Celine.«

Die letzten Zweifel, die ihm bis zuletzt eingeflüstert hatten, dass er womöglich doch auf dem Holzweg war und sich nun restlos blamieren würde, verflogen, als er in die fassungslosen Mienen der Walker-Twins sah.

»Very well«, sagte Kim-Celine plötzlich und setzte sich auf das Sofa. »Sie haben eine sehr gute Auge, Kay-Kay. Und wegen die Sache mit daddy, my sister hat Sie ja schon alles Wichtige erzählt, deshalb ich bin gegangen zu die Kasse, um zu bezahlen. Wir mussen ja nicht immer reden beide zugleich, mussen wir?«

»Natürlich nicht.« Sinha betrachtete sie ernst. »So wie Sie auch nicht immer beide zugleich *handeln* müssen. Manche Dinge … macht man einfach besser allein. Nicht wahr?«

»Stop beating around the bush, will you?« Kim-Celine lehnte sich demonstrativ zurück und schlug die Beine übereinander. »Sagen Sie, was Sie denken!«

Aus den Augenwinkeln heraus registrierte Sinha, dass Kim-Maries Blicke auffallend verständnislos zwischen ihrer Schwester und ihm hin und her wanderten. *Sie hat keine Ahnung, worum es hier geht,* stellte er fest. *Womöglich erweist sich der Flirt mit ihrem heißen Norweger im Nachhinein als ihre Rettung.*

»Also gut«, sagte er zu Kim-Celine. »Sie haben am Donnerstagabend die Eröffnungsparty im Skistadion vorzeitig verlassen. Warum? Waren Sie müde? Sind Sie direkt nach Hause gegangen?«

»No«, erwiderte Kim-Celine ruhig. »Ich habe noch gemacht eine little walk.«

»Einen Spaziergang. Verstehe. Der müsste Sie dann ja eigentlich am Adlerweiher vorbeigeführt haben, nicht wahr?«

»Yes. It did.«

Der offene Blick, mit dem sie ihn unverwandt ansah, verriet Sinha, dass sie ganz genau begriff, worauf seine Fragen zielten. *Sie weiß, in welchen Verdacht sie geraten ist*, dachte er. *Und sie weicht nicht aus, spielt keine Spielchen – sie stellt sich der Situation.* Er ertappte sich dabei, wie er unwillkürlich innerlich den Hut vor ihr zog.

»Nun ist es so«, fuhr er fort, »dass zur gleichen Zeit wie Sie Moira Kerber die Party verlassen hat … und danach offensichtlich ebenfalls am Adlerweiher vorbeigekommen ist, da man sie ja am nächsten Tag tot dort aufgefunden hat. Um exakt zu sein: *Sie* haben sie aufgefunden. Ich frage mich … ob das ein Zufall war.«

Kim-Celine lächelte, und erneut überkam Sinha das Gefühl, dass sie sich über seine Gedankengänge hundertprozentig im Klaren war.

»No«, sagte sie. »Es war kein Zufall. Ich wusste, sie lag dort. Ich habe zu Kim-Marie gesagt, komm, wir gehen zu die Adlerweiher, to feed the duckies. Aber in Wahrheit ich wollte sehen, ob sie ist noch immer da – und wenn noch niemand hatte gefunden ihr, dann *wir* konnten es tun.«

Ihr Lächeln wurde noch breiter.

»Pretty smart, huh? Wenn wir finden die tote girl, niemand wird denken, *wir* haben sie getötet.«

Bei diesen Worten erinnerte sich Sinha an ein Detail, dem er bis dahin keine Beachtung geschenkt hatte – beziehungsweise nicht die richtige.

»Und wenn Sie dann die Tote anfassen und ans Ufer ziehen, und das auch noch der Polizei sagen«, entgegnete er, »dann wird niemand sich wundern, wenn Spuren Ihrer DNA an der Leiche entdeckt werden.«

Kim-Celine schnalzte leicht mit der Zunge. »Sie sind auch very smart, Kay-Kay!«

»Celine!«, platzte es plötzlich laut aus Kim-Marie heraus. »What the hell are you talking about? What did you do to that poor little girl?«

»Poor little girl??« Kim-Celine sprang auf; ihre souveräne Ruhe war mit einem Schlag wie weggeblasen, aus ihren Augen sprach blanker Zorn. »Have you forgotten what she did to us, and to our daddy? She was no poor little girl – she was a *bitch!!!*«

Sinha wechselte einen schnellen Blick mit Michaela Lux. Sie hatte sich die ganze Zeit über wortlos zurückgehalten und machte auch jetzt keinerlei Anstalten, die Leitung der Vernehmung an sich zu reißen. *Sie lässt mir tatsächlich den Vortritt,* dachte er beeindruckt. *Das ist mehr als nur ein Friedensvertrag. Das ist bereits ein handfestes Bündnis.*

Er wandte sich wieder an Kim-Celine. »Und was haben Sie gemacht mit dieser ›bitch‹?«, fragte er ruhig.

Sie sah ihn nachdenklich an. Dann ging sie zum Fenster, stützte die Hände auf das Fensterbrett und blickte hinaus. Sekundenlang fiel kein Wort. Nur ein seltsamer, schluchzender Laut aus der Richtung von Kim-Marie war zu hören.

»Ich habe sie gesehen bei die Party«, begann Kim-Celine schließlich. »Und naturlich ich habe sie sofort erkannt. Als sie war bei der *Ginger Inn* mit ihre Mutter, sie war … she was *so mean*, and impudent … und sie hat gesagt, wir hätten gestohlen ihre Ring, aber for heaven's sake, wir haben *nie* genommen irgendetwas, was gehört hat eine Gast! Wir sind eine honourable Familie, *damn it!* Our poor daddy, er hat so gelitten, als Leute sagten, seine Töchter sind Diebe! Sie haben keine Idee, wie ich habe gehasst diese *bitch.*«

»Doch«, sagte Sinha leise. »Ich kann es mir vorstellen.«

Kim-Celine fuhr herum und starrte ihn an.

»No, you can't«, meinte sie verbissen. »You have no idea.«

Sie atmete tief durch.

»Bei die Party, ich habe gesehen, wie sie hat geschrien mit ihre boyfriend. Dann sie hat geweint und ist gegangen, und ich habe ihr gefolgt. Ich wollte mit ihr reden. Sie sollte zugeben, dass sie hat gelogen und dass Marie und ich sind keine Diebe. An die Weiher, ich habe sie eingeholt. Ich hab sie gestoßen zwischen die Bäume und an die Ufer, weil ich wollte sein allein mit ihr. Jetzt sie hat erkannt auch mich – und sie hat gelacht. Ich habe ihr gesagt, was sie alles hat angetan unsere arme daddy, aber sie hat nur gelacht noch mehr. Sie sagte, daddy und Marie und ich, *we're loser*, wir werden nie gewinnen gegen sie. Sie wird immer wieder sagen, dass wir haben gestohlen die Ring, und alle werden glauben ihr und nicht uns … und dann hat sie mich genannt ein *slut* und ein *dirty old thief.*«

Ihre Hände ballten sich zu Fäusten.

»Da ich habe sie gegeben eine Ohrfeige, und sie hat mich gestoßen mit beide Hände, so dass ich bin gefallen auf die Erde. Unter meine Finger, ich habe gefuhlt eine Stein … und dann ich bin gestanden auf und habe ihr geschlagen der Stein an die Kopf. Nun es war *sie*, die ist gefallen. Aber anders als ich, sie stand *nicht* wieder auf.«

Ihre Stimme war zu einem heiseren Flüstern geworden. Für einen Moment senkte sie den Blick.

»Ich habe ihr *so* gehasst.«

Dann schüttelte sie sich und richtete sich noch einmal hoch auf.

»And I'm not sorry that she's dead. *Not at all.*«

Sie verstummte. Stattdessen brach nun ihre Schwester, die schon die ganze Zeit über unterdrückt geschluchzt hatte, in lautes, hemmungsloses Weinen aus. Spontan ging Sinha zu ihr und legte ihr tröstend eine Hand auf die Schulter; gleichzeitig schaute er hilfesuchend zu Michaela Lux hinüber. Diese nickte unmerklich, erhob sich und erklärte Kim-Celine Walker mit ruhiger, fester Stimme, dass sie vorläufig festgenommen war.

10

Das Sommer-Grand-Prix-Wochenende, auf das Hinterzarten so lange hingearbeitet und -gefiebert hatte, war vorüber. In ganz Deutschland berichteten an diesem Montag die Sportteile der Zeitungen über den internationalen Skisprung-Wettkampf auf der Adlerschanze und auch über den jungen Schwarzwald-Adler, der als Vorspringer so tragisch abgestürzt und nun vollständig gelähmt war. Wer sich am Frühstückstisch oder auf der Fahrt zur Arbeit die »Badische Zeitung« zu Gemüte führte, erfuhr bei dieser Gelegenheit außerdem, dass am Vortag in Hinterzarten im Zusammenhang mit der Adlerweiher-Leiche eine englische Touristin verhaftet worden war.

Surendra Sinha indessen war an diesem Morgen erst einmal auf der Suche nach ganz anderem Lesestoff. Nach den Ereignissen des Vorabends hatte er nicht mehr den Nerv dazu gehabt, seine Mutter zu besuchen; er hatte sie nur noch kurz angerufen und versucht, sich mit Kopfschmerzen herauszureden. Allerdings war ihm völlig klar, dass Zenobia Sinha das nicht gelten lassen würde und dass ihm nachher, wenn er sich wieder zu ihr in die Földiklinik wagte, erst einmal eine saftige Strafpredigt bevorstand. Zum Glück hatte er noch einen Rest von seinem Daal übrig, das nach einem ganzen Tag im Kühlschrank fast noch besser schmeckte als frisch gekocht. Und falls das trotzdem nicht genügen würde, um *maaji* wieder milde zu stimmen, war es wohl besser, noch einen weiteren Trumpf in der Hinterhand zu haben.

Also begab er sich nach dem Morgenkaffee in die kleine, gemütliche Buchhandlung Baeuchle, die er auf einem seiner Spaziergänge durch den Ort entdeckt hatte, und ließ sich von der netten Verkäuferin dort den spannendsten und blutrünstigsten Krimi empfehlen, der auf Lager war. Er wusste, dass seine Mutter in der Klinik neben ihrer eigenen Küche auch ihre heißgeliebten Hindi-Filme vermisste, vor allem die Racheschinken aus den späten 80er und frühen 90er Jahren, in denen, wenn es nach ihr ging, gar nicht genug Filmblut fließen konnte. Manchmal fragte er sich ernsthaft, ob die Tatsache, dass er seit frühester Jugend immer wieder dabei hatte zuschauen dürfen, wie auf der Mattscheibe hundsgemeinen Schurken aller Art (mit welchen Mitteln auch immer) das Handwerk gelegt wurde, am Ende nicht womöglich auch seine Berufswahl beeinflusst hatte. Und es würde einer gewissen Ironie nicht entbehren, wenn ausgerechnet seine Mutter ihn indirekt zu dem Beruf animiert hatte, dem sie jetzt mit die Schuld dafür gab, dass sie noch immer ohne Schwiegertochter war.

Natürlich konnten Kriminalromane für Zenobia Sinha bestenfalls ein notdürftiger Ersatz für trashige Actionfilme sein, und es gehörte viel dazu, um sie über mehr als hundert Seiten bei der Stange zu halten. Surendra Sinha hoffte dennoch, dass der Krimi, für den er sich schließlich entschied (die Verkäuferin versicherte ihm, es gebe darin vier Leichen, und zwei davon finde man blutig zerstückelt auf), nicht das Schicksal seines Vorgängers teilen und mit dem Prädikat *»sterbenslangweilig«* ungelesen auf *maajis* Kliniknachttisch enden würde.

Als er bezahlte, fiel sein Blick auf eine aufgeschlagene Zeitung, die an der Kasse lag. Neben einem Artikel mit der Überschrift *Mörderin gefasst!* war ein Schwarzweiß-Foto eingefügt worden, das etwas unscharf, aber dennoch deutlich erkennbar die Walker-Twins zeigte; den Sprungschanzen und den fröhlich feiernden Menschen im Hintergrund nach zu urteilen war es bei einer der beiden Partys im Skistadion entstanden, und vermutlich waren die Zwillingsladys nur zufällig mit ins Bild geraten, denn sie schauten nicht direkt in die Kamera.

Sinha runzelte die Stirn beim Anblick dieses Bildes. *Da war jemand in der Redaktion aber ganz fix gewesen.* Vermutlich hatte ein Mitarbeiter sich nach Bekanntwerden der Festnahme von

Kim-Celine Walker durch sämtliche zugänglichen Partyfotos hindurchgeklickt und tatsächlich das Glück gehabt, auf eines zu stoßen, auf dem die beiden englischen Damen zu sehen waren.

»Unglaublich, nicht wahr?«, hörte er neben sich die Stimme der Verkäuferin und sah hoch. Sie wies mit den Blicken auf den Artikel und das Bild. »So was von Ähnlichkeit! Da kann man nur hoffen, dass die Polizei tatsächlich die Richtige verhaftet hat – nicht dass jetzt die Falsche im Knast landet. Wobei, vielleicht waren sie's ja auch alle beide. Zwillinge halten doch immer zusammen!«

»Nicht zwangsläufig«, versetzte Sinha, während in seinem Inneren schlagartig eine kleine Alarmglocke schrillte. *Er sollte Kim-Marie Walker dringend empfehlen, an diesem Tag besser im Haus zu bleiben.* »Man hat schon Zwillinge erlebt, die trotz ihrer äußeren Ähnlichkeit so verschieden waren wie Tag und Nacht; manche waren sogar Todfeinde und haben einander bis aufs Blut bekämpft. Und wenn die Polizei jetzt nur *eine* der beiden Damen festgenommen hat, dann liegen gegen die andere offensichtlich keine Verdachtsmomente vor.«

Die Verkäuferin legte den Kopf leicht schräg. »Sie scheinen sich auszukennen«, stellte sie fest.

»Ach was«, meinte Sinha ausweichend. »Ich lese lediglich viel. Krimilesen bildet.«

»Da haben Sie recht.« Die Verkäuferin reichte ihm mit einem Lächeln eine kleine Plastiktüte mit seinem Einkauf. »Und jetzt können Sie sich wieder weiterbilden. Viel Spaß beim Lesen!«

»Werd ich haben.« Sinha nahm die Tüte entgegen und wies mit dem Kinn auf den Artikel. »Übrigens, was für ein Blatt ist das?«

»Die ›Badische Zeitung‹.«

»Danke.«

Er verabschiedete sich, verließ die Buchhandlung und ging schnell in Richtung Bahnhof, wo er eine Ausgabe der »Badischen Zeitung« erstand. Hastig überflog er den Text neben dem Foto mit den Walker-Twins. Es war nur eine kurze Meldung, noch ohne irgendwelche Details; die würden wohl in den nächsten Tagen nach und nach folgen. Michaela Lux' Name wurde nicht erwähnt, ebenso wenig wie der von Peter Schobinger … aber was ungleich wichtiger war: auch der seine nicht, und er registrierte es mit großer Erleichterung. Er hatte am Abend zuvor seine Freiburger Kollegin dringend gebeten, ihn aus der Sache komplett herauszuhalten. Zwar würde er, wenn er in zwei Tagen an den Bodensee zurückkehrte, seinem Vorgesetzten über seinen unvorhergesehenen Einsatz im Schwarzwald Bericht erstatten, aber es war mit Sicherheit besser, den Eindruck einer offiziellen Zusammenarbeit, die so niemals abgesprochen oder gar angefordert worden war, in der Öffentlichkeit vorerst zu vermeiden.

Er blätterte weiter zu dem Sportteil, wo auf mehreren Seiten ausführlich und mit vielen Bildern über das Sommerskispringen berichtet wurde. Obwohl er damit gerechnet hatte, blieb ihm für eine Sekunde das Herz stehen, als ihm dabei plötzlich ein großes Foto ins Auge stach, auf dem sich mehrere Menschen um eine im Auslaufbereich der Schanze liegende Gestalt bemühten. Er stellte fest, dass man Daniel Schobingers Horrorsturz fast eine ganze Seite gewidmet hatte, mit Spaltentexten über die bisherigen Erfolge des jungen Talents aus der Region, über seinen Vater, den Kommissar, und natürlich – wie sollte es auch anders sein – über den Verdacht, in den er nach dem Unfall von Marc Wegener geraten war. Und als wäre das noch nicht genug gewesen, wurde ganz unten auf der Seite in einem Extra-Artikel auch noch der Drogenfund bei Jonas Steigenberger ausgeschlachtet, durch den es überhaupt erst zu Daniels verhängnisvollem Sprung gekommen war.

Sinha schlug die Zeitung zu und knüllte die dünnen Papierseiten wütend zusammen. *Verdammt. Was für ein gefundenes Fressen für die Medienhyänen! Hoffentlich hatten sie wenigstens genügend Anstand, nicht gleich in voller Einsatzstärke an Daniels Krankenhausbett aufzuschlagen.*

»Guten Morgen, Herr Kommissar! Na, schauen Sie nach, ob die Zeitung mehr weiß als Sie?«

Die dröhnende Stimme mit hörbar ironischem Unterton erkannte er auf der Stelle. Als er aufblickte, sah er Karsten Wegener auf sich zukommen, mit seinem jüngeren Sohn Stefan im Schlepptau.

»Guten Morgen, die Herren«, grüßte er zurück und beschloss, auf die herablassende Zusatzbemerkung des Hotelbesitzers gar nicht erst einzugehen.

Der jedoch schien entschlossen, sein Oberwasser auszukosten. »Ich hoffe, Sie und Ihre Kollegen haben jetzt begriffen, dass wir mit dem Tod des kleinen Kerber-Luders nichts zu tun haben«, erklärte er genüsslich. »Und dass Sie uns ab sofort mit jeglichem Nachhaken zu diesem Thema verschonen.«

»Das kann ich Ihnen nicht versprechen«, erwiderte Sinha kühl. »Auch wenn es bei dem Mordfall jetzt eine mutmaßliche Täterin gibt – das ändert nichts daran, dass im Zusammenhang mit Moira noch ein weiterer Vorwurf im Raum steht. Und wenn ich richtig informiert bin, dann hat Ihr Sohn diesbezüglich bei der Polizei doch ziemlich eindeutig ausgesagt, oder?«

»Hören Sie auf!« Karsten Wegeners Gesicht rötete sich bedrohlich. »Das war eine bodenlose Frechheit, gegen die ich auf jeden Fall noch juristisch vorgehen werde. Was diese Kommissarin da mit meinem Sohn gemacht hat, meine ich. Sie hat ihn ja geradezu *genötigt*, sich schuldig zu bekennen und Dinge zuzugeben, die *so* nie stimmen!«

»Ach!« Sinha konnte nicht verhindern, dass nun auch in seinem Tonfall eine gehörige Portion Ironie mitschwang. »Und wie stimmen sie dann?«

»Sie hat es doch so gewollt!«, warf Stefan Wegener mit aufreizender Gelassenheit ein. »Sie hat mir vom ersten Moment an schöne Augen gemacht und mich ständig angemacht; sprich: Sie hat mir ganz klar signalisiert, dass sie scharf auf mich ist. Und danach beschwert sie sich, wenn ich darauf eingehe und ihr den

Gefallen tun will. *Weiber!*« Das letzte Wort begleitete er mit einem abschätzigen Schnauben.

Empörung wallte in Sinha hoch. Von dem netten, sympathischen Jungen, den er drei Tage zuvor im Sporthotel *Schanzenberg* kennengelernt hatte, war zumindest in diesem Moment nicht viel übriggeblieben, und er verspürte die absurde Lust, ihm eine runterzuhauen. Instinktiv dachte er an den kosmischen Urlaut *Om* und atmete tief durch, um sich wieder zu beruhigen.

»Sie denken aber schon auch daran, dass Moira jetzt tot ist?«, brachte er gepresst hervor.

»Na und?«, erwiderte Stefan Wegener mit einer Arroganz, die fast noch mehr nach Ohrfeigen schrie. »Ich bin sicher, diese englische Tussi hatte einen guten Grund, ihr den Schädel einzuschlagen. Bloß gut, dass man sie jetzt erwischt hat, dann glaubt man uns hoffentlich wenigstens endlich, dass wir nichts damit zu tun haben. Ich meine, ich hab's ja gleich gesagt, dass ich's nicht war.«

»Ja«, entgegnete Sinha mit einem Hauch von Sarkasmus. »*Das* waren Sie nicht.«

»Jetzt passen Sie mal auf, Herr Kommissar!« Karsten Wegener trat nahe an ihn heran; die zornroten Flecken auf seinen Wangen erinnerten Sinha mittlerweile frappierend an die zankwütige Frau Brenner mit ihrer auf so fragwürdige Weise neureich gewordenen Tochter. »Wenn Sie nicht aufhören, gegen meinen Sohn zu stänkern, dann zieh ich hier andere Saiten auf! Das können Sie auch Ihrer neunmalklugen Kollegin ausrichten. Lassen Sie meinen Stefan in Ruhe, sonst gibt es eine Anzeige wegen Verleumdung … oder übler Nachrede, wie immer man das in diesem verfluchten Juristendeutsch nennt. Oder haben Sie *irgendwelche* Beweise gegen ihn?«

»Nein«, gab Sinha verbissen zu. »*Noch* nicht.«

Der Zusatz war natürlich nichts als ein frustrierter Versuch, in diesem Moment wenigstens halbwegs das Gesicht zu wahren und nicht vollkommen klein beigeben zu müssen, und den hämischen Mienen der beiden Wegeners nach zu urteilen war ihnen das wohl leider genauso klar wie ihm selbst.

»Sagen Sie uns Bescheid, wenn es so weit ist«, sagte Karsten Wegener mit einem Grinsen, in dem ebenso viel Triumph lag wie in seinem Tonfall. »Schönen Tag noch, Herr Kommissar!«

Und damit setzten Vater und Sohn Wegener ihren Weg fröhlich fort. Stumm und resignierend starrte Sinha auf die zerknüllte Zeitung in seiner Hand. Er gestand sich ein, dass man die Frage, wer wie viel Anteil an der sexuellen Belästigung damals im *Schanzenberg* hatte, nun, nach Moiras Tod, wohl nie mehr zweifelsfrei würde klären können – und dass Stefan deshalb im Falle seiner Schuld (von der Sinha ziemlich überzeugt war) ungeschoren davonkommen würde.

Es waren Momente wie diese, in denen er am Sinn seiner beruflichen Tätigkeit gerne ein wenig zu zweifeln pflegte. *»Kopf hoch, Surendra – Wolken ziehen vorüber, und die Sonne scheint jeden Tag«*, hatte sein ehemaliger Kollege Frank Hasemann in solchen Situationen immer zu ihm gesagt. Damit hatte er Sinhas persönliche dunkle Wolken zwar nicht jedes Mal sofort vertrieben, aber immerhin war es ihm meistens gelungen, ihn wieder zum Lächeln zu bringen. *Und sei es nur, weil dieses Zitat ausgerechnet von Tagore stammte.*

Sinha seufzte leise. Frank Hasemann fehlte ihm; der freundliche alte Mann, der mit langjähriger Berufserfahrung ebenso gesegnet war wie mit Lebensweisheit, war in der Zeit ihrer Zusammenarbeit in Friedrichshafen trotz des Altersunterschieds von gut dreißig Jahren zu seinem engsten Freund geworden. Seit seiner Pensionierung im vergangenen Jahr hatte er sich jedoch auf die Schwäbische Alb zurückgezogen, wo er das Haus seiner Eltern geerbt hatte. Und leider fand Sinha nicht annähernd so häufig Zeit und Gelegenheit, ihn dort zu besuchen, wie er sich das gewünscht hätte. Er beschloss, möglichst bald mal wieder zu versuchen, ein verlängertes Wochenende für ihn freizuschaufeln.

Die Aussicht auf ein paar ruhige Stunden bei seinem klugen alten Freund mit dem gut gefüllten Weinkeller besserte Surendra Sinhas Stimmung wieder ein wenig. Er sah sich nach einem Papierkorb um; als er schließlich einen fand, stopfte er seine Ausgabe der »Badischen Zeitung« hinein und versuchte, sich vorzustellen, wie er sich damit zugleich von allem befreite, was ihn in den vergangenen Tagen beschäftigt hatte, seit ihn schrille Hilfeschreie von seiner Schwarzwälder Kirschtorte im Café Diva weggerissen hatten … und was auf diesen Zeitungsseiten in Wort und Bild seinen Niederschlag gefunden hatte. *Weg damit. Es war vorüber.*

Gerade als er sich auf den Weg zurück zum Ferienhaus *Sonnenblume* machen wollte, sah er aus der Richtung des Bahnhofs eine Frau kommen, die ihm bekannt vorkam. *Gut sitzendes schwarzes Kostüm, Pumps in der gleichen Farbe, stylischer Haarschnitt, Sonnenbrille mit dezentem Glitzersteinbesatz.* Die Sonnenbrille erschwerte ihm das Wiedererkennen ein wenig, dennoch war er sich ziemlich sicher, Carolin Kerber vor sich zu haben. Spontan fragte er sich, was sie hier in Hinterzarten noch einmal wollte. Sich mit den Wegeners aussöhnen? Das konnte er sich nicht wirklich vorstellen; eher schon, dass sie einfach nur gekommen war, um eine Kerze an dem Ort anzuzünden, an dem ihre Tochter getötet worden war. Oder dass sie … *verflixt noch mal, hoffentlich nicht. Und wenn doch, dann war das ein Grund mehr, jetzt ganz schnell Kim-Marie Walker aufzusuchen.*

Er wandte Carolin Kerber den Rücken zu in der Hoffnung, dass sie ihn gar nicht erst gesehen, und wenn doch, dann nicht erkannt hatte – und blieb wie angewurzelt stehen.

Das durfte nicht wahr sein. Speaking of the devil.

Um die Ecke kam Kim-Marie Walker gebogen, blass und mit seltsam erloschenem Gesichtsausdruck. Als sie Sinha erblickte, zuckte sie zusammen und blieb stehen, offenbar unschlüssig, wie sie sich ihm gegenüber verhalten sollte. Doch noch ehe er auf sie zugehen und ihr raten konnte, einen anderen Weg zu nehmen oder, besser noch, möglichst rasch wieder nach Hause zu gehen, geschah genau das, was er hatte kommen sehen.

»Sie verfluchte *Mörderin!!!*«

Die Stimme hätte er jederzeit wiedererkannt; ihr verzweifeltes »*Wo ist mein Kind?*« hallte noch immer in seinem Inneren wider wie ein qualvolles Echo. Jetzt aber war sie schrill und voller Zorn. Er brauchte gar nicht erst herumzuwirbeln, denn im gleichen Moment schoss Carolin Kerber an ihm vorbei und auf Kim-Marie Walker zu, und noch ehe diese oder Sinha selbst reagieren konnten, hatte sie der Engländerin eine schallende Ohrfeige verpasst.

»Sind Sie verrückt?« Sofort packte Sinha zu und hielt die Journalistin von hinten fest, bevor sie ein zweites Mal zuschlagen konnte. »Bei allem Verständnis für Ihre Trauer, aber das geht nicht!«

»Lassen Sie mich los!«, fauchte Carolin Kerber und wehrte sich heftig gegen Sinhas Klammergriff.

»Nicht, solange Sie weiter so toben«, versetzte Sinha, während er mit einem Anflug von milder Verzweiflung feststellte, dass um sie herum bereits die ersten Passanten neugierig stehengeblieben waren. Kim-Marie Walker war zur Salzsäule erstarrt, offenbar zu geschockt, um auch nur die Hand gegen die mit Sicherheit schmerzende Wange zu pressen.

»Soll ich etwa ruhig zusehen, wie diese Person frei herumläuft?«, zeterte Carolin Kerber. »Eine Diebin und Mörderin?«

»Kim-Marie Walker ist weder eine Diebin noch eine Mörderin.« Sinha erhob die Stimme merklich, denn das, was er jetzt sagte, durften ruhig alle hören, die da gerade lange Ohren machten und die wie paralysiert dastehende Engländerin mit so neugierigen wie abschätzigen Blicken musterten. »Sie hat damals den Ring von Moira nicht gestohlen, ebenso wenig wie ihre Schwester. Wenn Sie das Tagebuch Ihrer Tochter aufmerksam durchgelesen haben, dann sollten Sie das eigentlich auch wissen. Und mit Moiras Tod hat diese Frau hier ebenfalls nichts zu tun; sie war nachweislich im Skistadion, als der Mord geschah.«

»Das ist mir egal!«, zischte Carolin Kerber und machte einen weiteren vergeblichen Versuch, sich aus Sinhas eisernem Griff zu befreien. »Diese beiden Schwestern haben doch schon damals in London ständig alles zusammen gemacht, da hat die eine immer ganz genau gewusst, was die andere denkt, sagt und tut. Vielleicht hat die da tatsächlich nicht selbst die Hand gegen mein Kind erhoben – aber *gewusst* hat sie mit Sicherheit davon, da geh ich jede Wette ein. Und damit ist sie genauso schuldig wie ihre verfluchte Schwester!«

»Verdammt noch mal, hören Sie auf!«, fuhr Sinha sie an. »Das ist ja Sippenhaft, was Sie hier veranstalten, und das lass ich nicht durchgehen, ist das klar? Sie können froh sein, wenn Mrs Walker Sie nicht wegen Körperverletzung anzeigt, ganz zu schweigen von den ganzen Beleidigungen, die Sie hier gerade gegen sie losgelassen haben. Und apropos loslassen – wenn Sie nicht wollen, dass ich Sie so lange hier festhalte, bis jemand die Polizei ruft und die Kollegen mit Handschellen anrücken, dann beruhigen Sie sich endlich! Sie sind doch eine erwachsene Frau, Himmel noch mal!«

Die Miniatur-Standpauke zeigte erstaunlicherweise tatsächlich Wirkung. Carolin Kerbers Widerstand ließ merklich nach, und als Sinha sie probeweise losließ, machte sie keinerlei Anstalten, erneut auf Kim-Marie Walker loszugehen.

»Gut«, sagte Sinha, bemüht, sich seine Erleichterung nicht anmerken zu lassen. »Darf ich dann auch davon ausgehen, dass Sie keine weiteren Vorwürfe mehr gegen die Damen Walker verbreiten werden wegen dieses Diebstahls, den sie ja nun definitiv nicht begangen haben?«

Carolin Kerber presste die Lippen zu einem dünnen Strich zusammen und nickte.

»Und dass Sie Kim-Marie Walker nicht mehr als Mörderin bezeichnen – auch nicht anderen gegenüber?«, hakte Sinha unerbittlich nach.

»Jetzt lassen Sie mich doch endlich in Ruhe!«, explodierte Carolin Kerber plötzlich. »Sie tun ja gerade so, als wäre *ich* die

Verbrecherin hier! Also schön, Kim-*Marie* ist *keine* Mörderin. Zufrieden?«

»Wenn Sie das ehrlich meinen, ja«, erwiderte Sinha und schloss gleichzeitig mit sich selbst eine Wette ab, ob er nun der Nächste sein würde, der eine Kerbersche Ohrfeige bekam.

Carolin Kerber begnügte sich diesmal jedoch mit einem verächtlichen Schnauben.

»Sie können mir vielleicht vorschreiben, wie ich mich anderen gegenüber verhalten soll«, sagte sie giftig. »Aber die Gedanken sind frei. Und deshalb wird mir ganz bestimmt niemand jemals vorschreiben, was ich *denken* soll – vor allem nicht, was ich über andere Leute denke. Weder Sie noch sonst irgendjemand.« Ihre Augen waren so kalt wie Eis. »Und jetzt entschuldigen Sie mich bitte. Ich habe Wichtigeres zu tun als mich mit Ihnen herumzustreiten oder am Ende auch noch mit dieser Person da. Wenn sie mich tatsächlich anzeigen will – von mir aus, soll sie. Ich habe einen guten Anwalt. Und ganz ehrlich: Das war's mir wert. Es hat verdammt *gutgetan*. Selbst wenn's vielleicht die falsche Walkerin war. *So what*. Letzten Endes ist da ja doch die eine wie die andere.«

Kim-Marie Walker duckte sich unwillkürlich, als Carolin Kerber auch sie noch einmal mit einem finsteren Blick bedachte. Dann rauschte Moiras Mutter ab … in Richtung Adlerweiher, wie Sinha sofort registrierte; er war überzeugt, dass er mit seiner Vermutung recht gehabt hatte: Wahrscheinlich steckten in Carolin Kerbers Handtasche eine oder mehrere Grabkerzen, die sie an der schilfbewachsenen Stelle entzünden wollte, wo wenige Tage zuvor ihre Tochter zu Tode gekommen war.

Sie verdiente sein Mitgefühl. Gar keine Frage. Sie war eine Mutter, die ihr Kind verloren hatte, und das war furchtbar. *Aber verdammt noch mal, leicht machte sie es ihm nicht.*

Er stieß einen kleinen, traurigen Seufzer aus und wandte sich dann an die Frau, der sein Mitgefühl zu schenken ihm im Moment entschieden leichter fiel.

»Kommen Sie, Kim-Marie. Ich begleite Sie nach Hause.«

11

Es gelang Surendra Sinha, Kim-Marie Walker zurück in die *Sonnenblume* zu lotsen, ohne dass sie sich auf dem Weg dorthin weiteren Anfeindungen ausgesetzt sah. Zwar schienen einige Passanten sie zu erkennen, aber sie begnügten sich damit, ihr verstohlene Seitenblicke zuzuwerfen, und verkniffen sich abfällige oder anklagende Bemerkungen. Sinha war durchaus geneigt, diese Tatsache seiner Präsenz an der Seite der noch immer stark eingeschüchterten Lady zuzuschreiben; vor allem jedoch war er darüber ebenso erleichtert wie Kim-Marie Walker selbst.

Er atmete innerlich auf, als sie das Ferienhaus erreicht hatten und es Kim-Marie Walker nach zwei vergeblichen Ansätzen endlich gelungen war, den Wohnungsschlüssel mit zitternden Fingern in das Türschloss zu schieben. Langsam drehte sie ihn herum, bis die Tür sich mit einem Klicken öffnete.

»Danke«, sagte sie leise, ohne ihn anzusehen. Es war das erste Wort, das Sinha an diesem Tag von ihr hörte.

»Keine Ursache«, erwiderte er und stellte zu seiner nicht geringen Verlegenheit fest, dass seine Stimme belegt war.

Kim-Marie Walker hatte die Tür so weit aufgeschoben, dass sie die Wohnung betreten konnte. In der vertrauten Umgebung und der Sicherheit der – wenn auch nur vorübergehend – eigenen vier Wände schien sie sich ein wenig zu entspannen, aber als sie sich nun zu ihm umwandte, sah Sinha deutlich, wie tief die Ereignisse der vergangenen Stunden sie erschüttert hatten. Von der fröhlichen, vor Lebenslust übersprudelnden Frau war nichts mehr übrig.

»Die Frau … wenn Sie treffen ihr again, sagen Sie ihr, ich werde ihr nicht anzeigen wegen die … die slap in the face. Ich will keine weitere trouble mit die police und die justice hier in Germany. Es ist schlimm genug, das mit Celine.«

Sinha nickte wortlos. Er fühlte sich von Sekunde zu Sekunde weniger wohl in seiner Haut. Immerhin war *er* es gewesen, der Kim-Celine Walker hatte auffliegen lassen, und er fragte sich, wie viel Mitschuld die Lady mit dem Leberfleckchen unter dem rechten Ohr wohl ihm an dem *trouble* gab, der über sie und ihre Zwillingsschwester hereingebrochen war.

Er hätte sie gerne gefragt, ob sie Hilfe brauchte, ob sie zurechtkam mit dieser Situation, noch dazu in einem Land, dessen Sprache sie nicht perfekt beherrschte. Hatte man ihr bei der Polizei begreiflich machen können, dass ihre Schwester das Recht auf einen Anwalt hatte? Wusste sie, wo und wie sie ihr einen verschaffen konnte? War ihr überhaupt klar, wie es für sie beide weitergehen würde und was sie nun tun sollte? Oder war sie vollkommen rat- und hilflos, ohne einen Menschen an ihrer Seite, der sie stützte, nötigenfalls auffing und die Dinge für sie in die Hand nahm?

Aber selbst wenn – dann war es nicht an ihm, sich dafür anzubieten, so gern er es auch getan hätte. Für Kim-Marie Walker war er jetzt nicht mehr der nette *Kay-Kay*, mit dem man sich locker-flockig unterhielt und den man zum Skisprung-Fan zu bekehren versuchte. Er war Kriminalkommissar Surendra Sinha, der ihre Schwester überführt und dazu gebracht hatte, ein Tötungsdelikt zuzugeben. Sie jetzt zu fragen, ob er ihr deswegen beistehen konnte, wäre unter diesen Umständen wohl mehr als unangebracht gewesen … um nicht zu sagen absurd.

Die Sekunden tödlich verlegenen Schweigens zwischen Tür und Angel dehnten sich zu gefühlten Minuten, bis Kim-Marie Walker schließlich den Blick senkte und mit einem kaum hörbaren »Bye« die Wohnungstür von innen schloss.

Eine Weile blieb Sinha regungslos stehen, versucht, seine ganzen Überlegungen über den Haufen zu werfen, auf die Türklingel zu drücken und sich doch noch als Helfer in der Not anzubieten. Für einen Moment bildete er sich sogar ein, dass Kim-Marie Walker genau das von ihm erhoffte.

Dann wandte er sich ab und zog sich niedergeschlagen in sein eigenes Domizil zurück.

* * *

Wenig später saß er an seinem Küchentisch, in der Hand die Tasse mit dem kalten Rest seines Morgenkaffees, und starrte auf die Tischplatte hinunter. Die kleine Plastiktüte mit dem Krimi, die er dort abgelegt hatte, erinnerte ihn mahnend daran, dass er seine in der Klinik schmorende *maaji* an diesem Tag besser nicht schon wieder versetzen sollte. Andererseits konnte er eine vermutlich ziemlich übelgelaunte Mutter, die ihn erst einmal lang und breit anmaulte, warum er sich denn gar nicht mehr bei ihr blicken ließ, im Moment überhaupt nicht gebrauchen. Er wusste nicht, wann er sich das letzte Mal dermaßen mies gefühlt hatte.

Abgesehen von … aber daran wollte er erst recht nicht denken. Grundsätzlich nicht, und schon gar nicht jetzt.

Er trank den Kaffeerest aus. Er schmeckte schal und abgestanden und verstärkte sein Unbehagen noch, statt es zu mildern. Mit einem Mal wünschte er sich Billi herbei, den warmen kleinen Katzenkörper auf seinem Schoß, das zufriedene Schnurren, während seine Hand über das weiche Fell glitt. Vielleicht würde ihn das beruhigen, ihn wieder ein wenig ins mentale Gleichgewicht bringen, das ihm gerade nach und nach abhanden zu kommen drohte. *»Deine Empathie ist deine größte Stärke – und zugleich deine größte Schwäche«*, hatte Frank Hasemann einmal zu ihm gesagt. *»Du kannst dich in die Menschen hineinfühlen, das ist eine gute Gabe für einen Kommissar – solange er ermittelt. Aber du kannst sie danach nicht mehr loslassen, und das wird dich früher oder später aufzehren. Daran musst du arbeiten, Surendra, oder du wirst nicht alt in diesem Job.«*

Sinha schloss die Augen. Sein Freund hatte ja recht. Irgendwie. Aber das änderte nichts daran, dass er jetzt ununterbrochen darüber nachdachte, was wohl in Kim-Marie Walker vorging und wie sie mit ihrer Situation zurechtkam. Und dass er den geradezu törichten Wunsch verspürte, ihr zu helfen. *Ausgerechnet er.*

Er fühlte einen seltsam vertrauten Gegenstand in den Fingern seiner rechten Hand und stellte fest, dass er, ohne es zu merken, sein Smartphone hervorgeholt hatte. Einen Moment lang betrachtete er unschlüssig das schwarze Display, dann aktivierte er es mit plötzlichem Entschluss, öffnete die Kontaktliste und wählte die Nummer seines alten Freundes.

»Hasemann?«

Allein schon die vertraute Stimme sorgte dafür, dass Sinha sich schlagartig ein klein wenig besser fühlte.

»Hier Surendra. Hallo, Frank!«

»Ja, hallo, mein Lieber, gibt's dich auch noch? Schön, dich mal wieder zu hören! Wie geht's dir, steckst du gerade in einem verzwickten Fall und brauchst einen guten Rat?«

»Nicht ganz«, erwiderte Sinha. »In gewisser Weise hab ich gerade einen Fall abgeschlossen. Und das, obwohl ich eigentlich Urlaub habe und es gar nicht mein Fall war. Aber ein guter Rat wär schön.«

»Na, dann lass mal hören, Surendra! Vielleicht kann ich dir ja was Gutes tun.«

Sinha merkte, wie sich seine Mundwinkel ein klein wenig hoben. *Surendra.* Frank Hasemann war einer der wenigen Kollegen, die sich die Mühe machten, Sinhas Vornamen vollständig auszusprechen, und ihn nicht der Einfachheit halber lapidar auf *Suri* abkürzten. *»Ich mag es ja auch nicht, wenn man mich ›Hasi‹ nennt«,* hatte er augenzwinkernd erklärt, als Sinha ihn einmal darauf angesprochen hatte. Rückblickend betrachtet war es wohl genau dieser Augenblick gewesen, in dem ihre Freundschaft ihren Anfang genommen hatte.

»Das wär schön«, erwiderte er nun und gab seinem Freund eine kurze Zusammenfassung der Ereignisse, die dazu geführt hatten, dass er nun in einer Ferienwohnung in Hinterzarten saß und sich Sorgen machte um die Schwester einer Frau, die er als mutmaßliche Mörderin der Polizei ausgeliefert hatte.

Frank Hasemann hörte ihm zu, ohne ihn ein einziges Mal zu unterbrechen. Danach schwieg er eine Weile, während Sinhas Nerven sich immer mehr zum Zerreißen anspannten, und gab schließlich einen sehr deutlichen Seufzer von sich.

»Dein altes Problem also, Surendra, ja?«

»Sieht so aus. Ich weiß, du hast mir oft genug darüber gepredigt. Aber was soll ich machen, ich kann's nicht abstellen.«

Zu seiner Überraschung reagierte Frank Hasemann mit einem Glucksen, das ziemlich amüsiert klang. »Wär ja auch schlimm, wenn du's könntest. Du bist schließlich kein Commander Data, der bei Bedarf mal eben den Kopf leicht schräg legt und einen seiner Schaltkreise umprogrammiert.«

Jetzt war es Sinha, dem ein leises Glucksen entfuhr. Frank Hasemanns Faible für die TV-Serie *Star Trek – The Next Generation* und vor allem für den Androiden Data war in der gesamten K1 Friedrichshafen legendär gewesen.

»Oder seinen Emotions-Chip deaktiviert«, ergänzte er. »Wobei Captain Picard nicht der Einzige ist, der Data um diese Fähigkeit beneidet. Manchmal wünschte ich mir auch, ich hätte einen Emotions-Chip, den ich zwischendurch einfach abschalten kann.«

»Um eine gefühllose Maschine zu werden? Unsinn!«, entgegnete Frank Hasemann trocken. »Dann wärst du ja nicht mehr der Surendra, dessen Empathie beim Lösen verzwickter Fälle oft seine stärkste Waffe ist.«

»Sagt ausgerechnet der Mann, der mir in Friedrichshafen nächtelange Vorträge darüber gehalten hat, dass meine Empathie mein größter *Fehler* ist und mich frühzeitig in die Berufsunfähigkeit katapultieren wird, wenn ich nichts dagegen tue.«

»Was kümmert mich mein Geschwätz von gestern.« Es war zu hören, dass Frank Hasemann schmunzelte. »Vergiss nicht, dass ich jetzt im Ruhestand bin. Da kann ich es mir erlauben, so manches entschieden gelassener zu sehen.«

»Was heißt das im Klartext?«

»Das heißt, dass ich, solange ich noch im Dienst war, viel zu oft versucht habe, dir meine Maske überzustülpen«, versetzte Frank Hasemann. »Im Gegensatz zu dir hab ich diese Emotions-Chip-Methode nämlich ganz gut beherrscht. Natürlich hat auch mir immer mal wieder ein Täter im Grunde leidgetan, von seinen Angehörigen ganz zu schweigen, und frag mich nicht, wie oft mich dann das Gewissen gestochen hat, wenn ich einen Fall gelöst hatte und Menschen vor einem Scherbenhaufen sah, den ich in gewisser Weise mit verursacht hatte. Allerdings hab ich mir nie erlaubt, mich davon vereinnahmen zu lassen. Ich hab es mit der Zeit gelernt, in solchen Situationen einen Schlussstrich zu ziehen, den Fall abzuhaken und meine Aufmerksamkeit gleich wieder anderen Dingen zuzuwenden. Aber anfangs war's mir noch ähnlich gegangen wie dir, deshalb hab ich dich auch so gut verstanden – und eben *weil* ich wusste, wie belastend zu viel Einfühlungsvermögen sein kann, hab ich immer so auf dich eingeredet, dass du's so machen sollst wie ich und dein Mitgefühl für dich behältst. Oder zumindest besser dosierst.«

»Und jetzt siehst du das anders?«

»Teilweise. Natürlich bin ich immer noch der Ansicht, dass zu viel Empathie tödlich für einen Kriminalkommissar sein kann. Aber ich kann nicht von dir verlangen, dass du dich völlig verbiegst, nur um so zu werden wie ich … beziehungsweise wie ich mir vorstelle, dass ein Kommissar sein soll. Du musst machen, was *du* für richtig hältst, Surendra – nicht was ich für richtig halte, oder dein Vorgesetzter oder wer auch immer. Sonst gehst du irgendwann genauso drauf wie durch zu viel Mitleid mit den ›Opfern‹ deiner Tätigkeit.«

»Na toll.« Sinha schnaubte leise. »Das heißt, ich kann es mir jetzt aussuchen, ob ich meinen Burnout kriege, weil ich den harten Cop gebe oder weil ich den guten Cop raushängen lasse.«

»So in etwa«, erwiderte Frank Hasemann gelassen. »Wobei es mir lieber wäre, du findest einen goldenen Mittelweg und vermeidest damit den Burnout.«

»Mir auch«, murmelte Sinha.

Eine Weile schwiegen beide, dann gab Sinha sich einen Ruck.

»Und was bedeutet das jetzt in meiner aktuellen Situation für mich? Was würdest du mir raten, Frank?«

Er hörte, wie sein Freund am anderen Ende der Leitung tief durchatmete.

»Als Kommissar hast du dich vollkommen korrekt verhalten, Surendra. Dass der *Mensch* in dir gerne helfen möchte, ist natürlich verständlich. Ich würde sagen: Sollte diese Kim-Marie dich ganz gezielt um Hilfe bitten, dann kannst du darauf eingehen. Wenn nicht, dann versuch, den Rest deiner Zeit im Schwarzwald einfach noch so gut wie möglich zu genießen, und kehr dann frisch gestärkt an dein Tagwerk am Bodensee zurück. Wie lange gedenkst du denn noch in Hinterzarten rumzuhängen?«

»Bis übermorgen. Gegen Mittag fahr ich zurück.«

»Mittwoch also … Fängst du dann am Donnerstag gleich wieder mit der Arbeit an?«

»Nein, erst am Montag. Ich kann nur nicht länger hierbleiben, weil mein Domizil ab Mittwochnachmittag bereits anderweitig reserviert ist.«

»Verstehe. Was hältst du dann davon, bei der Heimfahrt einen kleinen Schwenk auf die Alb und bei mir Zwischenstation zu machen?«

Bei dieser Aussicht durchströmte schlagartig wohlige Wärme Sinhas Körper.

»Da halte ich sogar verdammt viel davon. Gute Idee, Frank.«

»Ich hab *immer* gute Ideen. Eine davon ist, dass du dann ein ordentliches Stück Schwarzwälder Schinken im Gepäck hast, wenn du schon mal direkt an der Quelle sitzt.«

»Sollte hinzukriegen sein. Ich geh davon aus, dass du den dazu passenden Rotwein auf Lager hast.«

»Worauf du dich verlassen kannst.« Frank Hasemann schnalzte mit der Zunge. »Dann geh ich am besten gleich mal die Gästestube ausfegen und den guten Hausanzug bügeln.«

»Mach dir bloß keine Umstände«, wehrte Sinha ab. »Du weißt, ich bin pflegeleicht.«

»Klar weiß ich das, deshalb muss es bei mir ja trotzdem nicht ausschauen wie bei Sinha unterm Sofa«, versetzte Frank Hasemann mit einem hörbaren Augenzwinkern.

»Was unter meinem Sofa los ist, geht dich gar nichts an«, schoss Sinha zurück.

»Wenn, dann würd mich sowieso eher interessieren, was *auf* deinem Sofa los ist«, erwiderte Frank Hasemann amüsiert. »Aber da muss ich mich wohl nach wie vor hinter deiner Mutter in die Schlange stellen, vermute ich. Oder hat sich da was geändert?«

»Schön wär's«, seufzte Sinha und sandte ein Stoßgebet zum Himmel, dass nachher weder die goldblonde Schwester Simone noch irgendein anderes weibliches Wesen im heiratsfähigen Alter sich blicken ließ, solange er bei *maaji* war.

»Dacht ich mir.« Frank Hasemann gluckste erneut. »Du hast mein volles Mitgefühl. Besuchst du sie heute noch? Wenn ja, dann grüß sie von mir, gute Besserung, und ich vermisse ihr Palak Gosht.«

Sinha lächelte. Frank Hasemann war ein leidenschaftlicher Liebhaber indischer Küche, und über Zenobia Sinhas punjabisches Lammcurry mit Tomaten und frischem, püriertem und nach allen Regeln der Kunst gewürztem Spinat konnte er endlose Lobeshymnen singen.

»Richt ich ihr aus. Danke, Frank – für die Einladung, und überhaupt.«

»Immer wieder gern, Surendra. Bis übermorgen dann.«

»Ja. Ich freu mich.«

Er beendete das Gespräch und lehnte sich mit einem Seufzer der Erleichterung zurück. Die Unterhaltung mit seinem alten Freund hatte ihm gutgetan, und er freute sich darauf, ihn wiederzusehen. *Schwarzwälder Schinken.* Er machte sich eine geistige Notiz. Er hatte hier im Ort schon mehrere Läden gesehen, wo diese Spezialität in rauen Mengen angeboten wurde; das sollte also kein Problem darstellen.

Zuerst musste er jetzt allerdings endlich dafür sorgen, dass er den übernächsten Tag überhaupt noch erlebte. Er holte die kleine Schüssel mit dem fest schließenden Deckel aus dem Kühlschrank, prüfte sicherheitshalber, ob der Daal-Rest nach wie vor genießbar war, und nickte zufrieden vor sich hin. Dann packte er die Schüssel zusammen mit dem Krimi in eine Tüte und machte sich auf den Weg in die Höhle der (hoffentlich nicht allzu gereizten) Löwin.

* * *

Zenobia Sinhas Donnerwetter fiel zum Glück nicht ganz so vernichtend aus wie von Surendra Sinha befürchtet. Zwar konnte sie sich eine handfeste Beschwerde darüber, dass er sie am Vortag wegen vorgeblicher Kopfschmerzen mit einem schnöden Telefonat abgespeist hatte, nicht verkneifen (»Hab *ich* dich etwa links liegengelassen, wenn du als Kind krank warst und mir der Schädel geplatzt ist?«), aber der neue Krimi stimmte sie wieder einigermaßen versöhnlich, und als Sinha dann auch noch die Daal-Schüssel auspackte und ihr unter die Nase hielt, strahlten ihre haselnussbraunen Augen, und der Sturm flaute augenblicklich ab zu nahezu kompletter Windstille. Sie kostete das Linsencurry, fand natürlich sofort einige Gewürznuancen, die er ihrer

Ansicht nach anders und besser hätte machen können, aber insgesamt zeigte sie sich mit dem Resultat seiner nächtlichen Kochaktion erstaunlich zufrieden. Ihre Laune stieg derart, dass sie schließlich sogar Sinhas vorsichtigem Vorschlag, einen kleinen Spaziergang an der frischen Luft zu machen, zustimmte.

Die Sonne stand mittlerweile hoch am klarblauen Himmel und schien stechend warm auf sie herab. Schon nach wenigen, langsamen Schritten geriet Zenobia Sinha außer Atem, wischte sich den Schweiß von der Stirn und sah sich nach einer Sitzgelegenheit um. Sinha, der sie stützend untergehakt hatte, entdeckte in einiger Entfernung eine Bank, die neben einem Baum und dadurch sogar halb im Schatten stand. Er dirigierte seine Mutter sanft dorthin, und mit einem erleichterten Schnaufen sackte sie auf den schattigen Teil der Bank nieder.

»*Hay Baghwan!*«, stöhnte sie. »Ist das heiß hier draußen!«

Sinha konnte sich ein Grinsen nicht verkneifen. »Was machst du denn, wenn du das nächste Mal in den Punjab fährst?«, fragte er, während er sich neben sie in die Sonne setzte. »Da ist es mit Sicherheit heißer als hier.«

»Ich fahre zur Monsunzeit«, erklärte sie energisch. »Schön frisch und angenehm. Außerdem erwartet bei dem Regenwetter dann keiner von mir, dass ich lange Spaziergänge mache, und ich hab meine Ruhe.«

Sinhas Gedanken wanderten zu den Angehörigen seiner Mutter in Indien. Es war jetzt schon wieder fast zwei Jahre her, seit er sie zuletzt besucht hatte; seine Tante Sanjita, Zenobias jüngere Schwester, war damals gerade zum zweiten Mal Großmutter geworden, und den jüngsten Neuzugang der Familie, den dritten Enkel seiner anderen Tante Kiran, hatte er noch gar nicht gesehen.

»Du könntest dann eigentlich auch gleich mitkommen.« Zenobia Sinha schien seine Gedanken erraten zu haben. »Du warst schon viel zu lange nicht mehr da, und deine Tanten fragen mich ständig nach dir.«

»Weil sie schon nicht mehr wissen, wohin mit den ganzen Fotos potenzieller Bräute, die sie für dich gesammelt haben?«, frotzelte Sinha sarkastisch.

»Pffft«, kam es beleidigt von Zenobia Sinha, und sie wandte ihm demonstrativ den Rücken zu.

Sinha lächelte in sich hinein, während er seiner Mutter einen zärtlichen Kuss auf den Hinterkopf tupfte.

»Vermisst du deine Schwestern eigentlich?«, fragte er plötzlich unvermittelt.

Sie drehte sich wieder zu ihm um, die Augenbrauen verwundert zusammengezogen. »Wieso fragst du?«

»Einfach so«, meinte er ausweichend.

»Natürlich vermisse ich sie«, versetzte sie. »Was denkst du denn?«

»Ihr steht euch sehr nahe, nicht wahr? Ich meine ...« Die heftigen Anklagen von Carolin Kerber gegen die Walker-Twins hallten durch seinen Kopf. »Weiß bei euch die eine stets, was die anderen beiden sagen, denken und tun?«

»Na gut, das wäre vielleicht ein bisschen zu viel verlangt«, erwiderte Zenobia Sinha lächelnd. »Aber wir haben uns immer sehr gut verstanden, und ich gebe zu, es ist mir damals schon schwergefallen, von zu Hause wegzugehen und zu wissen, dass ich Kiran und Sanjita jetzt nicht mehr regelmäßig sehen kann. Jetzt sag schon, wieso willst du das wissen?«

»Ich ... ich hab hier zwei Schwestern kennengelernt, denen ... ein großes Unglück widerfahren ist.« Er wählte seine Worte sehr sorgfältig. »Sie müssen sich trennen, voraussichtlich für viele, viele Jahre ... und dabei stehen sie sich unglaublich nahe, sie haben immer alles gemeinsam gemacht. Ich frag mich, ob die eine ohne die andere klarkommen wird.«

»Natürlich werden sie das«, erklärte Zenobia Sinha energisch. »Es sei denn, sie versuchen es gar nicht erst.«

»Das könnte durchaus passieren.« Sinha seufzte. »Bei der einen hab ich das Gefühl, sie hängt im Moment völlig in der Luft.«

Zenobia Sinha musterte ihn neugierig. »Wer ist sie denn?«

»Keine zukünftige Schwiegertochter, falls du das meinst«, entgegnete er kurz angebunden. »Nur eine Bekannte hier in Hinterzarten. Es geht ihr gerade nicht gut, und ich ... ich würd ihr gern helfen, aber ich weiß nicht, wie.«

»Aber besagte Schwester ist nicht tot, oder?«

»Nein.« Sinha sah zu Boden. »Nur ... fort.«

»Werden sie sich irgendwann wiedersehen?«

»Ja ... ja, schon, aber wohl nicht allzu häufig.«

»Egal. Hauptsache, sie verlieren sich nicht völlig aus den Augen. Sie müssen es eben so machen wie wir, den Kontakt halten, telefonieren, schreiben ... Ich meine, sie mögen sich doch noch immer, ja? Oder haben sie sich verkracht?«

Sinha biss sich auf die Lippen. »Gut möglich. Das weiß ich nicht genau. Die Schwester – also die, die jetzt fort ist, sie ... sie hat etwas Schlimmes getan, und ich weiß nicht ...« Er sah seine Mutter an und holte tief Luft. »Wie würdest du denn reagieren, wenn eine deiner Schwestern jemanden umbringen würde?«

»Umbringen?«

»Ja. Könntest du sie dann immer noch lieben, oder würdest du sie verabscheuen? Oder dich womöglich mitschuldig fühlen, eben weil ihr euch immer so nahegestanden habt?«

»So weit kommt's noch!« Zenobia Sinha klang rechtschaffen empört. »Wieso sollte ich mich schuldig fühlen, wenn eine meiner Schwestern Mist baut? Und als Mörderin bräuchte sie mir auch gar nicht mehr vor die Augen zu kommen. Es sei denn ...«

»Was?«

»Es kommt natürlich drauf an. Zum Beispiel, ob ich den Grund für ihren Mord nachvollziehen könnte. Oder ob sie es getan hat, um jemanden aus unserer Familie zu schützen ... oder um jemanden zu strafen, der ihr oder einem von uns etwas angetan hat. In dem Fall hätte sie mein vollstes Verständnis. Da würd ich ihr das Messer sogar persönlich in die Hand drücken. Oder gleich selber mit zustechen.«

Sinha schnaubte unterdrückt. *Maaji hatte eindeutig viel zu viele blutige Rachefilme gesehen.*

Mit einem Mal wurden Zenobia Sinhas Augen groß und rund. »Sag mal – du redest nicht zufällig von diesen englischen Zwillingen, von denen heute ein Bild in der Zeitung war? Ich hab das vorhin beim Frühstück gelesen. Die eine von denen hat doch das Mädchen umgebracht, wo du dabei warst, als ihre Leiche in dem Weiher gefunden worden ist.«

Sinha nickte stumm.

»Und die kennst du?«

Er nickte erneut. Zenobia Sinhas Blick wurde prüfend.

»Hast etwa *du* irgendwas mit dieser Verhaftung zu tun?«

Er nickte ein drittes Mal.

»Und jetzt machst du dir Gedanken wegen denen?«

»Ja«, murmelte Sinha. »Jedenfalls wegen der, die nichts getan hat und nun mit dieser Situation klarkommen muss. Was soll ich machen, ich kann's nicht ändern.«

Er warf seiner Mutter einen vorsichtigen Blick zu und sah, wie ein warmes, verständnisvolles Lächeln sich über ihr ganzes Gesicht ausbreitete.

»Das ist doch auch völlig in Ordnung so«, sagte sie. »Und es macht mich stolz. Denn das zeigt mir, dass mein Sohn ein gutes Herz hat.«

Er schnaubte leise und resigniert. »Ein dummes Herz, meinst du wohl. Eines Tages wird es so weit sein, dass ich Verbrecher erst jage und sie dann hinterher reumütig um Verzeihung bitte, weil ich sie zur Strecke gebracht habe.«

»*Bakwas!*«, widersprach seine Mutter im Brustton der Überzeugung. »Das würde ja bedeuten, dass ich einen *bewakoof* großgezogen habe. Und seh ich so aus, als würde ich Trottel großziehen?«

Unwillkürlich gluckste Sinha. »Sagen wir's so, du hattest es zumindest nicht ernsthaft vor.«

»*Bewakoof!*« Liebevoll strich Zenobia Sinha ihm über das Haar. »Jetzt hör mir mal gut zu, mein Junge. Ich hab dir immer beigebracht, auf dein Herz zu hören. Dass du dabei gleichzeitig deinen Verstand völlig ausschalten sollst, hab ich nie gesagt. Und du *hast* Verstand – den hast du von deinem Vater geerbt, also wage es nie, zu behaupten, du wärst dumm, sonst beleidigst du deinen *pitaahji*. Du kannst Recht von Unrecht unterscheiden. Deshalb wird dein Herz dich auch nie auf eine falsche Bahn lenken. Davon bin ich überzeugt.«

Wie schön. Ich wünschte, ich wäre das auch, dachte Sinha, dem trotz der sommerlich warmen Temperaturen plötzlich kalt wurde.

Zenobia Sinha schien es zu bemerken. Ihre Augen wurden schmal. »Ist irgendwas, Surendra?«

»Nein, ich … ich hab nur gerade über etwas nachgedacht«, murmelte er.

»Worüber?«

Sinha biss sich auf die Lippen.

»Nichts Wichtiges«, entgegnete er ausweichend. »Du meinst also, es ist kein Fehler, wenn ich mir Sorgen um Kim-Marie Walker mache?«

»Welche ist das – die Mörderin oder die andere?«

»Die andere.«

»Nein«, erklärte Zenobia Sinha sehr bestimmt. »Das ist kein Fehler. Wenn die Frau nichts getan hat und Hilfe braucht, dann wäre es sogar verdammt schäbig von dir, ihr diese Hilfe zu verweigern.«

»Auch wenn ich es war, der ihre Schwester der Justiz überantwortet hat?«

»Na und? Das ist schließlich dein Beruf. Wenn sie dir das zum Vorwurf macht, dann bedeutet das, dass sie auf der Seite ihrer Schwester steht und sich mit ihr solidarisiert. Und dann brauchst du auch kein Mitleid mit ihr zu haben.«

Die Logik war so einfach wie einleuchtend. Seine Zweifel und Bedenken zerstreute sie deshalb jedoch noch lange nicht.

Er spürte erneut die Hand seiner Mutter, die ihm sanft über das Haar strich.

»Ich bin sicher, du wirst das Richtige tun, mein Sohn.« Die streichelnde Bewegung ging unvermittelt in einen liebevollen kleinen Klaps auf seinen Hinterkopf über. »Und jetzt wäre ich dir außerordentlich verbunden, wenn du mich zurück in mein Zimmer bringst. Für heute bin ich genug gelaufen, und ich bin rasend gespannt auf deinen Krimi.«

Sinhas Mundwinkel kräuselten sich nach oben. Er legte den Arm um seine Mutter, zog sie an sich und küsste sie auf die Wange. Dann erhob er sich und streckte ihr mit einer galanten Verbeugung den Arm entgegen. »Zu Ihren Diensten, Ma'am!«

* * *

Nach dem Klinikbesuch drehte er eine ausgiebige Runde durch das nahegelegene Hinterzartener Moor – auch in der leisen Hoffnung, dort vielleicht noch einmal Marc Wegener anzutreffen und das Gespräch mit ihm fortsetzen zu können, das zwei Tage zuvor durch den Absturz von Daniel Schobinger so jäh abgebrochen worden war. Aber in dem gesamten Areal begegnete er weder ihm noch sonst jemandem, den er kannte, und schließlich lenkte er seine Schritte aus dem Wald hinaus und zurück in den Ort.

Jenseits des Bahnübergangs tauchte vor seinen Augen der Adlerweiher auf. Er war bereits mit zusammengebissenen Zähnen daran vorbeigelaufen, als er einem plötzlichen Impuls folgte, umkehrte und zwischen den Bäumen hindurch zu der Uferstelle ging, wo vor drei Tagen alles begonnen hatte. Carolin Kerber war nirgends zu sehen; was sein Blick dagegen sofort erfasste, waren brennende Grabkerzen an dem Ort, wo Moiras Leiche gelegen hatte. Allerdings nicht nur die zwei oder drei, mit denen er gerechnet hatte – gut ein Dutzend Flammen flackerten inmitten von zahlreichen Blumensträußen, Kuscheltieren, Engeln und Briefen.

Nachdenklich betrachtete er die provisorische kleine Gedenkstätte. Das hatte wohl kaum Moiras Mutter allein zusammengetragen. Er nahm einen der Umschläge hoch. *Wir vermissen dich, Moira.* Eine zarte, etwas ungelenke Jungmädchenschrift. Vermutlich ein Abschiedsgruß von Freundinnen. Er steckte den Umschlag zurück zwischen die Blumen und griff nach einer Postkarte, auf der ein Herz aus Rosen abgebildet war. *In Liebe – dein Daniel* stand auf der Rückseite. Sinha schluckte. Vermutlich hatte der Junge diese Karte am Samstag hier abgelegt, bevor er in das Skistadion gegangen war – ohne zu ahnen, dass seine Hände ihm nur wenig später nie wieder gehorchen würden.

Daniel Schobinger. Der Name bohrte sich wie ein Stachel in sein Gewissen. Er hatte am Vortag an alles Mögliche gedacht, nur nicht daran, sich bei seinem Freiburger Kollegen Peter Schobinger zu melden und ihm sein Mitgefühl auszusprechen für das Unglück, das seinen Sohn getroffen hatte. Das musste er unbedingt nachholen, am besten noch, bevor er in zwei Tagen wieder abreiste. Ob er morgen einen Abstecher nach Freiburg machen sollte? Das hatte eigentlich sowieso auf seiner Agenda gestanden; durch die Ereignisse der vergangenen Tage war er jedoch nicht dazu gekommen. Er könnte sich ein wenig in der Freiburger Altstadt umsehen, bei Peter Schobinger und vielleicht auch bei Daniel in der Klinik vorbeischauen und sich außerdem noch persönlich von Michaela Lux verabschieden.

Ja. Gute Idee. Das würde er tun.

Langsam legte er Daniels letzten Gruß an Moira wieder in das bunte Blumenbett.

»Ruhe in Frieden, Moira Kerber«, sagte er leise.

Dann wandte er sich ab und ging davon.

* * *

Er hatte noch einen Umweg gemacht und das urige kleine Rauch-Hüsli besucht, wo er sich mit dem Schwarzwälder Schinken für Frank Hasemann sowie mit zwei Flaschen hausgemachtem Beerenlikör eingedeckt hatte. In einem anderen Laden hatte er Brot gekauft, etwas Obst und vor allem noch einmal eine Packung Milch, da Billi seinen Vorrat mittlerweile doch stark dezimiert hatte. Mit zwei vollen Einkaufstüten kam er nun zur *Sonnenblume* zurück, wo, wie tagsüber fast immer, friedliche Ruhe herrschte; seine Bremer Ferienhausgenossen aus dem ersten Stock schienen, was Tagestouren betraf, über eine schier unerschöpfliche Kondition zu verfügen. *Und in der Wohnung nebenan war ohnehin nur noch eine Bewohnerin anwesend.*

Unwillkürlich hielt Sinha vor der Tür der Walker-Wohnung ganz kurz inne. Und im gleichen Moment hörte er von drinnen deutlich ein lautes, verzweifeltes Schluchzen.

Er biss sich auf die Lippen. Zögerte. Dann warf er die letzten Bedenken über Bord, stellte seine Einkaufstüten ab, klingelte und klopfte zudem sicherheitshalber an die Tür.

»Kim-Marie? Ich bin's, Surendra. Kann ich Ihnen helfen?«

Für ein paar Sekunden wurde es drinnen still. Dann näherten sich Schritte – nicht halb so zurückhaltend, wie er es erwartet hatte –, die Tür wurde geöffnet, und er blickte in ein tränenüberströmtes Gesicht mit rotgeweinten Augen. Kim-Marie Walker war nur noch ein Schatten ihrer selbst; sie schien nach Worten zu suchen, brachte jedoch keinen Ton heraus.

»Ich will mich nicht aufdrängen«, sagte er schließlich behutsam. »Aber wenn Sie jemanden brauchen, zum Zuhören oder was auch immer – ich bin für Sie da. Gleich nebenan. Jederzeit. Okay?«

Sie nickte wortlos. Er nickte zurück, verzog seine Mundwinkel zu einem verlegenen Lächeln und wandte sich ab, um zu gehen.

»No … please stay!«

Ihre Stimme war heiser und erschöpft vom vielen Weinen. Er blieb stehen und sah sie abwartend an.

»She's in jail«, murmelte sie tonlos. »My sister is in jail.«

Er wusste nicht, ob sie damit die Arrestzelle meinte oder ob Kim-Celine womöglich bereits dem Haftrichter vorgeführt worden und in Untersuchungshaft gekommen war. Aber vermutlich spielte dieser Unterschied für Kim-Marie Walker gar keine Rolle. Weggesperrt war weggesperrt, egal wo.

»Es tut mir leid«, sagte er leise. »Ich wünschte, ich … ich hätte … Es tut mir so leid!«

Sie legte ihm eine Hand auf die Schulter und schüttelte leicht den Kopf. »Don't blame yourself, Kay-Kay. Sie können nichts dafur. Es ist Celine, die hat gemacht eine terrible mistake, not you.«

Sie schniefte heftig und wischte sich mit der Hand über das Gesicht.

»Eine terrible, terrible mistake … oh my God, why, Kay-Kay? *Why???*«

Sie brach erneut in Tränen aus, und mit einem Mal schlang sie die Arme um ihn und presste laut weinend das Gesicht gegen seine Brust.

»*Pscht …*«, sagte Sinha, drückte sie sanft an sich und strich ihr tröstend über den Kopf. »Kommen Sie, Kim-Marie. Alles wird gut.«

Möge sie mir auch noch diese Lüge verzeihen, dachte er.

12

Am nächsten Morgen fühlte Surendra Sinha sich wie gerädert. Er war am Vorabend noch lange bei Kim-Marie Walker geblieben, hatte mit ihr geredet, ihr zugehört, versucht, sie zu trösten. Er hatte ihr Tee gekocht, sie dazu bewegt, wenigstens eine Kleinigkeit zu essen, und schließlich auch noch den Inhalt einer der neu erworbenen Likörflaschen mit ihr geteilt. Und immer wieder hatte er sie in die Arme genommen, wenn ein neuer Weinkrampf sie schüttelte, bis sie buchstäblich keine Tränen mehr gehabt hatte und erschöpft eingeschlafen war. Erst dann hatte er sich leise aus ihrer Wohnung und zurück in seine eigene geschlichen – natürlich nicht, ohne ihr einen Zettel mit seiner Handynummer dazulassen sowie mit der dringenden Bitte, sich bei ihm zu melden, falls er etwas für sie tun konnte. Aber seitdem hatte er nichts mehr von ihr gehört und hoffte deshalb inständig, dass sie noch lange geschlafen und die Nacht einigermaßen friedlich überstanden hatte.

Dennoch trank er seinen Morgenkaffee diesmal nicht im Garten, sondern drinnen im Wohnzimmer, um zur Stelle zu sein, falls es an seiner Wohnungstür klingeln sollte. Zu seiner Freude tauchte diesmal schon vergleichsweise früh Billi vor dem Fenster auf – als hätte sie geahnt, dass auch er etwas Trost brauchen konnte, und sei es nur ein vertrauensvoll schnurrender warmer Katzenkörper auf seinem Schoß. Für ein paar Sekunden spielte er in diesem Moment tatsächlich mit dem Gedanken, den Stubentiger kurzerhand mitzunehmen, wenn er am nächsten Tag aus Hinterzarten abreiste. Aber er war nach wie vor überzeugt, dass Billi hier schon irgendwo ein festes Zuhause hatte, und so oder so wäre es sicher keine gute Idee gewesen, sie zu entwurzeln.

Fehlen würde ihm die kleine Samtpfote trotzdem. Das wusste er schon jetzt.

Er hatte sich gerade eine zweite Tasse Kaffee eingeschenkt und Billi auf die Arme genommen, wo sie sich zufrieden zurechtkuschelte, als doch noch passierte, worauf er schon die ganze Zeit irgendwie gewartet hatte: Es läutete an der Tür.

Er seufzte leise.

»Na komm, Billi«, sagte er und erhob sich mitsamt der Katze. »Vielleicht tust du der armen Kim-Marie ja auch gut, so wie mir.«

Er ging zur Tür, öffnete – und zuckte zusammen, als er sich anstatt der erwarteten Nachbarin einem großen, etwas stämmigen Herrn gegenübersah; hellgraue, fast weiße Haare standen ihm wirr vom Kopf ab, als hätte er sich heute noch nicht gekämmt, und in das Gesicht mit müden, graublauen Augen hatte das Alter bereits tiefe Furchen gegraben. Sinha wurde schlagartig flau im Magen, denn er erkannte den Mann auf der Stelle.

»Mr Walker!«

Sein Gegenüber warf einen verwunderten Blick auf die Katze in Sinhas Armen und räusperte sich vernehmlich.

»Yes, that's me. How do you do?«

»How do you do?«, grüßte Sinha mechanisch zurück, während er noch vollauf damit beschäftigt war, sich von seiner Überraschung zu erholen.

Edward Walker. Der Vater der Walker-Twins. Was mochte er wohl wollen von dem Kommissar, der eine seiner Töchter ins Gefängnis gebracht hatte?

Billi schien seine Anspannung zu spüren und beschloss, sich aus dieser Konfrontation herauszuhalten. Mit einem eleganten Satz sprang sie von seinen Armen auf den Boden hinunter und schlüpfte lautlos an dem Besucher vorbei ins Freie. Sinha atmete tief durch, straffte sich und trat einen Schritt zurück.

»Please come in!«

»No, thank you«, erwiderte Edward Walker; es klang bestimmt, aber nicht unfreundlich. »Ich wollte nur kurz sagen *hello.*« Er musterte Sinha prüfend, dann stiegen seine Augenbrauen in die Höhe. »So you're Mr Sinha? Ja, ich erinnere mir … Sie waren einmal in meine *Ginger Inn*, zusammen mit diese nice young men from India, nicht wahr? Wie haben Sie damals gesagt, dass man grußt in Ihre Land? *Namáste?*«

»*Namasté*«, korrigierte Sinha unwillkürlich Walkers Aussprache, indem er die indische Grußformel ganz leicht auf der letzten Silbe betonte. Dazu faltete er spontan die Hände vor der Brust – eine Geste, mit der er seinen Besucher ehrerbietig grüßte und zugleich wortlos um Vergebung bat.

Edward Walker betrachtete ihn ernst. »Ich bin gekommen, zu holen Kim-Marie«, sagte er. »Sie hat mir gesagt, wie sehr Sie haben geholfen ihr gestern. Deshalb ich wollte Ihnen danken.«

»Keine Ursache.« Sinhas Stimme wurde heiser. »Das war doch selbstverständlich. Sie kann ja nichts dafür … ich meine …« Jetzt war er es, der sich räusperte. »Es ist gut, dass Sie da sind, Mr Walker. Ich meine, ich reise morgen ab … und Ihre Tochter sollte jetzt nicht allein sein.«

Die Furchen in dem Gesicht des alten Mannes vertieften sich. »Don't worry, Mr Sinha. Ich werde *keine* von meinen beiden Töchtern jemals lassen allein.«

Bei diesen Worten wurde es Sinha heiß vor Scham, und er senkte verlegen den Blick.

»I'm sorry«, flüsterte er.

Es dauerte eine Weile, bis Edward Walker antwortete.

»Yes. Me too.«

Sinha hob den Kopf und sah, wie sein Gegenüber sich mit beiden Händen über das Gesicht fuhr.

»Ich werde nehmen Kim-Marie nach Hause, to London«, sagte Edward Walker schließlich. »Dann ich komme zuruck und sehe nach Kim-Celine. Stupid girl … why for heaven's sake did she do that?«

»Ich bin sicher, es war eine Affekttat«, entgegnete Sinha leise. »Sie hatte das nicht geplant. Sie wollte nur, dass Moira zugibt, dass sie und Kim-Marie damals den Ring nicht gestohlen haben.

Sie wollte, dass Ihre Familie von diesem Verdacht befreit wird. Und als Moira sie dafür auch noch ausgelacht und beleidigt hat – da ist bei ihr eine Sicherung durchgebrannt. Ihre Tochter ist keine eiskalte Mörderin, Mr Walker.«

Edward Walkers Augen waren blank geworden. »Thank you«, sagte er. »And whatever the judge says, ich werde ihr immer lieben. She's my child, my little angel. Ich werde sorgen fur sie. Good bye, Mr Sinha.«

Er sah Sinha an und nickte leicht, dann drehte er sich um und ging. Sinha schaute ihm hinterher; seine Wangen brannten noch immer, aber gleichzeitig empfand er große Erleichterung. Kim-Marie war nun in besten Händen, er brauchte sich keine Sorgen mehr um sie zu machen. Und ihr Vater hatte ihm zumindest keine offenen Vorwürfe gemacht. Vielleicht konnte er dieses unschöne Schwarzwald-Kapitel jetzt endgültig ad acta legen.

Obwohl Edward Walker seinen Blicken mittlerweile entschwunden war, hob er noch einmal die gefalteten Hände.

»Namaste, Mr Walker«, murmelte er in seine Fingerspitzen hinein. »*Bhagwan tumhen asherwad de*. Gott segne Sie.«

Dann ging er zurück in seine Wohnung und schloss die Tür.

* * *

Der Besuch bei seiner Mutter verlief an diesem Tag erfreulich stressfrei. *Maaji* war ungewöhnlich gut gelaunt und schilderte ihm wortreich und anschaulich, was bislang in dem Krimi, den er ihr gestern mitgebracht hatte, alles passiert war. Offenbar hatte die nette Verkäuferin in der Buchhandlung genau den richtigen Riecher gehabt. *Vielleicht sollte er sie morgen früh noch einmal aufsuchen, um maaji zum Abschied noch einen weiteren Schmöker dieser Art vorbeizubringen.*

Entsprechend gehoben war seine Stimmung, als er danach, wie er es sich vorgenommen hatte, nach Freiburg fuhr. Er hatte sich im Netz ein wenig über die »Hauptstadt des Schwarzwalds« im Dreiländereck zu Frankreich und der Schweiz informiert und lenkte seinen hellblauen Opel Corsa deshalb zuerst zu dem Freiburger Hausberg Schauinsland, der ein paar Kilometer südöstlich der Stadt lag. In Horben beschloss er, seinen Wagen unten stehen zu lassen und die Seilbahn zu nehmen, die ihn fast bis zum Gipfel brachte. Oben angekommen erklomm er auch noch den Aussichtsturm und stellte fest, dass der Berg seinen Namen zu Recht trug. Fasziniert ließ er seine Blicke ringsherum schweifen, über das Rheintal bis zu den Vogesen und den Schweizer Alpen und über die Berge und Täler des Schwarzwalds.

Es gibt keine Höhen, wenn dazwischen nicht auch Täler liegen.

Er musste nicht lange überlegen, woher er die Worte kannte, die da so unvermittelt in seiner Erinnerung auftauchten. Zu deutlich hörte er noch immer die Bitterkeit in der Stimme Marc Wegeners, als der ihm im Hinterzartener Moor von seinen persönlichen Höhen und Tälern erzählt hatte. Vor allem von dem Tal, in dem er sich nunmehr für immer gefangen glaubte.

Der Junge sollte einmal hierherkommen, dachte er. *Damit er die Täler mitsamt den Höhen von oben sehen kann und einen Blick dafür bekommt, was für eine wunderbare Harmonie sie miteinander bilden. Und dass selbst die höchsten Höhen, von oben betrachtet, irgendwie unbedeutend werden.*

Er atmete tief durch und richtete sich auf. *Okay. Schluss damit. Morgen würde er abreisen, und dann gingen ihn all die Adler hier mit ihren Sorgen und Nöten nichts mehr an. Er sollte das alles jetzt endlich abhaken, verdammt noch mal.*

Wenig später schwebte er in einer der Seilbahnkabinen wieder zu Tale, lenkte seinen Wagen Richtung Freiburg, fand dort einen Parkplatz und begann, gemütlich durch die historische Altstadt mit ihren zahlreichen *Bächle* und *Gässle* zu streifen. Er erkundete den Rathausplatz, bewunderte das gewaltige Münster mit dem hohen gotischen Turm, studierte auf dem Münsterplatz interessiert die prächtige Fassade des berühmten historischen Kaufhauses mit den schmucken Seitentürmchen und spielte mit dem Gedanken, sich das alles nachher vom Schlossberg aus noch einmal von oben anzusehen.

Zwischendurch versuchte er ein paarmal, Peter Schobinger auf dem Handy anzurufen, erreichte jedoch immer nur dessen Mailbox und hinterließ schließlich mit einem mauen, unbefriedigenden Gefühl eine Nachricht, in der er den Wunsch äußerte, seinen Kollegen noch einmal kurz zu treffen, bevor er dem Schwarzwald Ade sagte. Danach wollte er bereits die Nummer von Michaela Lux wählen, als ihm plötzlich ein Gedanke durch den Kopf schoss. Vielleicht war Schobinger ja bei seinem Sohn in der Klinik? Das würde erklären, warum er nicht ans Telefon ging; eventuell hatte er es dort sogar ganz abgeschaltet. Und bei Daniel hatte Sinha ohnehin noch vorbeischauen wollen – worüber Frank Hasemann sicherlich mit milder Resignation den Kopf geschüttelt hätte; aber das war ihm egal. Er aktivierte Google auf seinem Smartphone, suchte nach der Uni-Klinik in Freiburg, rief dort an und erfuhr, dass er Daniel Schobinger auf der Intensivstation im Neurozentrum finden würde. Er ließ sich die genaue Anschrift geben, bedankte sich und machte sich auf den Weg.

* * *

Wenig später hatte er die Klinik für Neurochirurgie erreicht, ein großes, langgestrecktes, helles Gebäude, das im Licht der Sommersonne fast freundlich auf ihn wirkte. Vor dem Eingang erhob sich auf einem sanften Grashügel eine riesige Skulptur: ein gewaltiger Ring, die untere Hälfte in Gelb, die obere in Schwarz. *Borussia Dortmund*, dachte er spontan und verzog das Gesicht zu einem ironischen Grinsen. Sollten jemals Anhänger des lokalen Bundesligavereins die gleiche Assoziation haben wie er, dann würde die gelbe Ringhälfte wohl sehr schnell in einer Nacht-und-Nebel-Aktion mit Weiß überpinselt werden.

Er wandte sich ab, um Richtung Eingang zu gehen, und kollidierte dabei mit einem Passanten, der gerade an ihm vorbeihasten wollte. »Entschuldigung!« und »Oh, sorry!« entfuhr es ihm und dem Passanten wie aus einem Mund – und im gleichen Moment erkannte Sinha, wen er vor sich hatte.

»Jonas?«

Der rothaarige junge Mann musterte ihn mit fragendem Blick, dann ging offenbar auch ihm ein Licht auf. »Herr Kommissar! Wieso sind Sie ... ich meine ... wollen Sie zu Daniel?«

»Ja, deshalb bin ich hier.«

»Wegen ... der Drogen?«

Himmel. Sinha fuhr zusammen. An diese Sache hatte er gar nicht mehr gedacht. Aber klar, dass Jonas bei seinem Anblick zuallererst auf neue Ermittlungsergebnisse in seinem Drogenfall tippte, die nun womöglich den Verdacht gegen Daniel erhärtet hatten.

»Nein«, erwiderte er. »Mit diesen Untersuchungen bin ich auch überhaupt nicht befasst, ich kann dir leider gar nichts zu dem Stand der Dinge sagen. Ich möchte einfach nur einen Krankenbesuch bei Daniel machen. Willst du etwa auch zu ihm?«

Jonas schüttelte den Kopf. »Ich komme gerade von ihm.«

»Verstehe. Ist sein Vater auch da?«

Ein erneutes Kopfschütteln. »Nein. Herr Schobinger ist nach Hause gefahren, als ich gekommen bin. Weil er total müde war. Er war seit Samstag fast ununterbrochen hier und hat kaum noch die Augen offen halten können. Er hat gesagt, er will versuchen, ein paar Stunden zu schlafen.«

Sinha nickte. *Kein Wunder, dass Schobinger auf seine Anrufe nicht reagiert hatte.*

»Wie geht es Daniel denn?«, erkundigte er sich.

Jonas' Gesicht verdüsterte sich. »Wie's einem halt geht, der total gelähmt ist. Und dazu auch noch seine Freundin verloren hat. Er ist fix und fertig und redet kaum noch ein Wort. Wir haben uns die ganze Zeit mehr oder weniger angeschwiegen … und dann hat er gesagt, er wär gern mal ein Weilchen ganz allein, ohne jemanden, der ständig ein fürsorgliches oder mitleidiges Auge auf ihn hat. Deshalb geh ich jetzt und lass ihn in Ruhe.«

Sinha runzelte die Stirn. »Hat es denn unter diesen Umständen überhaupt einen Sinn, wenn ich ihn jetzt besuche?«

»Keine Ahnung.« Jonas zuckte die Achseln. »Fragen Sie mich nicht, was in Daniel wirklich vorgeht, ich komm im Moment nicht mehr richtig an ihn ran.«

Sinha musterte ihn prüfend. »Weiß er denn, dass … du ihn im Verdacht hast, dir die Drogen untergeschoben zu haben?«

»Moment!«, protestierte Jonas überraschend heftig. »Ich hab mich gefragt, ob es so sein könnte … aber ich hab ihn niemals offen verdächtigt oder gar beschuldigt! Ich *will* auch gar nicht, dass er es war! Wer immer der Mistkerl war, der mich da reingeritten hat – ich hoffe und bete, dass es *nicht* Daniel gewesen ist! Und ich werd den Teufel tun und ihm damit jetzt auch noch daherkommen. Er hat genügend Probleme am Hals, mit denen er fertigwerden muss. Oder finden Sie nicht?«

»Doch«, entgegnete Sinha ruhig. »Du hast vollkommen recht, Jonas. Ich verspreche dir, ich werde diese Drogensache ihm gegenüber nicht erwähnen. Ich hab sowieso nicht vor, recht lang bei ihm zu bleiben; ich will nur einmal kurz Hallo sagen, bevor ich morgen wieder abreise. Das ist doch sicher okay, oder?«

»Ich glaub schon.«

»Schön«, lächelte Sinha. »Hat mich gefreut, dich noch mal wiederzusehen, Jonas. Und alles Gute für den Alpencup!«

Jonas schnaubte leise. »Wenn daraus jetzt noch was wird. Wer weiß, ob Einar mich in der Mannschaft behält, solange diese Drogengeschichte nicht geklärt ist und ich offiziell noch unter Verdacht stehe.«

»Dann drücke ich dir umso mehr die Daumen, dass die Kollegen den oder die Schuldigen ganz schnell finden«, versetzte Sinha. »Und sobald du dann in den Weltcup aufgestiegen bist, will ich ein Autogramm von dir, ja?«

Mit diesen Worten gelang es ihm, ein offenes Lächeln auf das Gesicht des Jungen zu zaubern.

»Kriegen Sie«, versprach Jonas.

* * *

Vor der Tür zu dem Raum auf der Intensivstation, den man ihm gewiesen hatte, sah sich Sinha zu seiner Verblüffung erst einmal einem Polizisten in Uniform gegenüber, der ihn sehr bestimmt, wenn auch nicht unfreundlich nach seinem Namen und dem Zweck seines Besuches befragte. Sinha antwortete ihm ruhig und höflich und präsentierte ihm dazu seinen Dienstausweis. Der Polizist prüfte den Ausweis, nickte und bestätigte Sinha dann, was der mittlerweile bereits vermutet hatte: dass diese Bewachung Daniels auf Antrag Peter Schobingers angeordnet worden war, um unerwünschte Medienüberfälle auf den jungen »Horrorsturz-Adler« zu verhindern.

»Was auch tatsächlich notwendig war«, fügte der Polizist seufzend hinzu. »Diese Pressefritzen haben wirklich vor nichts mehr Respekt. Drei Teams waren schon da, die Exklusivfotos von dem armen Jungen in seinem Krankenhausbett haben wollten und dazu einen schönen Kommentar von ihm, wahrscheinlich nach dem Motto ›*Wie fühlen Sie sich jetzt?*‹ oder so. Ist das zu fassen?«

»Als Medienvertreter würde ich Ihnen jetzt vermutlich antworten: ›*Ich mach nur meinen Job, genauso wie Sie*‹«, erwiderte

Sinha mit sarkastischem Unterton. »Zum Glück bin ich kein ›Pressefritze‹, und als Kollege kann ich Ihnen nur zustimmen. Ist es in Ordnung, wenn ich kurz bei Daniel reinschaue? Ich hab nicht vor, ihn lange zu behelligen.«

»Gehen Sie ruhig«, sagte der Polizist. »Aber vermeiden Sie Gesprächsthemen, die ihn aufregen könnten.«

»Sowieso«, entgegnete Sinha, steckte seinen Ausweis ein, klopfte an die Tür und öffnete sie. »Daniel? Darf ich kurz stören?«

Keine Antwort. Er trat ein und schloss die Tür hinter sich.

»Daran hindern kann ich Sie eh nicht«, kam es in diesem Moment rau und tonlos aus der Richtung des Bettes.

Sinha biss sich auf die Lippen, als er näher trat. Es fiel ihm schwer, in der Gestalt, die in dem Bett lag und bis zum Hals mit einem leichten weißen Laken zugedeckt war, Daniel Schobinger wiederzuerkennen; das Gesicht des Jungen, gezeichnet von mehreren Schrammen, die er sich beim Sturz auf die gewässerten Matten zugezogen hatte, war bleich und wirkte leblos wie das eines Toten.

Erst als Sinha neben dem Bett stehen blieb, bewegten sich die Augen des Jungen ein wenig, bis sie ihn erfassten.

»Sie sind … der Kommissar, nicht wahr? Tut mir leid, Ihren Namen hab ich vergessen.«

»Sinha. Kannst mich aber auch Surendra nennen«, antwortete Sinha. »Oder Kay-Kay, wenn dir das leichter fällt.«

Ein leises Schnauben. »Damit mir wenigstens *etwas* leichtfällt, ja?«

Sinha fühlte sich zunehmend verunsichert. *Er hätte sich wohl besser in eines der Cafés in der Altstadt gesetzt und sich auf diesen Krankenbesuch gar nicht erst eingelassen.*

»Ist es dir lieber, wenn ich wieder gehe?«, fragte er.

Für einen Moment blitzte ehrliche Verwunderung in Daniels Augen auf. »Sind Sie denn nicht dienstlich hier? Ich dachte, Sie wollen mich wegen der Drogen in Jonas' Jacke befragen. Ich warte schon die ganze Zeit darauf, dass da endlich jemand damit daherkommt.«

»Wie kommst du darauf?« Eine steile Falte bildete sich zwischen Sinhas Augenbrauen. Hatte Jonas nicht gesagt, er hätte Daniel gegenüber diesen Verdacht nicht geäußert?

»Ich bin nicht dumm.« Der Sarkasmus in Daniels Stimme war schneidend. »Ich war doch vorher noch in der Umkleide, da haben mich genügend Leute gesehen. Und wer hat davon profitiert, dass Jonas als Drogensünder abgeführt worden ist? Ich. Erzählen Sie mir also nicht, dass noch niemand auf die Idee gekommen ist, dass ich das war.«

Es gab keinen Grund für Sinha, sich die naheliegendste Erwiderung jetzt noch zu verkneifen.

»Und? Warst du's?«

»Natürlich *nicht.*« Ein erneutes Schnauben. »Wo sollte ich das Zeug überhaupt hergehabt haben?«

»Das wäre mit Sicherheit das geringste Problem gewesen«, meinte Sinha trocken. »Ich kann mir nicht vorstellen, dass Freiburg komplett rauschmittelfreie Zone ist. Die Frage ist eher, ob du es fertiggebracht hättest, deinem Sportskameraden derart übel mitzuspielen.«

»Ach! Zweifelt da tatsächlich jemand ernsthaft daran?« Der Sarkasmus vermischte sich nun mit ätzender Ironie. »Schließlich hab ich doch schon Marc zum Krüppel gefahren! Warum sollte ich da jetzt Skrupel kriegen, Jonas zum Junkie abzustempeln? Rivalen aus dem Weg zu räumen ist mein Hobby!«

»Du hast weder das eine getan noch das andere«, sagte Sinha leise. Er konnte nicht sagen, wo er diese Überzeugung in dem Moment hernahm; aber dass das kein Geständnis war, sondern lediglich Ausdruck tiefster Verbitterung, das war für ihn so sicher wie das Amen in der Kirche. Beziehungsweise wie das Om im Tempel.

Daniel schwieg, und Sinha beschloss, fürs Erste nicht weiterzubohren. Er zog einen Stuhl heran und ließ sich wortlos neben dem Bett nieder.

»Und selbst *wenn* – gebracht hätt's mir nichts«, kam es plötzlich leise von Daniel. »Im Gegenteil. Ich hab … alles verloren. Moira ist tot … ich werd mich nie wieder bewegen können … Was würd's da noch ausmachen, wenn ich auch noch ein Verbrecher wäre. Mein Leben ist so oder so kaputt.«

»Sag das nicht«, entgegnete Sinha spontan, während ihm gleichzeitig bewusst wurde, dass er sich damit auf psychologisches Glatteis begab. Wie und womit sollte er einem Achtzehnjährigen Mut machen, der vom Hals abwärts gelähmt war und ein Leben als hilfloser Pflegefall vor sich hatte?

»Was dann?« Die Bitterkeit in Daniels Stimme tat Sinha in der Seele weh. »Wie würden Sie sich denn an meiner Stelle fühlen?«

»Ziemlich beschissen vermutlich«, gab Sinha offen zu.

Daniel sah ihn an, und seine Mundwinkel bewegten sich fast unmerklich nach oben zu einem wortlosen *»Ich sehe, wir verstehen uns«*.

Eine Weile schwiegen beide erneut.

»Trotzdem«, versuchte Sinha es schließlich noch einmal behutsam. »Selbst auf die tiefste Dunkelheit folgt irgendwann wieder das Licht.«

»Und danach wird's dann auch wieder finster.« Daniels Gesicht verzog sich leicht. »Ein ewiger Kreislauf.«

»Wie der riesige Ring da draußen vor dem Gebäude«, erinnerte sich Sinha. »Mal hell, mal dunkel. Wer weiß, vielleicht wollte der Künstler uns genau das damit sagen.«

Zu seiner Überraschung gluckste Daniel plötzlich leise. »Nicht schlecht, Herr Kommissar. Um exakt zu sein, der Künstler wollte so etwas wie Yin und Yang vermitteln. Gelb für Energie und Aktivität, Schwarz für Ruhe und Entspannung. Das Helle und das Dunkle in unserem Leben, das immer im richtigen Spannungsverhältnis zueinander stehen sollte.«

Sinha starrte den Jungen verblüfft an. »Was … wieso weißt du das?«

»Ich hab in der Schule mal ein Referat über die Skulptur gehalten«, erklärte Daniel. »Ist erst ein paar Monate her, deshalb hab ich das noch einigermaßen im Kopf. Der Künstler heißt Kazuo Katase und stammt aus Japan. Der Ring ist fünfzehn Meter hoch, und die Schale und die Kugel aus poliertem Granit, die ein Stück von ihm entfernt stehen, gehören zu dem Ganzen mit dazu. Es wurde 1995 errichtet und heißt *Tonus*, das bedeutet Körperspannung.«

»Ich bin beeindruckt«, meinte Sinha anerkennend. »Ich muss mir das nachher glatt noch einmal anschauen. Und vielleicht hilft es dir ja, wenn du dir diesen Ring ab und zu mal vor Augen hältst – und daran denkst, dass es im Leben immer beides gibt, hell und dunkel. Und dass man beides braucht, um im Gleichgewicht zu bleiben.«

Daniel gab ein kleines, verächtliches Schnauben von sich. »Wissen Sie, was der Ring da draußen braucht, um im Gleichgewicht zu bleiben? Einen Metallkeil. Schauen Sie mal genau hin, wenn Sie nachher rausgehen; da steckt wirklich so ein großes, rostiges Teil. Wenn man das wegkicken würde, dann würde der Ring den Grashügel runterrollen. Zwischen die beiden Granitteile hindurch. Und irgendwann würde er dann umkippen und liegenbleiben. Es heißt, der Metallkeil stehe für Therapien oder Medikamente, mit denen wir uns im Bedarfsfall wieder ins Gleichgewicht bringen und am Davonrollen und Umfallen hindern können.« Ein Schatten huschte über sein Gesicht. »Ich wünschte, jemand würde meinem persönlichen Keil einen Tritt verpassen. Selbst kann ich es ja nicht mehr. Ich pfeife auf meine Balance und meine Körperspannung. Ich will das letzte Stück runterrollen … und dann umfallen und liegenbleiben. Und nie wieder aufstehen.«

Sinha schwieg. Er war zu betroffen, um etwas zu erwidern. Was der Junge da gerade geäußert hatte, war ein ganz klarer Todeswunsch. *Er musste unbedingt mit Schobinger darüber reden.*

»Gehen Sie jetzt bitte«, sagte Daniel und schloss die Augen. »Ich bin müde, und ich möchte allein sein.«

Was blieb Sinha anderes übrig, als diesen unverhohlenen Rauswurf zu akzeptieren.

»In Ordnung«, antwortete er und stand auf. »Trotzdem, Daniel, bitte – gib dich nicht so einfach auf.«

»Sie haben leicht reden«, murmelte Daniel bitter.

»Vielleicht«, räumte Sinha ein. »Aber was soll ich sonst tun? Mich hier hinstellen und sagen: ›*Es ist okay, dass du sterben willst?*‹«

»Warum nicht?« Daniel öffnete die Augen und sah Sinha an. »Das wär doch zur Abwechslung mal ein schönes, ernsthaftes und ehrliches Wort. Besser jedenfalls als das ewige ›*Das wird schon*‹ und ›*Nur nicht aufgeben*‹.«

Selten war Sinha sich so hilflos vorgekommen.

»Ich wünsch dir alles Gute«, sagte er leise. »Wiedersehen, Daniel.«

Er faltete die Hände vor der Brust und neigte ganz leicht den Kopf. Dann verließ er den Raum, ohne sich noch einmal umzusehen.

Es war kein Abschied. Es war eine Flucht.

* * *

Erst als er das Klinikgebäude mitsamt der japanischen Skulptur ein gutes Stück hinter sich gelassen hatte, blieb er stehen und atmete ein paarmal tief durch. Er fühlte sich niedergeschlagen, bestürzt und leer. Wieder und wieder hörte er in seinem Inneren die Stimme des jungen Mannes, der sich sehr eindeutig aufgegeben hatte. *»Ich will das letzte Stück runterrollen … und dann umfallen und liegenbleiben. Und nie wieder aufstehen.«*

Mit einer heftigen Bewegung riss er sein Smartphone aus der Tasche, wählte Peter Schobingers Nummer und stöhnte frustriert auf, als sich wieder nur die Mailbox meldete. Er beschloss, stattdessen nun sein Glück bei Michaela Lux zu versuchen – und im gleichen Moment begann sein Telefon zu klingeln. Ungläubig starrte er auf das Display, auf dem ihm der Name seiner Freiburger Kollegin entgegenleuchtete.

»Glaub ich's denn«, murmelte er und nahm das Gespräch an. »Hallo, Frau Kollegin – das nenn ich Gedankenübertragung, ich wollte Sie auch gerade anrufen.«

»Wie schön.« Ihre Stimme klang kurz angebunden und ein wenig hektisch. »Hören Sie, können wir uns noch einmal treffen? Ich weiß, ich weiß, aber … da ist etwas, worüber ich mit Ihnen reden muss. Dringend.«

»Dringend auch noch?« Sinha hob die Augenbrauen. »Dann trifft es sich womöglich ganz gut, dass ich gerade in Freiburg bin?«

»Wirklich? Perfekt. Können Sie zu mir kommen, in die Kriminalpolizeidirektion? Jetzt gleich?«

»Wenn Sie mir die Adresse geben, damit ich mein Navi damit füttern kann.«

»Heinrich-von-Stephan-Straße 4.«

»Bin schon unterwegs.«

13

Knapp eine Viertelstunde später hatte Surendra Sinha die Kriminalpolizeidirektion Freiburg gefunden und sich zu dem Büro von Michaela Lux durchgefragt. Sie teilte es sich mit ihrem Kollegen Schobinger, und auch wenn sie nicht gerade an ihrem Computer gesessen hätte, als Sinha den Raum betrat, so hätte er dennoch auf der Stelle sagen können, welcher der beiden einander gegenübergestellten Schreibtische der ihre war – auf dem lagen nämlich Aktendeckel, Leitz-Ordner, Zeitungen, Notizzettel, Stifte und geöffnete Briefe kunterbunt durcheinander, während der andere Schreibtisch penibelst aufgeräumt war und ebenso makellos und sauber wirkte wie die gepflegten Anzüge Peter Schobingers.

»Herr Sinha!« Michaela Lux stand auf, kam ihm entgegen und schüttelte ihm erfreut die Hand. »Gut, dass Sie so schnell kommen konnten. Möchten Sie einen Kaffee?«

»Nur, wenn es keine Umstände macht«, versetzte Sinha. »Schließlich haben Sie mich in einer dringenden Angelegenheit hierhergebeten, wenn ich Sie richtig verstanden habe.«

»Das stimmt, aber so viel Zeit muss sein«, erwiderte sie. »Außerdem hab ich den Kaffee schon aufgesetzt, gleich nachdem ich Sie angerufen hatte. Allerdings hab ich leider noch keine Gelegenheit gehabt, mich mit Zimt und Kardamom einzudecken. Ich hoffe, Sie sehen mir das nach.« Sie schenkte ihm ein flüchtiges Lächeln und ging zu einem niedrigen Büroschrank, auf dem eine Kaffeemaschine mit einer gefüllten Glaskanne stand.

Sinha verkniff sich eine Erwiderung und wartete, bis sie ihm einen Becher mit dampfendem Kaffee reichte und einladend auf den leeren Bürostuhl hinter Schobingers Schreibtisch wies. *Die Integration schreitet voran*, dachte er ironisch, während er Platz nahm und an seinem Becher nippte. *Fehlt nur noch das Namens-*

schild »Surendra Sinha, Kripo Freiburg«. Wundern würd's mich allmählich nicht mehr.

Michaela Lux hatte sich inzwischen selbst auch einen Becher eingegossen und mit Milch und Zucker versehen und wühlte nun in einer Schreibtischschublade.

»Ich hatte doch noch … verflixt noch mal, ich hab doch nicht etwa … *Mist.* Tut mir leid, Herr Sinha, jetzt kann ich Ihnen nichts dazu anbieten; ich war so sicher, dass hier noch ein paar Kekse herumschwirren, aber offenbar sind die bereits den Weg alles Irdischen gegangen.«

»Kein Problem«, meinte Sinha beschwichtigend. »Der Kaffee ist sehr gut, und das genügt schon, um mich glücklich zu machen. Also, was ist passiert, wo brennt's?«

Sie ließ sich ihm gegenüber auf ihrem Schreibtischstuhl nieder, nahm einen kleinen weißen Briefumschlag von einem Stapel Papiere und hielt ihn hoch. »Erinnern Sie sich?«

Sinha zog nachdenklich die Augenbrauen zusammen. »Ist das etwa der Umschlag von dieser Frau … wie hieß sie doch gleich, Brenner? Aus dem Schrank ihrer Tochter?«

»Sehr richtig.« Sie schickte das Kuvert mit einem leichten Drall auf die Reise, so dass es wie ein schnell kreiselnder Papier-Bumerang auf ihn zuflog und direkt vor ihm auf der blankpolierten Schreibtischplatte landete. Er griff danach, hielt jedoch in der Bewegung inne und warf Lux einen fragenden Blick zu.

»Nehmen Sie ihn ruhig«, sagte sie. »Er ist spurentechnisch gründlich untersucht worden, da können Sie nichts mehr kaputtmachen.«

Vorsichtig hob er den Umschlag mit den Fingerspitzen hoch und betrachtete ihn prüfend von beiden Seiten.

»Fällt Ihnen etwas auf?«

»Nicht wirklich«, meinte er zögernd. »Außer dass nichts draufsteht … kein Adressat, kein Absender … und dass er offenbar mal als Schreibunterlage benutzt worden ist, wenn ich diese kleine Kugelschreiberlinie hier am Rand richtig deute.

Sieht jedenfalls so aus, als hätte jemand etwas notiert und ist dabei mit dem Stift über den Rand des Zettels oder was auch immer hinausgeraten – und der Umschlag, der drunter lag, hat's abgekriegt.«

»Gut beobachtet.« Michaela Lux' Blick war sehr ernst geworden. »Um ehrlich zu sein, genau diese Kugelschreiberlinie hat mich vorgestern dazu bewogen, den Umschlag an mich zu nehmen. Nicht wegen dieser Frau und weil sie herumgeschimpft hat wie ein Rohrspatz; das wär mir gleich gewesen. Aber als ich diesen Krakel gesehen habe, da bin ich aufmerksam geworden – wegen seiner Farbe.«

Unwillkürlich warf Sinha noch einmal einen Blick auf die Stelle, wo ein Kugelschreiber – versehentlich, wie er vermutete – eine achtlose kleine Spur auf dem Umschlag hinterlassen hatte. Die Farbe war ihm vorhin auch schon aufgefallen, es war ein satter, schöner Türkiston.

Er hob den Kopf und fixierte Michaela Lux scharf.

»Jetzt sagen Sie bloß, Sie wissen, wem dieser Kugelschreiber gehört!«

Die Kommissarin seufzte und vergrub ihre Nase in ihrem Kaffeebecher.

»Sagen wir's so«, erwiderte sie, als sie einen Schluck getrunken hatte und den Becher wieder abstellte, »ich kenne jemanden, der so einen Kugelschreiber benutzt. Natürlich muss das noch nichts heißen; diese Minenfarbe ist zwar ungewöhnlich, aber ganz bestimmt kein Unikat. Trotzdem. Ich wollte es genau wissen, und deshalb hab ich der Hinterzartener Polizei netterweise die Arbeit abgenommen und den Umschlag einem Kollegen von unserer Spurensicherung anvertraut. Dummerweise stecken die Jungs derzeit bis zum Hals in Arbeit, deshalb ist der Mann gestern den ganzen Tag über nicht dazu gekommen, sich das Teil näher anzusehen. Aber heute Vormittag hat er mich angerufen. Und mich gefragt, ob ich mir mit meinem Kollegen einen dummen Scherz erlauben will oder was die ganze Aktion soll.«

»Wieso?«, fragte Sinha verständnislos. »Sie haben ihn doch nur gebeten, seinen Job zu tun.«

Michaela Lux starrte auf ihre Hände hinunter und gab ein fast lautloses kleines Schnauben von sich. Dann hob sie den Kopf und richtete den Blick fest auf Sinha.

»Er hat nicht sich selbst gemeint«, sagte sie leise, »sondern Peter Schobinger.«

Der Umschlag entglitt Sinhas Fingern und landete mit einem sanften Klatschen auf dem Schreibtisch.

»Schobinger?«, wiederholte er ungläubig, obwohl er sich absolut sicher war, genau diesen Namen verstanden zu haben.

»Schobinger«, bestätigte Michaela Lux tonlos. »Speichelreste und Fingerabdrücke auf dem Umschlag, weitere Fingerabdrücke auf den Geldscheinen darin. *Seine*. Der Kollege konnte alles eindeutig *ihm* zuordnen. Sie müssen wissen, Schobinger und ich waren vor ein paar Wochen an einem Tatort, wo hinterher unerwartet noch DNA-Spuren gefunden worden sind. Um Verwechslungen auszuschließen, haben wir freiwillig Speichelproben abgegeben und auch unsere Fingerabdrücke nehmen lassen. Und die sind im Moment nach wie vor im Speicher, weil das entsprechende Ermittlungsverfahren noch läuft.«

Sie stand auf, kam zu ihm herüber und zeigte mit der Fingerspitze auf den Umschlag.

»Und dieses Türkis war die Lieblingsfarbe von Schobingers Frau. Er hat ihr seinerzeit einen teuren Kugelschreiber in dieser Farbe, mit entsprechender Mine und mit ihrem eingravierten Namen zum Geburtstag geschenkt. Nur wenige Wochen vor ihrem Unfalltod. Seitdem verwendet er diesen Kugelschreiber selbst, zur Erinnerung an sie. Er trägt ihn immer bei sich, und ich hab ihn noch nie mit einem anderen Stift schreiben sehen.«

Sinha schüttelte fassungslos den Kopf. Für ihn klang das alles so eindeutig wie unsinnig.

»Aber warum um alles in der Welt sollte Schobinger dieser Tanja tausend Euro zustecken? Er hat – er hat doch nicht etwa mit ihr …«

Der Rest des Satzes blieb ihm im Hals stecken; zu ungeheuerlich erschien ihm die Vorstellung, um sie auch nur zu Ende *denken* zu wollen. Michaela Lux schien jedoch zu begreifen, welches Szenarium ihm gerade vorschwebte.

»Wohl kaum«, meinte sie trocken und ließ sich wieder in ihren Schreibtischstuhl fallen. »Dazu war er seiner Elise viel zu treu ergeben. Aber es gibt ja auch noch andere … *Gefallen*, die man sich von einem Mädchen wie Tanja tun lassen kann. Vor allem, wenn sie als freiwillige Helferin beim Sommerskispringen in Hinterzarten arbeitet.«

»Sie meinen …« Sinha schnappte nach Luft; eine Ahnung stieg in ihm hoch, die ihm noch weniger gefiel als die Idee einer jungen Rotzgöre wie Tanja Brenner als Schobingersches Betthäschen.

»Warum nicht?«, erwiderte Michaela Lux seufzend. »Zählen Sie zwei und zwei zusammen, und Sie kommen auf dasselbe Ergebnis wie ich. Schobinger ist ein hingebungsvoller Vater; Daniel ist sein Ein und Alles, erst recht seit dem Tod seiner Frau. Und er hat die Skisprung-Karriere seines Sohnes stets aus vollem Herzen gefördert. Ist es da nicht denkbar, dass er versucht hat, ein bisschen … nachzuhelfen, als die Dinge für Daniel mal wieder ungünstig liefen und ein anderer junger Adler an seiner Stelle die Möglichkeit bekam, vor den Augen der Welt als Vorspringer zu glänzen?«

»Aber er ist Polizist, verdammt noch mal!« Sinha schlug mit der flachen Hand auf den Tisch. »Er ist Kriminalhauptkommissar! Er steht auf der Seite des Gesetzes! Das wäre doch … nein. *Nein!* Das glaub ich nicht, niemals! Wofür auch immer er dieses Mädchen bezahlt hat – nicht dafür. *Nicht dafür!*«

Michaela Lux sah ihn an, und plötzlich glaubte er in ihren Augen so etwas wie Mitleid zu lesen.

»Gutmensch!«, stellte sie mit deutlich zynischem Unterton fest. »Leider kann ich es mir nicht so leicht machen. Ich tu's nicht gern, wirklich nicht … aber der Verdacht ist da, also muss ich ihm nachgehen.«

»Und was heißt das im Klartext?«

Sie nahm ihre Nerdbrille ab, rieb sich die Augen und setzte sich das Gestell wieder auf.

»Das heißt, dass ich mich, nachdem ich das Ergebnis der Spurensicherung bekommen hatte, hinter einen Mitarbeiter geklemmt habe, der für die Asservatenkammer zuständig ist. Hat mich die Zusage zu einem Rendezvous gekostet, auf das ich alles andere als scharf bin – aber der Mann versucht schon seit über einem Jahr, mich mal zum Essen einzuladen, und ich dachte, okay, eine Hand wäscht die andere. Offenbar hat ihn die Aussicht, mich endlich ausführen zu dürfen, ordentlich beflügelt, denn er hat sofort damit begonnen, die Kokainbestände zu checken. Und wissen Sie, was er mir wenig später mit dem Ausdruck größter Bestürzung vermeldet hat?«

»Dass zwei Kokainpäckchen fehlen«, murmelte Sinha resignierend.

»Fünf sogar«, korrigierte Lux verbissen. »Möglicherweise hat der Mann sich einen kleinen Vorrat zugelegt, für den Fall der Fälle. Oder er konsumiert das Zeug selbst, was weiß ich.«

»Aber«, wandte Sinha ein, »dass das Kokain aus der Asservatenkammer verschwunden ist, bedeutet doch nicht automatisch, dass *Schobinger* sich daran vergriffen hat, oder? Da haben doch sicher auch noch andere Kollegen Zugang.«

»Natürlich«, pflichtete Lux ihm sofort bei. »Aber es wäre schon ein ausgesprochen seltsamer Zufall, oder?« Sie hob abwehrend die Hand, bevor Sinha etwas erwidern konnte. »Ich weiß … und ich hab auch nicht vor, damit jetzt sofort zu unserem Chef zu laufen und ihm das Ganze als ein Fait accompli zu präsentieren. Was ich aber ganz bestimmt tun werde, ist, noch einmal nach Hinterzarten zu fahren und dieser Tanja gehörig auf den Zahn zu fühlen. Und ehrlich gesagt: Das ist auch der Grund, warum ich Sie angerufen habe. Ich wollte Sie fragen, ob Sie mitkommen. Bei dieser Vernehmung hätte ich gerne jemanden dabei, der … dem ich vertrauen kann und der mich notfalls bremst, wenn die Pferde mit mir durchgehen. Passiert mir zwar eher selten, aber bei *der* Ausgangslage … wie gesagt, glauben Sie bloß nicht, dass mir das alles hier leichtfällt.«

Sinha war noch vollauf damit beschäftigt, die Fakten zu verdauen, mit denen Michaela Lux ihn gerade konfrontiert hatte – und die darauf hindeuteten, dass ein geachteter und geschätzter Kollege von ihm möglicherweise tatsächlich etwas Illegales getan hatte, das man nicht mehr als schlichtes Dienstvergehen abtun konnte. Er wollte es nicht glauben … und allein schon deshalb würde er die Bitte seiner Kollegin erfüllen. Um es mit eigenen Ohren zu hören, wenn Tanja Brenner die Wahrheit über die Herkunft des Geldes auf den Tisch legte und damit Peter Schobinger entlastete. Oder auch nicht. *Götter im Himmel.*

Er riss sich zusammen und sah Michaela Lux an, die sichtlich nervös auf seine Reaktion wartete.

»In Ordnung«, sagte er. »Ich komme mit. Aber *Sie* führen die Befragung durch, nicht ich. Ich hab mich schon genug in Ihre Angelegenheiten eingemischt; ich will nicht, dass es am Ende noch heißt, ich hätte hier heimtückisch am Stuhl eines Freiburger Kollegen gesägt.«

Michaela Lux' Gesicht verzog sich zu einer bitteren Grimasse.

»*Den* Stuhl hat der Kollege schon selbst ruiniert, so wie's aussieht. Der Letzte, der da was dafür kann, sind Sie. Aber schon klar – natürlich mach ich das. Mir geht's wirklich nur darum, jemanden dabeizuhaben, der mir moralisch den Rücken stärkt … und der mir später bei Bedarf zu Hilfe kommen kann, falls jemand auf die Idee kommt, *ich* hätte an besagtem Stuhl rumgesägt. Vier Ohren hören mehr als zwei … und Ihre Ohren wird man vermutlich als neutraler einstufen als meine.«

Sinha nickte. Er begriff das Dilemma, in dem seine Kollegin sich befand. Michaela Lux und Peter Schobinger waren ein ausgesprochen ungleiches Ermittlerduo, das war ihm ja schon von Anfang an aufgefallen. Und dass Lux sich von dem älteren Kommissar – ob zu Recht oder nicht – benachteiligt und bevormundet fühlte, hatte sie sicherlich nicht nur ihm erzählt; er konnte sich gut vorstellen, dass das hier ein mehr oder weniger offenes Geheimnis war. Sollte sie diesen Kollegen jetzt tatsächlich einer Straftat überführen, dann konnte man ihr das zwar wohl kaum zum Vorwurf machen, aber ein Beigeschmack würde bleiben, der ihr die künftige Arbeit nicht leichter machen würde, und schon gar nicht die Zusammenarbeit mit anderen beziehungsweise neuen Kollegen.

»Aber«, versuchte er noch einzuwenden, »wäre es unter diesen Umständen nicht besser, Sie würden die Angelegenheit komplett in andere Hände legen? In, um es mit Ihrem Wort zu sagen, neutralere?«

Ihre Augen wurden dunkel. Offenbar konnte sie seinen Gedankengang sehr genau nachvollziehen.

»Nein«, erwiderte sie verbissen. »Ich werd den Teufel tun und schlafende Hunde wecken, solange ich nicht hundertprozentig sicher bin. Die Kollegen von der Spurensicherung und aus der Asservatenkammer wissen nicht, warum genau ich sie um ihre Auskünfte gebeten habe, und das soll auch erst mal so bleiben. Der Einzige, den ich bislang en detail ins Vertrauen gezogen habe, sind Sie.«

Sie hielt inne, vielleicht weil sie auf ein »*Warum?*« wartete. Aber Sinha nickte lediglich wortlos. Er konnte es sich denken, und *fishing for compliments* war nicht sein Ding.

»Gut«, sagte Michaela Lux nach einer Weile schließlich und stand auf. »Wollen wir dann?«

* * *

Eine halbe Stunde später stellte Sinha seinen Corsa hinter Lux' Wagen in einer Seitenstraße am westlichen Ortsrand von Hinterzarten ab. Familie Brenner wohnte in einem schmucken kleinen Einfamilienhaus mit einem Vorgarten, in dem eine überquellende Fülle an bunt blühenden Blumen die Besucher grüßte. Noch ehe die beiden Kommissare klingeln konnten, kam Monika Brenner um die Hausecke, in einem Arbeitsoverall, ein Tuch um die Haare geschlungen und mit einer gefüllten Gießkanne in der Hand.

»Guten Tag!«, sagte sie munter. »Wollen Sie zu mir?«

»Ja«, antwortete Michaela Lux. »Das heißt, genau genommen wollen wir zu Tanja. Ist sie da?«

Frau Brenner runzelte die Stirn. »Ja, wieso? Hat sie was ausgefressen?«

»Wir brauchen einfach nur ein paar Informationen von ihr«, erwiderte Lux höflich. »Dürfen wir reinkommen?«

Frau Brenners Augen wurden schmal, und mit einem Mal stellte sie die Gießkanne ab und schlug sich eine Hand vor den Mund.

»Sie sind doch die beiden Kommissare, oder? Denen ich den Umschlag mit dem Geld gegeben habe? Sie hat's also doch gestohlen! Ich hab's *gewusst!*«

»Frau Brenner!«, mischte sich nun Sinha beruhigend ein. »Nichts deutet darauf hin, dass Ihre Tochter etwas *gestohlen* hat. Wir wollen sie lediglich noch einmal in aller Ruhe nach der Herkunft des Geldes befragen. Und ich denke, wir sollten jetzt wirklich drinnen weiterreden und nicht hier draußen.«

»Natürlich.« Mit einer fahrigen Geste strich Frau Brenner sich eine verschwitzte Haarsträhne, die sich unter dem Kopftuch hervorgestohlen hatte, aus der Stirn. »Kommen Sie!«

Sie ging Sinha und Lux voraus, streifte vor der Haustür ihre verdreckten Clogs ab und führte die Kommissare durch eine mit dunklem Holz verkleidete Diele in ein großes, gemütliches Wohnzimmer.

»Nehmen Sie Platz«, sagte sie und wies auf das Sofa. »Kann ich Ihnen etwas anbieten? Kaffee, Tee, etwas Kaltes?«

»Ein Wasser wäre schön«, antwortete Lux.

»Ja, für mich auch, bitte«, fügte Sinha hinzu.

»Kommt sofort«, sagte Frau Brenner. »Ich muss mir nur vorher schnell die Hände waschen, Sie sehen ja, ich war gerade bei der Gartenarbeit. Hoffentlich stört dieser Aufzug Sie nicht.« Verlegen wies sie auf ihre mitgenommene Arbeitskleidung.

»Überhaupt nicht«, lächelte Michaela Lux. »Ich beneide Sie, ich hätte auch gern einen Garten, in dem ich rumwerkeln könnte. Noch dazu, wenn er dann so schön wird wie der Ihre.«

Frau Brenner strahlte, sichtlich erfreut über das Kompliment, und verließ das Wohnzimmer. Sinha hörte, wie sie draußen laut *»Tanja? Komm mal runter, du hast Besuch!«* rief.

»Nicht schlecht, Frau Kollegin«, raunte er anerkennend.

»Kleinigkeit«, raunte sie zurück. »Ist immer besser, die Mütter auf unserer Seite zu haben.«

Sie warteten ohne einen weiteren Kommentar, bis Frau Brenner zurückkam; sie hatte das Kopftuch abgenommen, sich ein wenig frischgemacht und trug ein Tablett mit Gläsern und einer Flasche Mineralwasser vor sich her.

»Ist Tanja noch nicht da?«, fragte sie mit gerunzelten Augenbrauen und stellte das Tablett auf dem Couchtisch ab.

»Hat sich noch nicht blicken lassen«, erwiderte Lux.

»Dieses Mädel!« Frau Brenner verdrehte die Augen. »Macht mal wieder einen auf stur, wie immer.« Sie drehte sich um, trompetete ein diesmal noch lauteres *»Tanja??«* in den Flur hinaus, lauschte kurz und seufzte. »Ich seh schon, von selber wird das nichts. Schenken Sie sich doch schon mal ein, ich hol sie runter.«

»Wir können auch mitkommen und Tanja in ihrem Zimmer befragen«, bot Lux an. »Das wär ihr vielleicht auch angenehmer.«

»Nichts da!«, versetzte Frau Brenner energisch. »Das Mädel muss lernen, dass nicht alles nach ihrer Nase geht. Und wenn ich ihr sage, sie soll runterkommen, dann hat sie nicht auf Durchzug zu schalten. Nicht mit mir!«

Sie verschwand mit schnellen, entschlossenen Schritten. Sinha und Lux wechselten einen vielsagenden Blick.

»Sie haben keine Kinder, nicht wahr?«, sagte Lux.

»Nein.«

»Ich auch nicht.« Lux schnaubte leise. »Und in Momenten wie diesen tut mir das plötzlich auch gar nicht mehr leid.«

Sie schraubte den Flaschendeckel ab und füllte zwei Gläser mit perlendem Mineralwasser. Gerade als sie eines davon vor Sinha hinstellte, waren aus dem Flur Schritte zu hören, die eine Treppe herunterkamen, und gleich darauf schob Frau Brenner ihre Tochter in das Wohnzimmer.

»So, jetzt – rein mit dir!«

Mit einer genervten Geste streifte Tanja die Hand ihrer Mutter ab, stellte sich breitbeinig mitten ins Zimmer und verschränkte sichtlich schlechtgelaunt die Arme vor der Brust.

»Hallo, Tanja!«, sagte Michaela Lux freundlich. »Tut uns leid, dass wir dich stören, aber wir haben ein paar Fragen an dich.«

»Und wenn ich keine Lust darauf habe?«, maulte Tanja missmutig.

»Dann müssten wir unverrichteter Dinge wieder abziehen, aber als Nächstes würde dir eine richterliche Vorladung zur Vernehmung ins Haus flattern«, erklärte Lux ungerührt. »Und da du darauf vermutlich ebenso wenig Lust hast wie wir, würde ich vorschlagen, du setzt dich jetzt gemütlich hin, und wir bringen die Sache ganz schnell hinter uns.«

Tanja nestelte, sichtlich ein wenig aus dem Konzept gebracht, an einem Träger des roten Tops herum, das sie zu ausgefransten Jeansshorts trug. Dann gab sie einen lauten, demonstrativen Seufzer von sich, ließ sich in einen Sessel plumpsen und streckte ihre langen, braungebrannten Beine aus.

»Okay. Aber machen Sie's kurz, ja? Ich hab Ferien.«

»Tanja, benimm dich!«, fauchte ihre Mutter, die an den Türrahmen gelehnt stehen geblieben war. »Und setz dich ordentlich hin, mein Gott!«

»Kannst ruhig *Tanja* zu mir sagen«, gab das Mädchen süffisant zurück und ließ sich noch tiefer in den Sessel rutschen.

»Schon gut«, mischte Lux sich mit einem schmallippigen Lächeln ein. »Wir sind hier ja nicht vor Gericht, also können wir es uns ruhig etwas bequem machen. Willst du auch was zu trinken, Tanja?«

»Nein, ich will raus hier.«

»Versteh ich. Also kommen wir zur Sache; je zügiger du unsere Fragen beantwortest, desto eher lassen wir dich wieder in Ruhe.«

Sinha betrachtete seine Kollegin, während sie nach ihrer Tasche griff und darin herumsuchte. Bis jetzt hatte sie sich offenbar problemlos unter Kontrolle.

»Hier!« Lux hielt den Umschlag hoch. »Um den hier geht's, Tanja. Deine Mutter hat uns vorgestern erzählt, dass sie ihn in deinem Schrank gefunden hat, und da du dabei warst und dem nicht widersprochen hast, gehen wir davon aus, dass das den Tatsachen entspricht. Von wem hast du ihn?«

»Das sag ich nicht!«, entgegnete Tanja patzig. »Sie sind doch Polizistin – finden Sie's raus!«

Michaela Lux steckte den Umschlag wieder ein und sah das Mädchen ernst an. »Du kannst es uns ruhig sagen, Tanja. Einen Umschlag von einem Polizisten entgegenzunehmen ist nicht zwangsläufig ein Verbrechen.«

Tanjas demonstrative Überheblichkeit war mit einem Schlag wie weggefegt; sie richtete sich auf und starrte die Kommissarin entgeistert an.

»*Was?* Aber wie … woher …«

»Du sagst ja selbst: Ich bin Polizistin«, versetzte Michaela Lux gelassen. »Wir wissen, wer den Umschlag vor dir in der Hand gehabt hat – und auch die Scheine darin. Das Einzige, was wir noch nicht wissen, ist: *Wofür* hat er sie dir gegeben?«

»Einen Augenblick!«, ging nun Frau Brenner dazwischen; die hektischen roten Flecken begannen wieder auf ihren Wangen aufzublühen. »Wollen Sie damit sagen, meine Tochter hat Geld von einem *Polizisten* bekommen?«

»Es sieht so aus, ja«, bestätigte Lux.

»Von wem?«

»Das tut im Moment nichts zur Sache«, entgegnete Lux. »Wichtig ist jetzt, dass Tanja uns sagt, wofür sie dieses Geld bekommen hat.«

»*Tanja!!*« Frau Brenner stemmte die Hände in die Hüften. »Was um Himmels willen hast du getan? Du hast … du hast dich doch nicht etwa …«

»Und selbst wenn!« Tanja sprang auf; auch ihr Gesicht färbte sich nun knallrot. »Was würd's dich angehen? Ich bin kein Kind mehr!«

»Du bist fünfzehn!«

»Eben! Da wär's nicht mehr strafbar, wenn einer mit mir ins Bett geht!«

»Kind, du kannst doch nicht …«

»Ich kann machen, was ich will! Du kannst mir gar nichts vorschreiben! Aber keine Sorge, ich bin mit dem alten Schobinger nicht in die Kiste gehüpft. Ich hab ihm lediglich einen Gefallen getan!«

Sinha überlief es glühend heiß. *Schobinger. Der Name war gefallen.*

Er warf seiner Kollegin einen schnellen Seitenblick zu; Michaela Lux war weiß wie die Wand geworden. Aber auch Tanjas Gesicht verlor plötzlich rapide an Farbe, als ihr klar wurde, dass sie sich gerade im Eifer des Gefechts verplappert hatte.

»Schobinger?«, kam es fragend von Frau Brenner. »Wer ist das?«

Sinha merkte, wie Michaela Lux neben ihm um ihre Fassung kämpfte, und kam ihr kurzerhand zu Hilfe. »Ein Kollege«, erklärte er ausweichend. »Und wir gehen davon aus, dass Tanja ihm tatsächlich lediglich einen Gefallen getan hat, der ihm eine … finanzielle Aufwandsentschädigung wert war. Stimmt doch, Tanja, oder?«

Tanja biss sich auf die Lippen und schwieg.

»Hat es damit zu tun, dass du Helferin beim Sommerskispringen warst?«

Er wusste, dass er mit dieser Frage bereits haarscharf an handfester Einflussnahme vorbeischrammte, und er betete innerlich, dass Tanja begriff, dass er der Wahrheit bereits auf der Spur war, und ihren Widerstand aufgab. Denn sonst würde es schwierig werden, etwas aus ihr herauszubekommen, ohne offen den Verdacht zu äußern, für den Lux und er zwar Indizien, aber keine Beweise hatten.

Aber seine Hoffnung erfüllte sich umgehend: Tanja riss die Augen weit auf. »Heißt das … Sie wissen schon alles?«

»Ich möchte es von *dir* hören«, sagte Sinha ruhig und erwiderte ihren Blick unverwandt.

Tanja wandte sich ab und schien in sich zu gehen. Alle warteten mit angehaltenem Atem; selbst Frau Brenner schien zu begreifen, dass sie sich diesmal ein genervtes *»Jetzt red schon!«* besser schenken sollte.

»Nun ja … er hat halt gesagt, dass ich damit etwas für Daniel tue und dass er sehr glücklich darüber sein wird«, meinte sie schließlich und drehte dabei eine ihrer langen Haarsträhnen um den Zeigefinger. »Und Daniel … der ist einfach voll *süß*, und deshalb … hab ich's halt gemacht.«

»Was?«, hakte Sinha behutsam nach.

»Daniel?«, platzte in dem Moment Frau Brenner heraus. »Reden wir hier von Daniel Schobinger? Ist dem sein Vater nicht Kriminalkommissar?« Ihre Stimme wurde immer lauter. »Herrgott im Himmel – hast du das Geld etwa von einem *Kommissar* bekommen, Tanja? Aber was hast du …«

»Frau Brenner, *bitte!*« Sinha stand auf und trat zwischen Mutter und Tochter. »Es hilft überhaupt niemandem, wenn Sie hier herumbrüllen. Entweder halten Sie sich jetzt raus, oder ich würde vorschlagen, Sie gehen einen Moment an die frische Luft.«

Frau Brenner starrte ihn mit offenem Mund an; mittlerweile glänzte ihr gesamtes Gesicht feuerrot. Sinha drehte ihr den Rücken zu, ging zu Tanja, die unschlüssig zu Boden schaute, und legte ihr sanft eine Hand auf die Schulter.

»Pass mal auf, Tanja. Es ist sehr wichtig, dass du mir jetzt die Wahrheit sagst. Du magst Daniel, ja?«

Das Mädchen hob den Kopf und sah ihn aus großen, rehbraunen Augen an. »Ja. Schon lange. Er ist so cool, und er sieht so *gut* aus! Und bei der Eröffnungsparty, da … da war er so lieb zu mir, er hat mir sogar einen Kuss gegeben! Moira hat das mitgekriegt und sich danach furchtbar mit ihm gezofft. Da hab ich echt gedacht, er macht Schluss mit ihr, und dann werde *ich* seine Freundin.«

Sinha nickte verstehend. Das war also die »Nichtigkeit« gewesen, wie Daniel es ausgedrückt hatte, über die Moira Kerber an dem Abend mit ihm gestritten hatte, bevor sie aus dem Skistadion hinaus und Kim-Celine Walker in die Arme gelaufen war. Und Einar Birkelands Einstufung Daniels als *Casanova, der den Mädchen reihenweise den Kopf verdreht*, war wohl nicht ganz aus der Luft gegriffen.

»Und dann«, fuhr Tanja fort; es klang so, als würde sie jeden Moment anfangen zu weinen, »dann ist Moira umgebracht worden, und Daniel hat voll um sie getrauert … aber ich dachte, das ist jetzt erst recht meine Chance. Er … er muss nur endlich begreifen, dass ich die Richtige für ihn bin.«

Sie zog die Nase hoch und schniefte heftig. »Im Stadion hab ich nach ihm gesucht … dann bin ich seinem Vater über den Weg gelaufen, und ich hab ihn gefragt, ob er weiß, wo Daniel ist. Er meinte, Daniel sei völlig geknickt, weil die gemein zu ihm waren und schon wieder Jonas an seiner Stelle springen lassen – aber ich könnte etwas für Daniel tun, das wäre ganz wichtig für ihn, und er würde mir sehr, sehr dankbar sein dafür.«

»Hat Daniels Vater denn gewusst, wie sehr du seinen Sohn magst?«, erkundigte sich Sinha mit einem Lächeln, zu dem er sich regelrecht zwingen musste. *Wenn das stimmte, dann hatte Schobinger die Schwärmerei dieses Teenagers für seinen Sohn auf mehr als schäbige Weise ausgenutzt.*

»Klar«, antwortete Tanja und schluckte. »Ich hatte doch einen Teddybären dabei, mit einem Herz drauf, und ich hab ihm gesagt, dass der für Daniel ist, als Glücksbringer. Und er hat zwei Päckchen mit einem weißen Pulver aus der Tasche geholt und gesagt, wenn ich die heimlich in Jonas' Jacke schmuggle, dann darf Daniel doch noch als Vorspringer runter, und dann wäre er über meinen Glücksbringer sicher total happy!«

»Ein weißes Pulver?«, fragte Sinha ernst. »Hat er gesagt, was genau das ist … oder hast du es gewusst?«

Für einen Moment blitzte wieder die alte Arroganz in Tanjas Augen auf.

»Gesagt hat er es nicht«, antwortete sie. »Aber ich bin doch nicht blöd. Das war Koks, oder?«

Sinha seufzte innerlich. Bis hierher wäre das Mädchen noch einigermaßen glimpflich davongekommen – aber sie hatte genau gewusst, was sie da in der Hand hielt und auf welche gemeine Intrige sie sich einließ. Sein Mitgefühl für sie schrumpfte auf ein Minimum zusammen.

»Ja«, sagte er tonlos. »Das war Kokain. Und du hast dann getan, worum er dich gebeten hat?«

»Ja. War überhaupt kein Problem, ich kam ja rein in die Umkleide. Ich hab die Päckchen in Jonas' Jacke gesteckt, und dafür hab ich dann auch noch die Kohle gekriegt.«

Sinha atmete tief durch und musterte Tanja ernst. »Dir ist schon klar, dass du das Geld nicht behalten darfst?«

»Und warum nicht?« Der aggressive Zickenton war zurück. »Das ist *mein* Geld, ich hab's mir ehrlich verdient!«

»*Ehrlich?*« Sinha schüttelte den Kopf. »Mit *Drogen?*«

»War doch bloß Koks!«

»*Bloß!*« Er spürte, wie eine Mischung aus Zorn und blankem Unverständnis in ihm hochstieg. »Ist dir klar, in welche Schwierigkeiten du Jonas gebracht hast? Gegen den wird jetzt ermittelt! Drogenbesitz ist kein Kavaliersdelikt, der kann Gefängnis dafür kriegen!«

»Wieso?«, fragte Tanja gleichmütig. »Ist doch nicht *sein* Koks, also können sie ihn auch nicht dafür verknacken.«

»Und wie soll er beweisen, dass das nicht *sein* Koks ist? Kannst du mir das bitte mal verraten?«

»Ist das mein Problem? Und außerdem ist er noch keine achtzehn. Da passiert ihm sowieso nichts.«

»Aber er ist siebzehn, und damit strafmündig!« Sinhas Fassungslosigkeit wuchs. *Wie dämlich war dieses Gör eigentlich?* »Und hast du vielleicht schon mal was von Jugendknast gehört?«

»Das ist ja kein richtiger Knast, das ist doch nur so'n Arrest. Da dürfen die Jungs sogar einen Beruf lernen.«

Er sollte sich die Antwort verkneifen. Aber er hatte keine Lust dazu.

»Nicht nur die Jungs«, sagte er kühl. »Die Mädchen auch. Wer weiß, vielleicht lernst du da drin ja auch bald einen.«

»Wieso ich?« Sie riss die Augen auf. »Ich hab doch nur gemacht, was der Kommissar von mir gewollt hat!«

»Du hast gesagt, du wusstest, dass in den Päckchen Kokain war«, erwiderte Sinha erbarmungslos. »Und damit hast du dich strafbar gemacht.«

»Was soll das heißen?«, meldete sich nun Frau Brenner wieder zu Wort, diesmal hörbar ängstlich. »Wollen Sie damit sagen, dass meine Tochter jetzt ins Gefängnis kommt?«

Er wandte sich ihr zu und sah sie ernst an. »Nicht umgehend«, antwortete er. »Und vielleicht bleibt es ihr auch ganz erspart und sie kommt mit Sozialstunden davon. Aber dass jetzt gegen sie wegen Besitzes und Weitergabe von Drogen ermittelt werden wird – und wegen falscher Verdächtigung noch dazu –, das ist sicher.«

»Herrgott!« Frau Brenner schlug die Hände zusammen. »Hast du das gehört?«, pflaumte sie ihre Tochter an. »Du kommst vor Gericht, und womöglich noch ins Gefängnis! Was sollen die Leute von uns denken? Schämst du dich denn überhaupt nicht?«

»Aber es war doch ein *Kommissar*, der mir das Zeug gegeben hat«, schoss Tanja zurück, wenn auch eindeutig nicht mehr so selbstsicher wie zuvor. »Ich hab gedacht, dann wär das in Ordnung.«

Sinha biss sich auf die Lippen. »Sogar Kommissare machen bisweilen Fehler«, sagte er gepresst. »Wir sind schließlich auch nur Menschen. Und du kannst sicher sein, dass wir mit Herrn Schobinger ein ernstes Wort über diese Sache reden werden.«

»Kommt der dann auch in den Knast?«, fragte Tanja mit unverhohlener Spannung.

Sinha warf einen unauffälligen Seitenblick auf Michaela Lux, die noch immer kreideweiß und wie versteinert auf dem Sofa saß. *Bloß gut, dass er mitgekommen war.*

»Das liegt außerhalb meines Ermessens«, erwiderte er ausweichend; er hatte keine Lust, sich jetzt mit Kollege Schobingers Zukunft zu befassen oder sie gar vor dieser Göre zu erörtern. »Aber ich möchte dich – und auch Sie, Frau Brenner – ausdrücklich darum bitten, diese Geschichte vorerst noch nicht überall herumzuerzählen, solange die Polizei den Fall noch nicht abgeschlossen hat.«

Er wusste sehr gut, dass er keine Handhabe hatte, um Mutter und Tochter Brenner ernsthaft zu Stillschweigen zu verpflichten. Aber es war zumindest wünschenswert, dass diese Geschichte noch nicht die Runde machte, solange sie Schobinger selbst noch nicht damit konfrontiert und ihm die Möglichkeit gegeben hatten, sich dazu zu äußern.

Er hörte einen gequälten kleinen Schluchzer aus der Richtung von Frau Brenner und fühlte sich plötzlich auf fatale Weise an Kim-Marie Walker erinnert.

»Ich denke, wir haben vorerst keine weiteren Fragen mehr«, stellte er verbissen fest. »Oder, Frau Lux?«

Michaela Lux schien bei dieser direkten Anrede endlich aus ihrer Starre zu erwachen und schüttelte wortlos den Kopf.

»Gut«, sagte er. »Dann gehen wir. Danke für das Wasser, Frau Brenner. Wir finden selbst hinaus. Ade.«

Er registrierte erleichtert, dass Lux sofort aufstand, und ließ ihr den Vortritt hinaus in den Flur. Gerade als er selbst das Wohnzimmer verlassen wollte, hörte er hinter sich noch einmal Tanjas Stimme.

»Hören Sie – stimmt es eigentlich, dass … dass Daniel jetzt total gelähmt ist?«

Er wandte sich zu ihr um. »Ja. Er wird nie wieder gehen oder seine Arme bewegen können.«

Die Anspannung wich aus ihrem Körper, und sie schaute auf ihre Füße hinunter. »Scheiße!«

Eine leise Hoffnung keimte in Sinha auf. *Vielleicht war bei dem Mädchen Hopfen und Malz doch noch nicht ganz verloren.*

»Und es geht ihm gar nicht gut«, sagte er eindringlich. »Er braucht unbedingt Menschen, die für ihn da sind. Jetzt hast du wirklich Gelegenheit, ihm zu zeigen, was er dir bedeutet und wie sehr du ihn magst.«

Sie hob den Kopf und sah ihn verständnislos an. »Was soll ich denn mit einem gelähmten Krüppel?«

Diese Antwort verschlug Sinha buchstäblich die Sprache. Fassungslos starrte er Tanja an.

»Schauen Sie doch nicht so!«, raunzte sie. »Als ob Sie was mit einem Behindi anfangen könnten – niemand will so einen für den Rest seines Lebens an der Backe haben! Oh Mann, so ein beschissener Mist – wenn ich bedenke, dass ich das alles nur für ihn gemacht hab, und jetzt hab ich voll den Ärger am Hals, und die Bullen noch dazu, und alles umsonst! *Scheiße!* Ich will wenigstens meine Kohle wiederhaben! Als Schmerzensgeld!«

Sinha ballte die Hände zu Fäusten und spürte, wie auch der letzte noch vorhandene Rest Mitgefühl für dieses Mädchen sich in nichts auflöste. Er atmete tief durch, um sich zu beruhigen.

»Weißt du was, Tanja?«, sagte er kalt. »Werd erwachsen!«

Damit verließ er zusammen mit Michaela Lux das Haus, ohne sich noch einmal umzusehen.

***

Sie schafften es gerade noch bis zu Lux' Wagen; kaum war die Kommissarin dort eingestiegen, als sie die Fassung verlor, über dem Lenkrad zusammensank und in heftiges Schluchzen ausbrach. Sinha, der sie nicht mehr aus den Augen gelassen hatte, nahm sofort neben ihr auf dem Beifahrersitz Platz – entschlossen, bei ihr zu bleiben, bis sie sich wieder beruhigt hatte, und den Wagen seiner Kollegin notfalls persönlich zurück nach Freiburg zu lenken, solange es ihm nicht ratsam schien, sie in ihrem aufgelösten Zustand ans Steuer zu lassen.

Er wartete geduldig, bis sie wieder so weit war, dass sie reden konnte.

»Ich kann's nicht glauben«, murmelte sie mit erstickter Stimme. »*Verdammt noch mal.*«

»Ich auch nicht«, stimmte er ihr leise zu.

Sie wischte sich mit dem Handrücken über die verweinten Augen.

»Tja«, sagte sie rau. »Dann werden wir uns jetzt mit Schobinger befassen müssen.«

»Ohne mich!« Sinha hob abwehrend beide Hände. »An dieser Stelle ist für mich jetzt endgültig Feierabend. Das geht nur noch die Freiburger Polizei etwas an, ich halt mich da ganz klar raus.«

»Natürlich.« Lux schniefte noch einmal. »Sie haben wahrlich schon genug getan, und ich danke Ihnen sehr dafür. Ich werde …« Sie unterbrach sich, als ein Klingelton aus ihrer Tasche zu hören war; nach kurzem Wühlen hatte sie ihr Smartphone gefunden und hob es ans Ohr. »Ja, Lux? – In Hinterzarten, musste noch mal jemanden vernehmen. – *Was??* – Oh mein Gott! – Ja, ich … ich komme sofort. Ich beeil mich.«

Sie ließ das Smartphone sinken und sah Sinha an. Ihr Gesicht war aschgrau geworden.

»Daniel Schobinger ist tot.«

14

Während der gesamten Rückfahrt nach Freiburg redeten sie kein einziges Wort. Surendra Sinha hatte seinen Corsa in Hinterzarten stehen gelassen und tatsächlich anstelle von Michaela Lux das Steuer ihres Wagens übernommen; seine Kollegin war noch immer völlig durch den Wind, erst recht nach der schockierenden Nachricht, dass Peter Schobingers Sohn unerwartet in der Klinik gestorben und Schobinger selbst unauffindbar war. Wobei es auch ihm nicht leichtfiel, sich auf die Fahrbahn zu konzentrieren; zu unfassbar erschien ihm die Tatsache, dass Daniel, mit dem er sich noch vor wenigen Stunden unterhalten hatte, nun tot sein sollte. Möglicherweise war er, Sinha, sogar der Letzte gewesen, der den Jungen noch lebend gesehen hatte.

Es sei denn … *nein.* Er verbot sich, diesen Gedanken zu Ende zu denken – was natürlich absolut zwecklos war. Daniel hatte sich *gewünscht* zu sterben, er hatte das ihm gegenüber mehr oder weniger offen zum Ausdruck gebracht. Selbst hatte er ja nicht mehr Hand an sich legen können … War es möglich, dass sein Vater ihm diesen letzten Wunsch erfüllt hatte? Dass die Todesursache nicht eine Embolie war, wie die Ärzte in der Klinik meinten, sondern dass Peter Schobinger aktive Sterbehilfe geleistet – und sich danach abgesetzt hatte, um der Strafverfolgung zu entgehen?

Es klang zu unglaublich, um wahr zu sein. Und gleichzeitig stellte Sinha fest, dass er Schobinger mittlerweile *alles* zutraute.

Der Himmel schien seine düstere Stimmung zu teilen. Dunkle Gewitterwolken waren aufgezogen und verdichteten sich nun zu einer bedrohlichen Mischung aus schmutzigen Anthrazit- und Violetttönen. Hier und dort blitzte erstes lautloses Wetterleuchten auf.

»Sieht nicht gut aus, da draußen«, murmelte Michaela Lux, als sie schließlich die Kriminalpolizeidirektion erreichten und Sinha den Wagen abstellte. »Am besten, ich frag mal nach, ob Sie mit einer Streife zurück nach Hinterzarten fahren können.«

»Nicht nötig«, wehrte Sinha hastig ab. Das Letzte, was er jetzt brauchte, war die Gesellschaft von Kollegen, die womöglich auch noch mit ihm über das Unglück reden wollten, das über die Schobingers hereingebrochen war. »Ich nehm den Zug, und notfalls leiste ich mir ein Taxi. Sie haben jetzt mit Ihrer eigenen Baustelle genug zu tun, kümmern Sie sich nicht auch noch um mich. Ich komm zurecht.«

»Da bin ich sicher.« Sie sah ihn an und bemühte sich sichtlich um ein Lächeln, das jedoch ziemlich wässrig ausfiel. »Ich hab das Gefühl, Sie wissen immer, was zu tun und was richtig ist. Es war … ein Privileg, mit Ihnen arbeiten zu dürfen.«

»Danke gleichfalls«, erwiderte er automatisch und fügte hinzu: »Wobei, falls es Sie tröstet: Ich bin auch nicht perfekt. Wenn Sie mal richtig mit mir arbeiten würden, dann würden Sie sehr schnell merken, dass ich auch von Zeit zu Zeit alles Mögliche bin, nur nicht meiner Sache sicher.« Seine Mundwinkel bewegten sich leicht nach oben.

»Das würd ich sehr gerne mal«, versetzte sie. »Richtig mit Ihnen arbeiten, meine ich. Oder zumindest mit einem Kollegen, der mehr wie *Sie* ist als … na ja.« Sie verstummte und heftete den Blick auf das Polizeigebäude.

Sinha zögerte einen Moment, dann griff er nach ihrer Hand und zog sie an seine Lippen.

»Ich wünsche Ihnen alles Gute, Frau Kollegin«, sagte er. »Vielleicht lassen Sie gelegentlich etwas von sich hören, ja? Würd mich freuen.«

Der Handkuss hatte sie sichtlich verblüfft; bei seinen letzten Worten jedoch lächelte sie, und diesmal wirkte es weder bemüht noch wässrig.

»Mach ich gerne«, erwiderte sie. »Wiedersehen – Kay-Kay!«

»Wiedersehen!«

Sie stiegen aus, schlossen die Wagentüren und winkten sich noch einmal zu. Dann eilte Michaela Lux mit raschen, entschlossenen Schritten auf das Gebäude zu. Er sah ihr nach, bis sie durch die Eingangstür verschwunden war.

Aus der Ferne war leises Donnergrollen zu hören, als er sich abwandte und davonging.

***

Er schlug nicht sofort den Weg zum Bahnhof ein. Er brauchte jetzt Bewegung, irgendeinen Ausgleich … etwas, womit er sich ablenken konnte. Das Gewitter zog mittlerweile bedrohlich näher, und der Wind begann als Vorbote heftig durch die Baumwipfel zu rauschen, aber das war ihm egal. *Er war ja schließlich nicht aus Zucker.*

Etwa eine halbe Stunde war er ziellos durch die Straßen Freiburgs gelaufen, als der Himmel endlich seine Schleusen öffnete und ein Trommelfeuer aus harten Regentropfen auf ihn niederprasselte, begleitet von einem mächtigen Donnerschlag nunmehr ganz in seiner Nähe. Er zog sich unter ein schützendes Vordach zurück, öffnete die Karten-App auf seinem Smartphone, um zu sehen, wohin es ihn verschlagen hatte, und stellte fest, dass nicht weit von seinem Unterschlupf entfernt der Hauptfriedhof lag. Friedhöfe hatten schon immer eine seltsame Faszination auf ihn ausgeübt, und gerade in fremden Städten suchte er sie oft und gern auf, um dort spazieren zu gehen, die eigenartige Ästhetik und friedliche Atmosphäre auf sich wirken zu lassen und, bei Bedarf, auch seine Gedanken zu sortieren. Er beschloss, die Gelegenheit zu nutzen, prägte sich den Rest des Weges ein, und als der Starkregen ein wenig nachließ, zog er los.

Ein Blitz zuckte über die grauschwarze Wolkendecke, gefolgt von einem Donner, der schon nicht mehr ganz so laut war wie der vorige. Sinha wischte sich im Gehen mit beiden Händen über das Gesicht, fuhr mit allen zehn Fingern durch das nasse Haar und strich es zurück; der Regen war erfrischend und wirkte belebend auf ihn, und er fühlte sich schon jetzt wesentlich besser als noch vor einer Stunde. Vielleicht, so dachte er, spülten die Regenfluten all die unschönen Erlebnisse des Tages einfach weg. Zumindest tat es gut, sich das vorzustellen.

Er erreichte den Hauptfriedhof, und obwohl es noch immer regnete, blieb er einen Moment lang staunend vor dem Eingangstor stehen, das sich wie ein sandfarbener, antiker Triumphbogen vor ihm erhob. Durch den mittleren und höchsten von insgesamt drei Torbögen sah er in einiger Entfernung einen imposanten, kirchenartigen Kuppelbau im Stil der Neorenaissance. Der Bogen selbst wurde flankiert von vier großen Engeln, die oberhalb von vier grauen Säulen standen. Zwischen jeweils zwei dieser Säulen prangten zwei ebenso graue Reliefs, die einzelne, lange Federn darstellten – nicht geknickt, wie es sonst als Symbol des Todes gern geschah, sondern aufrecht, fast stolz … und irgendwie lebendig. *Wie eine schöne, stille Einladung an einen Ort, wo der Tod nicht das Ende ist,* dachte Sinha.

Er betrat das Friedhofsareal, das er angesichts des noch immer anhaltenden Gewitterregens wohl erst mal für sich alleine hatte. Schnell stellte er jedoch fest, dass er diesmal keinen Blick für die Gräber, die Grabsteine und Mahnmale hatte. Zu sehr waren seine Gedanken bei einem jungen Mann, der demnächst vermutlich hier seine letzte Ruhestätte finden würde. Und, mehr noch, bei dessen Vater.

Peter Schobinger. Was musste dieser Mann jetzt empfinden! Er hatte sich strafbar gemacht, um seinem Sohn zu dem ersehnten Einsatz als Vorspringer zu verhelfen – und ihn genau deswegen nun verloren. Ohne diese schäbige Drogenintrige würde Daniel noch leben, mit gesunden Armen und Beinen. Weil dann an jenem Abend ein anderer an seiner Stelle von der Adlerschanze gesprungen wäre.

Aber den Gedanken, dass sein Sohn anderen den Vortritt lassen musste, hatte Schobinger offenbar nicht ertragen können. *»Daniel ist das größte Talent seines Jahrgangs«*, hatte er stolz verkündet, als Sinha ihm zum ersten Mal begegnet war … am Adlerweiher, nach dem Fund der Leiche von Moira Kerber. Dass es zumindest mit Marc Wegener ein noch größeres Talent gegeben hatte, jedenfalls laut Trainer Einar Birkeland, das hatte Schobinger dabei elegant unter den Tisch fallen lassen. Nun gut, Marc war zu diesem Zeitpunkt ja auch bereits aus dem Rennen gewesen, nachdem …

Sinha blieb jäh stehen.

Nachdem jemand ihn zum Krüppel gefahren hatte, damit Daniel ihm nicht den Vortritt lassen musste.

Er biss sich auf die Lippen.

War das möglich? Was, wenn die Drogenintrige gegen Jonas Steigenberger nicht das erste Mal gewesen war, dass Peter Schobinger die Sache selbst in die Hand genommen hatte, um seinem Sohn den Weg zur großen Skisprung-Karriere zu ebnen? Marc Wegener hatte angegeben, bei dem Unfall Daniels Wagen erkannt zu haben. Möglicherweise hatte er sich nicht geirrt – aber nicht Daniel hatte am Steuer gesessen, sondern dessen Vater.

Plötzlich schoss Sinha eine Erinnerung durch den Kopf, und er zog sein Smartphone hervor. Bei seinem vorigen Telefonat mit Birkeland, als es um ein gewisses Leberfleckchen gegangen war, hatte der norwegische Trainer ihm sicherheitshalber seine Nummer gegeben, falls sich noch weitere Fragen ergeben sollten. Jetzt war Sinha erleichtert darüber, dass er sie eingespeichert hatte und deswegen nicht noch einmal Karsten Wegener kontaktieren musste. Nach dem hatte er inzwischen ebenso wenig Sehnsucht wie nach dessen Junior Stefan.

Er rief die Nummer auf und musste lange warten … so lange, dass er schon befürchtete, dass Birkeland zu sehr im Urlaubsmodus war, um Anrufe entgegenzunehmen. Aber dann hörte er endlich doch ein munteres »Hei, her er Einar!« am anderen Ende der Leitung und atmete auf.

»Hallo, hier Surendra Sinha«, erwiderte er. »Der Kommissar aus Hinterzarten.«

»Ah, der Kalif-Storch-Experte!« Es klang amüsiert. »Immer noch auf der Jagd nach irgendwelchen Muttermalen?«

»Nein, das hat sich erledigt«, versetzte Sinha und betete, dass Birkeland auf etwaige Nachfragen verzichtete. »Aber da ist noch etwas, das mich interessieren würde. An dem Abend nach dem Qualifikationsspringen – da haben Sie mir erzählt, dass die Nachwuchsspringer selbst es meistens sportlich fair hinnehmen, wenn sie aufgrund einer modifizierten Qualifikation zurückstehen müssen, und dass es eher die Eltern sind, die sich darüber aufregen und dann Ärger machen.«

»Ist auch so. Sie haben keine Ahnung, was ich da schon alles erlebt habe.«

»Auch im Fall Daniel Schobinger? Als Sie Marc Wegener an seiner Stelle für den Alpencup nominiert haben?«

»Und wie!« Birkeland unterstrich diese Worte mit einem deutlich hörbaren Schnauben. »Papa Schobinger ist damals fuchsteufelswild geworden, hat mich mit Worten beschimpft, die ich hier nicht wiederholen möchte – es hat nicht viel gefehlt, und er wäre mir an die Gurgel gegangen. Mit einer Anzeige hat er mir natürlich auch gleich noch gedroht, aber die hat er sich dann wohl verkniffen, jedenfalls ist mir nichts Entsprechendes zu Ohren gekommen. Dafür hab ich noch mitgekriegt, dass er sich als Nächstes mit den Wegeners angelegt und ihnen eine Verschwörung gegen seinen Sohn vorgeworfen hat. Total überehrgeizig, der Mann, wenn man mich fragt. Wieso wollen Sie das wissen?«

»Ach, weil ich gemerkt habe, dass das Klima zwischen den Wegeners und Schobinger total vergiftet ist«, meinte Sinha ausweichend. »Und ich bin nun mal von Berufs wegen neugierig. Wobei ich schon vermutet hatte, dass es mit dieser Alpencup-

Geschichte zu tun hat; aber ich dachte, bevor ich da jetzt nachbohre und womöglich Salz in offene Wunden streue, frag ich einfach Sie.«

»War bestimmt besser so«, gab Birkeland zurück. »Schobinger würd ich auf die Sache jedenfalls nicht ansprechen, sonst ist er auf Sie am Ende auch noch sauer. Außerdem hat er im Moment sowieso ganz andere Probleme. Gibt's denn was Neues von Daniel, wissen Sie, wie's ihm geht?«

Bei dieser Frage wurde es Sinha plötzlich schlecht. Bis zu dem Norweger in seinen Fjorden, oder wo immer er sich gerade aufhielt, war die Meldung von Daniels Tod in der kurzen Zeit also noch nicht vorgedrungen. Sollte jetzt tatsächlich er der Überbringer der schlechten Nachricht sein? Noch dazu am Telefon? Es war nicht so, dass er mit einer solchen Aufgabe nicht umzugehen wusste; er hatte während seiner Laufbahn bei der Polizei schon des Öfteren Menschen schonend beibringen müssen, dass ihre Ehepartner, Eltern oder, am schlimmsten, ihre Kinder nicht wieder nach Hause kommen würden. Aber in diesem Fall beschloss er, sich nicht zuständig zu fühlen. Einar Birkeland würde es noch früh genug erfahren, und bis dahin sollte er seinen wohlverdienten Urlaub genießen, so gut es ging.

»Unverändert, soweit ich weiß«, log er.

»Schlimme Sache.« Birkelands Stimme wurde rau. »Bei unserem Sport kann man sich ja jederzeit sämtliche Knochen brechen, aber die Halswirbel sind natürlich der absolute Super-Gau. Ich mache mir immer noch Vorwürfe, dass ich Daniel an dem Abend über die Schanze gescheucht habe. Auch wenn er es gewollt und sich auf den Sprung gefreut hat. Ich hoffe, er … er wird es mir irgendwann verzeihen.«

»Bestimmt.« Sinha spürte, wie ein Kloß in seinem Hals wuchs. »Das Skispringen war sein Leben. Er hätte wahrscheinlich auch keine andere Entscheidung getroffen als Sie.«

»Ja.« Birkeland räusperte sich. »Sonst noch irgendwelche Fragen?«

»Nein«, erwiderte Sinha. »Entschuldigen Sie, dass ich Sie gestört habe.«

»Kein Problem. Jederzeit wieder. *Ha det!*«

»*Háde!*«, echote Sinha spontan in der Hoffnung, dass er richtig tippte und das so viel wie *Tschüss* bedeutete.

Im nächsten Moment hatte Birkeland aufgelegt.

Es hatte aufgehört zu regnen. Die Gewitterwolken zogen langsam weiter, und die wiederkehrenden Sonnenstrahlen ließen die nassen Bäume und Gräber wie frisch gewaschen aufglänzen. Sinha beschloss, allmählich Richtung Ausgang zu wandern und sich dann auf den Weg zum Bahnhof zu machen. Er steckte sein Smartphone ein, setzte sich in Bewegung und schlenderte an einer Reihe von schönen, zum Teil efeubewachsenen Grabsteinen entlang, während seine Gedanken noch eine Weile um das Gespräch mit dem norwegischen Skisprung-Trainer kreisten.

Peter Schobinger war also, freundlich ausgedrückt, stinkwütend gewesen über die Alpencup-Ausbootung seines Sohnes. Da konnte man es sich tatsächlich vorstellen, dass er auf die Idee gekommen war, Daniels Rivalen über den Haufen zu fahren und damit aus dem Verkehr zu ziehen … so wie er dann, als Daniels nächste große Chance erneut an einen anderen ging, diesen anderen ohne Skrupel in die Mühlen der Justiz befördert hatte. Und eine dumme, weltfremde Fünfzehnjährige als seine Drogenkurierin gleich mit dazu.

Nichts davon war verzeihlich, bei allem Verständnis für den Stolz eines Vaters auf seinen talentierten Sohn. Aber sollte sich nun auch noch der Verdacht auf die Sterbehilfe bewahrheiten – da würde Sinha wohl anders empfinden. Was er als Gesetzeshüter natürlich weder sollte noch durfte, das war ihm bewusst. Aber als Mensch würde er es verstehen.

Er hatte es ja schon einmal verstanden.

Er blieb stehen, direkt vor einem riesengroßen Kreuz, an dessen Fuß auf einem Sockel eine Skulptur stand … eine Gestalt, in lange Gewänder gehüllt, auf der die Regentropfen in der Sonne glitzerten wie Diamanten. Die Gestalt hatte beide Hände vor das Gesicht geschlagen. Ein Ausdruck der Trauer, der Verzweiflung, der Hoffnungslosigkeit. Vielleicht auch der Angst.

So hatte auch sie damals ausgesehen.

Drei Jahre war es her. Er hatte in Friedrichshafen in einem Mordfall ermittelt … jedenfalls dachte er das, bis er darauf gekommen war, dass es sich bei dem Mord um aktive Sterbehilfe gehandelt hatte. Das Opfer, ein junger Mann, hatte an einer unheilbaren Krankheit gelitten und seine Ehefrau angefleht, ihm zu helfen, Schluss zu machen. Aus Liebe hatte sie es dann getan – kurz nachdem sie ihr erstes Kind geboren hatte, ein kleines Mädchen, das ihr Mann unbedingt noch hatte kennenlernen wollen. Sie hatten die Kleine gemeinsam geküsst und ins Bettchen gebracht, dann hatte sie ihm den Giftcocktail gereicht, dessen Zutaten sie mühsam im Internet zusammengesucht hatte. Das alles hatte sie Sinha schließlich erzählt, in Tränen aufgelöst und völlig verzweifelt bei der Vorstellung, ihr Baby nun im Gefängnis großziehen zu müssen. Auf die Idee, eine schriftliche Verfügung zu hinterlassen, die die Ehefrau zumindest moralisch entlasten würde, waren sie und ihr Mann nicht gekommen – sie waren mit der Gesamtsituation ohnehin schon restlos überfordert gewesen und hatten nur noch von einem Tag zum nächsten gedacht.

In ihrem Flur hatte ein gepackter Koffer gestanden, und das Baby hatte friedlich in seiner Tragetasche geschlummert. Auf seine entsprechende Frage hatte sie ihm gestanden, dass sie mit der Fähre hinüber nach Romanshorn zu ihren Eltern hatte fahren wollen, weil sie es hier, wo alles sie an ihren geliebten Mann erinnerte, nicht mehr aushielt. Ihre Hilflosigkeit und Verzweiflung hatten ihn berührt … und zu einem Schritt getrieben, der aus beruflicher Sicht vollkommen unverzeihlich war: Er hatte sie gehen lassen, ihr ermöglicht, sich in die Schweiz abzusetzen – und die Lösung des Falles nie gemeldet oder protokolliert.

Natürlich konnte sie auch eine geniale Schauspielerin und die ganze Story eine faustdicke Lüge gewesen sein. Aber in dem Moment war Sinha überzeugt gewesen, dass sie ihm die Wahrheit gesagt hatte. Und er war es noch immer. Er hätte es sich nie verziehen, wenn diese Frau, die nur aus Liebe (und offenbar im Einverständnis mit ihrem Opfer) gehandelt hatte, mitsamt ihrem Baby hinter Gittern gelandet wäre. Dafür konnte er es sich jetzt nicht verzeihen, gegen sämtliche Regeln und Gesetze verstoßen und seine Vorgesetzten und Kollegen (einschließlich Frank Hasemann) derart belogen zu haben.

Aber geschehen war geschehen. Und er konnte nur hoffen, dass es niemals herauskam.

Seine Blicke hingen unverwandt an der verhüllten Gestalt unter dem Kreuz. *Trauer, Verzweiflung, Hoffnungslosigkeit, Angst. Seine Wegbegleiter, seit er in den Polizeidienst getreten war; er begegnete ihnen bei den Menschen, mit denen er beruflich zu tun hatte, und verspürte sie bisweilen auch selbst. Und nun hatten sie vermutlich auch Peter Schobinger erfasst. Wo immer er sein mochte.*

Er faltete die Hände, legte die Stirn gegen die Fingerspitzen und schloss die Augen.

»Vergib uns unsere Schuld«, flüsterte er.

* * *

Wenig später ging er durch eines der schön angelegten neueren Gräberfelder in Richtung Ausgang. Die Luft, die nach dem Gewitter kurzzeitig angenehm und frisch gewesen war, wurde nun mit zunehmender Sonnenstrahlung wieder warm und leicht schwül, so dass er in seiner regennassen Kleidung zu schwitzen begann. Noch immer waren nur wenige Menschen auf dem Friedhof unterwegs; umso mehr stach ihm die große, schlanke

Gestalt eines Mannes ins Auge, der einige Meter weiter, scheinbar tief in ein Gebet versunken, vor einem der Gräber stand. Er war wohl ebenfalls in den Gewitterregen geraten; seine Haare waren ebenso feucht wie sein Anzug.

Und in diesem Moment merkte Sinha, wen er vor sich hatte.

Er blieb jäh stehen; sein Herz begann heftig zu hämmern. Er überlegte kurz, dann wandte er sich ab, zückte sein Smartphone und tippte eine schnelle kleine SMS an Michaela Lux: »*Schobinger ist hier auf dem Hauptfriedhof. Ich versuche, ihn festzuhalten. KK.*«

Dann steckte er das Smartphone wieder ein, holte tief Luft, trat lautlos näher an das Grab und den Mann heran und blieb in einiger Entfernung stehen.

»Herr Schobinger?«, sagte er leise.

Ruckartig hob der Mann den Kopf und sah ihn an. Sinha erschrak; Peter Schobingers Gesicht war aschgrau, zerfurcht und starr wie die Maske eines Toten.

»Was machen Sie hier?« Schobingers Stimme war heiser, und ein unruhiges kleines Licht flackerte in seinen Augen.

»Ich gehe spazieren«, antwortete Sinha harmlos. »Heute ist mein letzter Tag im Schwarzwald, da hab ich mir Freiburg ein bisschen angesehen … und ich mag Friedhöfe. Deshalb bin ich hierhergekommen. Dieser Friedhof ist sehr schön.«

»Ach ja?« Es klang absolut emotionslos. »Ich wäre froh, wenn ich ihn aus meinem Leben streichen könnte. Aber er ruft nach mir. Wieder und wieder.«

Sinha war es inzwischen gelungen, die Aufschrift auf dem Grabstein zu entziffern. *Elise Schobinger – geliebt und unvergessen.* Eine rote Grabkerze brannte in einer prächtigen Bronzelaterne.

»Das ist das Grab Ihrer Frau, ja?«, fragte er und trat behutsam noch ein paar Schritte näher.

»Ja.« Schobinger wandte seinen Blick wieder dem gepflegten Grabhügel zu, der mit dunkelgrünen Waldsteinia-Ranken und roten Eisbegonien bepflanzt war. »Und demnächst wird es auch das Grab meines Sohnes sein. Ich wünschte, ich könnte mich gleich mit dazulegen. Mein Leben hat sowieso keinen Sinn mehr.«

»Was ist mit Ihrem Sohn geschehen?«, erkundigte sich Sinha vorsichtig.

Schobingers Schultern hoben und senkten sich, als er tief durchatmete.

»Er ist tot«, sagte er tonlos. »Eine Embolie, haben die Ärzte gesagt. Sie meinen, so etwas kommt vor. Ich muss ihnen glauben. Ich war nicht dabei, als mein Sohn starb.«

Erneut richtete er den Blick auf Sinha; diesmal war sein Gesicht schmerzverzerrt.

»Ist das nicht eine bittere Ironie des Schicksals? Ich war immer für meinen Sohn da, seit dem Tag seiner Geburt. Auch nach diesem … diesem Horrorsturz war ich fast durchgehend an seiner Seite. Dann lasse ich ihn *einmal* kurz allein – und genau in dem Moment raubt das Schicksal ihn mir für immer.«

»Das tut mir sehr leid«, sagte Sinha leise.

»Muss es nicht«, erwiderte Schobinger dumpf. »Wahrscheinlich war es das Beste, was ihm passieren konnte. Besser jedenfalls als ein Leben, das kein Leben mehr für ihn war.«

Sinha presste die Lippen zusammen. *Das klang nicht nach aktiver Sterbehilfe. Offenbar war Schobinger zumindest in diesem Punkt unschuldig.*

Während er noch nach einer Antwort suchte, sprach Schobinger bereits weiter.

»Sie hätten ihn einmal auf der Schanze erleben sollen. *Das* war sein Leben. Wenn er springen konnte, dann war er glücklich. Und ich *wollte*, dass er glücklich ist. Erst recht nach dem Tod meiner Frau … Daniel hat seine Mutter sehr geliebt, wissen Sie? Sie hat immer hinter ihm gestanden, wenn es ums Skispringen ging. Sie hat nie Angst gehabt, so wie andere Mütter, wenn er die Anlaufspur hinunterfuhr, vom Schanzentisch absprang und durch die Luft segelte; im Gegenteil, sie hat ihn angefeuert und ihm zugejubelt. Und sie hat mit ihm zusammen den Traum von Weltkarriere und Olympiasieg geträumt. Als wir sie dann hier begraben mussten, da hat Daniel zu mir gesagt: ›*Jetzt werde ich es erst recht an die Spitze schaffen, Papa. Ich will Olympiasieger werden, für Mama.*‹ Und ich hab ihm versprochen, dass ich alles in meiner Macht Stehende tun werde, um ihn dabei zu unterstützen.«

»Ich bin sicher, das haben Sie getan«, versetzte Sinha sanft. »Sie waren ein guter Vater.«

»Ich habe ihm den Rücken gestärkt, wo es nur ging«, entgegnete Schobinger rau. »Aber dann haben sich plötzlich alle gegen ihn verschworen. Er hatte sich beim Deutschlandcup vor Marc platziert, er war besser als er, er durfte zum Alpencup – und dann kommt dieser Birkeland daher und nimmt ihm das wieder weg. Ich möchte wetten, dass der alte Wegener ihm unter der Hand ein paar Scheine zugeschustert hat, damit sein ach so toller Sohn den Vorzug kriegt. Aber nicht mit mir. Es war *Daniels* große Chance, und er sollte sie auch bekommen. Nicht Marc.«

Sinha verkniff sich jede Zwischenfrage. Er sah, wie es in Schobinger arbeitete, und war sich sicher, dass sein Kollege von selbst weiterreden würde.

Tatsächlich holte Schobinger nach einer Weile tief Luft.

»Aber dann«, sagte er leise, »ging alles schief. Ich wollte Marc nur vorübergehend außer Gefecht setzen … damit er für den Rest der Saison ausfällt und Daniel für ihn nachrücken kann. Dass er so schwer verletzt wird und sein Bein für immer steif bleibt – das wollte ich nicht. Wirklich nicht.«

Also war tatsächlich er es gewesen, der am Steuer gesessen hatte.

»Wusste Daniel davon?«

»Natürlich nicht!«, schnaubte Schobinger entrüstet. »Ich hab zwar seinen Wagen genommen, weil mein eigener in der Werkstatt war – aber das hat er gar nicht gemerkt, er war ganz mit seiner heißgeliebten Moira beschäftigt. Und ich hab dafür gesorgt, dass sämtliche Spuren noch in der gleichen Nacht beseitigt worden sind. Als Daniel seinen Wagen das nächste Mal gesehen hat, war er heil und unversehrt. Er hatte keine Ahnung, was passiert war.«

»Und wie haben Sie das geschafft? Die Spuren zu beseitigen, meine ich.«

Ein schräges, sarkastisches Grinsen blitzte für einen Moment auf Schobingers Gesicht auf. »Aha, jetzt wollen wir es genau wissen, Herr Kommissar, ja? Aber ich werde den Teufel tun und meine Mitwisser mit reinreiten. Ich verrat Ihnen nur so viel: Ich kenne jemanden, der gelernter Automechaniker ist und mir noch was schuldig war. Dem hab ich den Wagen in der Nacht gebracht, und er hat alles ausgetauscht und repariert, was bei der Kollision beschädigt worden war. Und die Spuren am Unfallort hab ich persönlich entfernt, nachdem Marc mit dem Sanka abtransportiert worden war. Wenn Ihnen das nicht genügt, dann müssen Sie den Rest selber rausfinden.«

»Keine Sorge«, entgegnete Sinha betont gelassen. »Ich reise morgen ab, und dann kann mich der ganze Adler-Zirkus in Hinterzarten gernhaben. Wobei ich es fair fände, wenn Sie zumindest die Sache mit Jonas und den Drogen noch in Ordnung bringen würden. Da stecken Sie doch auch dahinter, oder?«

Schobingers Augenbrauen stiegen hoch. »Elementary, my dear Sinha! Sie sind ja richtig clever!«

Es erschien Sinha nicht unbedingt ratsam, darauf hinzuweisen, dass es Michaela Lux war, die den Kollegen als Erste durchschaut hatte, nicht er. Stattdessen stellte er die einzige Frage, deren Antwort ihn jetzt noch wirklich interessierte. »Und auch davon hat Daniel nichts gewusst?«

»Machen Sie Witze?« Ein weiteres empörtes Schnauben. »Da hätte er doch niemals mitgemacht. Nein, das hab ich schon ganz allein hinter seinem Rücken anzetteln müssen. Das Kokain war schnell organisiert, dann musste ich es nur noch an seinen Platz bringen und einen anonymen Anruf an die Polizei loslassen, und schon hatte es sich ausgesprungen für den kleinen Steigenberger. Auch wenn die Kollegen etwas lahmarschig waren und erst nach dem Probedurchgang angerückt sind.«

Sinha stellte, nicht ohne leise Bewunderung, fest, dass Schobinger auch hier seine Mittäterin nicht verpfiff. Er verzichtete auf einen entsprechenden Einwand; Tanjas Aussage war zu präzise gewesen, als dass es für ihn jetzt noch einer Bestätigung durch den Freiburger Kommissar bedurft hätte. Auch wenn er es ihm gerne unter die Nase gerieben hätte, dass man ihm nur durch sein Bestechungsgeld an Tanja – das noch dazu völlig unnötig gewesen war, weil der verliebte Teenager seinem Schwarm auch so geholfen hätte – überhaupt erst auf die Spur gekommen war.

»Und?«, fragte er stattdessen. »Werden Sie das nun klarstellen und Jonas entlasten, damit die Ermittlungen gegen ihn eingestellt werden?«

»Wieso ich?« Schobinger klang ehrlich erstaunt. »Laufen Sie denn jetzt nicht als Erstes zu meinen Kollegen, um ihnen das alles brühwarm zu erzählen?«

»Anders wär's mir lieber«, gab Sinha offen zurück. »Das würde Ihnen vielleicht auch ein Stück von Ihrer Selbstachtung wiedergeben. Das heißt, falls Sie sie jemals verloren haben.«

Schobingers Augen wurden dunkel. »Ich hab nur eines verloren«, entgegnete er leise. »Meinen Sohn. Und meine Frau. Als ich das letzte Mal vor Elises Tod zusammen mit ihr im Skistadion war, da sind wir gemeinsam vor dieser Bretterbude gestanden, wo sie die beiden Thomas und den Hannawald draufgemalt haben … und wir haben uns vorgestellt, wie sie eines Tages auch Daniel dort verewigen würden. Ich hätte *alles* getan, um meiner Frau diesen Wunsch noch zu erfüllen.«

»Aber nichts hat geholfen«, stellte Sinha unerbittlich fest. »Im Gegenteil. Mit der Aktion gegen Marc haben Sie Daniel endgültig aus dem Alpencup katapultiert, weil der ganze Presserummel dem Trainer zu viel geworden ist. Und ohne diese Drogenintrige wäre Daniel an dem Abend nicht gesprungen … und auch nicht abgestürzt.«

»Hören Sie auf!«, fauchte Schobinger plötzlich unerwartet heftig. »Meinen Sie etwa, darüber denk ich nicht schon die ganze Zeit nach? Dass letzten Endes *ich* es bin, der das Unglück meines Sohnes verschuldet hat?«

»Sie haben ihn schon vorher unglücklich gemacht«, versetzte Sinha. »Sie haben zugelassen, dass er öffentlich in den Verdacht geraten ist, seinen Rivalen Marc persönlich über den Haufen gefahren zu haben – und er war klug genug zu wissen, dass man ihm auch die Drogensache mit Jonas anhängen würde. Das hat er mir selbst gesagt.«

»*Ihnen??*« Schobingers Augen schossen Blitze. »Wann, bitte schön?«

»Vor ein paar Stunden«, antwortete Sinha unbeirrt. »Ich hab ihn in der Klinik besucht, als Sie nicht da waren.«

»Da haben Sie ihn noch gesehen?« Mit einem Mal wirkte Schobinger regelrecht angespannt. »Wie ging es ihm da? Hatten Sie den Eindruck, dass etwas nicht in Ordnung war? Hat irgendetwas darauf hingedeutet, dass … dass nur wenig später …« Er verstummte und sah ihn fragend an.

»Nein.« Sinha schüttelte den Kopf. »Ich habe mich ganz kurz mit Daniel unterhalten, aber er war müde und wollte gern allein sein, deshalb bin ich schon nach wenigen Minuten wieder gegangen. Und da war er noch am Leben.« Er schaute Schobinger eindringlich an. »Aber zuvor hat er mir noch zu verstehen gegeben, dass ihm tatsächlich nichts mehr an seinem Leben lag und dass er am liebsten sterben würde. Insofern … war der Tod für ihn eine Erlösung, sozusagen die Erfüllung seines letzten Wunsches.«

Schobingers Blick wurde misstrauisch. »Was soll das heißen? Wollen Sie vielleicht behaupten, ich hätte da nachgeholfen?«

»Nein.«

»Oh doch, das tun Sie!« Schobingers Augen flackerten. »Sie meinen, nach der Sache mit Marc und Jonas können Sie mir jetzt auch noch die Tötung meines Sohnes anhängen! Nicht wahr?«

»Das tue ich keineswegs.«

»Doch, das tun Sie!« Jetzt brüllte Schobinger; gleichzeitig fuhr seine Hand unter das Sakko, und im nächsten Moment hatte er seine Dienstwaffe gezogen, entsicherte sie und zielte damit auf Sinha.

»Herr Schobinger!« Demonstrativ riss Sinha die Hände in die Höhe; sein Herz raste, und er bemühte sich darum, ruhig zu bleiben. »Das hat doch überhaupt keinen Sinn! Nehmen Sie die Waffe runter! Niemand beschuldigt Sie, der Mörder Ihres Sohnes zu sein.«

»Das bin ich auch nicht!« Schobinger keuchte, aber die Hand mit der Waffe bewegte sich keinen Millimeter. »Ich hab – Daniel – nicht – getötet!«

»Ich weiß.« Sinha versuchte, beschwichtigend zu klingen, was ihm angesichts der direkt auf ihn gerichteten Pistolenmündung nicht leichtfiel. »Das hätten Sie niemals getan, dazu haben Sie Ihren Sohn viel zu sehr geliebt.«

»Ich hätte alles für ihn getan!« Jetzt begann die Hand zu zittern. »*Alles!* Und dafür wollen Sie mich nun ins Gefängnis bringen …«

»Waffe runter, Schobinger!!!«

Sinha fuhr zusammen. Im Eifer des Gefechts hatte er gar nicht gemerkt, dass sich ihnen von der anderen Seite her Michaela Lux genähert hatte, zusammen mit zwei Streifenbeamten, die nun stehen blieben und ihre Dienstwaffen auf Schobinger richteten. Schobinger wirbelte herum, erfasste die Situation und drehte sich wieder zu Sinha um, die Pistole immer noch im Anschlag.

»Geben Sie auf, Herr Schobinger!«, sagte Sinha leise.

»Aufgeben«, murmelte Schobinger dumpf. »Ja. Gute Idee.«

Er straffte sich, und ehe Sinha es verhindern konnte, hatte er sich den Lauf seiner Pistole schon an die Schläfe gesetzt. Ein Schuss zerriss krachend die friedliche Stille über dem Gottesacker, und ein paar Vögel flogen verschreckt aus den Bäumen auf, als Peter Schobinger leblos auf dem Grab mit den roten Eisbegonien zusammenbrach.

15

Strahlend heller Sonnenschein begrüßte Surendra Sinha, als er am nächsten Tag ein letztes Mal mit einem Becher Kaffee in der Hand zu seiner »Morgenandacht«, wie er es nannte, in den Garten seines Ferienhauses ging. Seine Reisetasche hatte er bereits gepackt; nachher musste er nur noch das letzte Geschirr spülen und den Müll hinausbringen, ansonsten konnte er die Wohnung verlassen, wie sie war. Die Endreinigung war laut Auskunft seiner Vermieter im Preis inbegriffen. *Gut so. Er hatte in den vergangenen Tagen wahrlich genug aufgeräumt.*

Er sank in den Gartenstuhl, nahm einen ersten Schluck von dem heißen, fein nach Zimt und Kardamom duftenden Kaffee und schloss die Augen. Heute Abend würde er bei seinem alten Freund Frank Hasemann auf der Schwäbischen Alb sein. Sie würden abends bei einem Glas Wein zusammensitzen, wahrscheinlich auf der Terrasse, wenn das schöne Wetter weiterhin anhielt – und vielleicht würde er sich dann auch die Ereignisse seiner Hinterzarten-Woche von der Seele reden. Guttun würde es ihm jedenfalls bestimmt.

Er seufzte leise. Urlaub hatte er machen wollen, eine Woche Auszeit und Entspannung im Schwarzwald. Und was war dabei herausgekommen? Drei Tote und wieder mal jede Menge Scherben, vor allem im Leben einer Londoner Familie namens Walker. Wer den Scherbenhaufen der Schobingers zusammenkehren würde, mochte der Himmel wissen.

Er war seinen Freiburger Kollegen unendlich dankbar, dass sie ihn am Vortag nach dem Drama auf dem Hauptfriedhof nicht ausgiebiger behelligt hatten als unbedingt notwendig. Er war nur noch einmal mit zur Kriminalpolizeidirektion gefahren und hatte dort im Büro des Ersten Kriminalhauptkommissars Tobias Mannke alles Wesentliche der vergangenen Stunden zu Protokoll gegeben: sein Gespräch mit Daniel Schobinger in der Klinik kurz vor dessen Tod, die Vernehmung von Tanja Brenner, das Telefonat mit Einar Birkeland und schließlich die Begegnung mit Peter Schobinger am Grab von dessen Frau mitsamt den Geständnissen des Kommissars bezüglich seiner an Marc Wegener und Jonas Steigenberger begangenen Straftaten. Tobias Mannke hatte ihm ernst und vor allem wortkarg zugehört; es war ihm anzusehen gewesen, wie sehr der Suizid von Kommissar Schobinger und die Erkenntnisse über dessen schwere Vergehen ihn erschüttert hatten. Auf Sinhas abschließende Bitte hin hatte er versprochen, sich dafür einzusetzen, dass die Ermittlungen gegen Jonas Steigenberger so schnell wie möglich eingestellt wurden und der Junge umgehend davon erfuhr. Im Gegenzug hatte er Sinha angeboten, ihn in einem Streifenwagen nach Hinterzarten mitfahren zu lassen – und diesmal hatte Sinha die Offerte dankend angenommen; zu diesem Zeitpunkt war es ihm mehr als willkommen gewesen, nicht mehr an einem Bahnsteig warten und sich dann auch noch in einen womöglich überfüllten Zug quetschen zu müssen.

Die Kollegen hatten ihn an der *Sonnenblume* abgesetzt – und vor der Haustür hatte Billi auf ihn gewartet, als hätte sie geahnt, dass er jetzt Gesellschaft brauchen konnte. Ob sie wohl auch ahnte, wie dankbar er ihr dafür war? In jedem Fall schien die Katze gespürt zu haben, wie gut sie ihm in diesem Moment tat; sie hatte sich stundenlang geduldig von ihm streicheln und kraulen lassen und war schließlich die ganze Nacht bei ihm geblieben. Erst heute früh nach dem Aufstehen (und dem Genuss ihrer Morgenmilch) hatte sie sich mit einem zufriedenen Maunzer empfohlen und war durch die Hecke hindurch verschwunden.

Vielleicht sollte er sich zu Hause doch so eine kleine Samtpfote zulegen. Ungeregelter Tagesablauf hin oder her.

***

Gut zwei Stunden später war alles erledigt, was noch auf seiner To-Do-Liste gestanden hatte. Er hatte ausgecheckt und den Wohnungsschlüssel abgeliefert. Er hatte letzte Einkäufe getätigt, seinen nach dem Abend mit der armen Kim-Marie Walker ziemlich dezimierten Beerenlikör-Bestand wieder aufgefüllt und noch einmal zwei Krimis besorgt, die *maajis* Laune hoffentlich für eine Weile weiter in höheren Regionen halten würden. Und er war in die Földiklinik gefahren, um seine Ausbeute an Lesestoff abzuliefern und sich von seiner Mutter zu verabschieden. Jetzt gab es für ihn nur noch eines zu tun, bevor er in Richtung Schwäbische Alb aufbrechen konnte.

Das Adler-Skistadion war an diesem Vormittag fast wie ausgestorben. Nur einige wenige Besucher waren anwesend, die das Areal bestaunten und fotografierten. Sinhas Interesse jedoch galt diesmal nicht der großen Adlerschanze. Er stand vor der schlichten kleinen Bretterbude, von der er inzwischen schon mehrfach gehört, die er jedoch noch nie bewusst wahrgenommen hatte. Er hatte sie wenigstens einmal sehen wollen, bevor er Hinterzarten verließ.

Lange betrachtete er die pastellfarbenen Bilder, die die drei großen Skisprung-Legenden des Ortes darstellten.

»Einar hat immer gesagt: ›Wart's nur ab, Marc – du bist der Nächste, den sie auf diesen Verkaufsstand im Stadion pinseln!‹«

Marc Wegeners traurige Worte hallten durch seinen Kopf – gefolgt von der rauen, niedergeschlagenen Stimme Peter Schobingers.

»Als ich das letzte Mal vor Elises Tod zusammen mit ihr im Skistadion war, da sind wir gemeinsam vor dieser Bretterbude gestanden, wo sie die beiden Thomas und den Hannawald draufgemalt haben … und wir haben uns vorgestellt, wie sie eines Tages auch Daniel dort verewigen würden. Ich hätte alles getan, um meiner Frau diesen Wunsch noch zu erfüllen.«

Zwei Nachwuchstalente, die zielstrebig und ambitioniert darauf hingearbeitet hatten, es zu sportlichem Ruhm und Ehren zu bringen – und zu einem neuen, zusätzlichen Konterfei auf diesem Verkaufsstand. Wie viele junge Schwarzwald-Adler mochten wohl noch davon träumen, irgendwann hier porträtiert zu werden? Beziehungsweise wie viele Adler-Eltern? Und wie weit waren sie bereit, dafür zu gehen?

Bei diesem Gedanken überlief es ihn kalt. Was immer ihnen ein Bild auf dieser Bretterbude auch wert sein mochte – hoffentlich niemals den gleichen Preis, den Peter Schobinger bezahlt hatte. *Und dazu auch noch andere hatte bezahlen lassen.*

Er wandte sich ab – und schnappte überrascht nach Luft, als er einen jungen Mann auf sich zukommen sah. Auch ohne den hinkenden Gang hätte er ihn sofort wiedererkannt, obwohl er mit ihm hier nach allem, was er über ihn und von ihm erfahren hatte, nicht gerechnet hätte.

»Hallo, Marc!«

Marc Wegener blieb stehen und warf ihm einen forschenden Blick zu. Nervös zogen sich seine Augenbrauen zusammen.

»Herr Kommissar! Sagen Sie nicht, dass schon wieder etwas passiert ist!«

Wenn du wüsstest, dachte Sinha. Aber das Freiburger Drama vom Vortag gehörte jetzt wirklich nicht hierher.

»Nein«, antwortete er deswegen. »Ich wollte lediglich noch einmal kurz hier vorbeischauen, bevor ich nachher abreise.«

Ein dünnes Lächeln huschte über Marcs Gesicht. »Ich wollte auch nur kurz vorbeischauen«, sagte er. »Einfach um … um zu sehen, ob ich es nicht doch schon wieder fertigbringe.«

»Und?«

Marc war inzwischen näher gekommen und blieb nun neben ihm stehen, den Blick auf die Adlerschanze geheftet.

»Es geht erstaunlich gut«, meinte er. »Auch wenn es verdammt wehtut zu wissen, dass ich nie wieder da runterspringen werde.« Er atmete tief durch und sah Sinha an. »Es war gut, dass Sie mich an Lukas Müller und Nicholas Fairall erinnert haben, an dem Abend im Moor. Das hat mir sehr geholfen. Ich fürchte, ich hab ein bisschen zu sehr in … in Selbstmitleid geschwelgt. Und es deshalb gar nicht erst versucht, aus diesem elenden Tal wieder rauszukommen.« Sein Blick richtete sich erneut auf die Schanze. »Als ich dann gehört habe, was Daniel passiert ist, da dachte ich … *scheiße*, dagegen geht's mir doch noch richtig gut! Ich kann mich wenigstens noch bewegen! Ich kann gehen, ich kann meine Arme und Hände gebrauchen – ich kann noch was machen aus meinem Leben! Daniel hat das nicht mehr gekonnt. Vielleicht war es da sogar besser, dass er …« Er brach ab und presste die Lippen zusammen.

»Dass er gestorben ist?«, ergänzte Sinha behutsam.

»Sollte man wohl nicht denken, was?«, meinte Marc verlegen.

»Weil es unethisch ist zu denken, es ist besser, wenn jemand stirbt?« Sinha schüttelte den Kopf. »Manchmal *ist* der Tod eine Erlösung. Das ist Fakt. Und Daniel hat das genau so empfunden. Jedenfalls bin ich mir da nach meinem letzten Gespräch mit ihm ziemlich sicher.«

»Sie waren noch mal bei ihm? In der Klinik?«

»Ja«, nickte Sinha. »Und er hat mir bei der Gelegenheit auch versichert, dass nicht er es war, der Sie damals mit seinem Wagen angefahren hat.«

»Ich weiß.« Marcs Gesicht verfinsterte sich. »Es *war* zwar sein Wagen – da hab ich von Anfang an recht gehabt –, aber er hat nicht am Steuer gesessen. Das weiß ich jetzt.«

»Von wem?«, fragte Sinha unwillkürlich, obwohl er es sich denken konnte.

»Die Polizei war heute Morgen bei uns«, antwortete Marc. »Sie haben uns gesagt, dass Daniels Vater den Anschlag gestanden hat … und auch, dass er sich danach erschossen hat.« Er sah Sinha an und schnitt eine Grimasse. »Und wissen Sie, was das Erste war, was meinem Vater daraufhin eingefallen ist? Er hat sich darüber aufgeregt, dass wir Schobinger jetzt nicht mehr auf Schadenersatz und Schmerzensgeld verklagen können. Typisch. Dem geht's immer nur ums Geld.«

»Und Sie?«

Marcs Gesicht wurde ernst. »Mir tut nur eines leid: dass ich mich jetzt nicht mehr bei Daniel entschuldigen kann. Dafür, dass ich ihn verdächtigt habe.« Seine Augen wurden blank. »Wenn ich es recht bedenke … in gewisser Weise bin ich deshalb eigentlich sogar mit schuld an seinem Tod. Wenn ich ihm nicht öffentlich die Schuld an dem Anschlag gegeben hätte, dann wäre alles ganz anders gekommen. Er wäre nicht aus dem Alpencup rausgeflogen, das ganze Hickhack um den Vorspringer hätt's nicht gebraucht – und er wäre noch am Leben.«

»Möglich«, versetzte Sinha. »Aber machen Sie sich um Himmels willen keine Vorwürfe deswegen. Da sind von anderen Seiten her sehr viel mehr Fehler gemacht worden. Außerdem, vergessen Sie nicht, dass Daniel am Tag des Sommerskispringens zusätzlich gehandicapt war durch den Mord an seiner Freundin. Und für den können Sie ja nun definitiv nichts.«

»Das stimmt.« Marc gab ein sarkastisches Schnauben von sich. »*Keiner* von uns Wegeners, wie mein Vater jetzt sicher gleich wieder feixend betonen würde, und mein Herr Bruder gleich mit dazu. Die haben geradezu *gefeiert*, als rauskam, dass es diese englische Touristin war, die Moira erschlagen hat; Vater meinte sogar, eigentlich müsste er ihr eine Belohnung dafür zahlen, dass sie den Kerbers, wie er sagt, so richtig einen reingewürgt hat. Was soll ich dazu noch sagen?«

»Gar nichts.« Sinha schnaubte ebenfalls. »Außer dass Sie sich dieser Ansicht nicht anschließen. Und vielleicht sollten Sie sich ernsthaft überlegen, ob Ihr Platz auf Dauer in diesem Familienbetrieb bleiben soll.«

»Ganz bestimmt nicht«, erwiderte Marc trocken. »Wenn ich mir bislang deswegen noch nicht sicher gewesen wäre, dann spätestens jetzt. Und auch das verdanke ich in gewisser Weise Ihnen. Sie haben mir Mut gemacht und mich daran erinnert, dass es an mir liegt, ob ich in meinem Tief versauere oder mein Leben in die Hand nehme und weitermache.«

Er sah Sinha lange und unverwandt an.

»Ich wünschte, *Sie* wären mein Vater«, sagte er leise. »Mit Ihnen kann man so gut reden ... Sie hören einem zu und sagen nicht einfach *›Stell dich nicht so an‹* oder so. Und Sie verstehen einen. Das hab ich schon an dem Abend im Moor gemerkt. Haben Sie denn Kinder?«

»Nein«, antwortete Sinha; unwillkürlich grinste er. »Und um Ihr Vater zu sein, müsste ich wahrscheinlich schon ziemlich früh angefangen haben. Wie alt sind Sie? Neunzehn? Zwanzig?«

»Neunzehn.«

»Und ich bin fünfunddreißig. Gut, rein biologisch gesehen durchaus alt genug für einen Sohn wie Sie.« Er schmunzelte. »Also, *mein Junge,* was willst du dann nun anfangen mit deinem Leben?«

Marc lächelte – es wirkte beinahe schüchtern. »Ich weiß es noch nicht. Ich würd ja trotz allem immer noch gerne was mit Sport machen; es gibt doch sicher auch Aufgabenbereiche, bei denen meine Behinderung kein Hindernis ist. Vielleicht sollte ich mal mit Einar darüber reden, was meinen Sie?«

»Gute Idee«, sagte Sinha. »Im Moment ist er noch auf Urlaub in Norwegen, aber anrufen kannst du ihn ja trotzdem schon mal. Seine Nummer hast du doch?«

»Ja.«

»Gut. Und hier« – er zückte eine Visitenkarte – »hier hast du auch meine. Nur für alle Fälle.«

Marcs Augen leuchteten erfreut, als er die Karte entgegennahm. »Vielen Dank. Ich meld mich ganz bestimmt.«

Er ließ noch einmal die Blicke über die Adlerschanze schweifen und atmete tief durch.

»Okay – dann geh ich mal wieder. Noch häng ich zu Hause fest, noch hab ich da meine Pflichten. Und die besagen, dass ich heute noch ein paar Stunden an der Rezeption absitzen muss.« Er verzog das Gesicht.

»Das schaffst du.« Sinha lächelte aufmunternd. »Tröste dich mit dem Gedanken, dass es jetzt kein Job mehr für immer sein wird.«

»Stimmt. Das baut auf.« Marc lächelte zurück und schielte kurz auf die Visitenkarte. »Wiedersehen, Herr Sinha!«

»Wiedersehen, Marc. Alles Gute!«

Sie schüttelten einander die Hand, dann wandte Marc sich ab und ging. Zwischendurch drehte er sich noch einmal um und winkte Sinha zu, bevor er das Gelände verließ.

Sinha schaute ihm hinterher, bis er ihn nicht mehr sehen konnte. *Ich hoffe, du findest deinen Weg,* dachte er. *Man muss kein Adler sein, um höchste Höhen zu erreichen. Oder sich zumindest aus tiefsten Tälern wieder hochzuarbeiten, so gut es geht.*

Er warf einen Blick auf seine Uhr. *Zeit, zu gehen.* In ein paar Stunden würde er bei seinem Freund Frank Hasemann sitzen und die Woche in Hinterzarten so weit wie möglich abhaken. Jedenfalls die unangenehmen Erlebnisse. Zum Glück gab es auch sehr viel Schönes, was er in Erinnerung behalten konnte und würde.

Bei diesem Gedanken schaute er hinüber zu dem Bild ganz links auf der Bretterbude.

»Sie zum Beispiel«, sagte er leise und lächelte. »Sie vergesse ich ganz bestimmt nicht. Auf Wiedersehen, und noch mal vielen Dank – *Jörgli!*«

Er hob die gefalteten Hände und verneigte sich leicht vor dem Bild des freundlichen Herrn im Pullover mit seinen Skistöcken und dem umgeschnallten Rucksack. Und während sich gleichzeitig hinter ihm eine Gruppe fröhlich schwatzender junger Menschen in bunten Skianzügen und mit langen Sprungski bewaffnet auf den Weg zum Training machte, verließ Surendra Sinha das Adler-Skistadion.

Nachsatz und Dank

Die Handlung dieses Krimis ist Fiktion. Natürlich gibt es das alljährliche FIS-Sommerskispringen in Hinterzarten auch in der Realität, und das hier in Teilen genannte Rahmenprogramm entspricht dem von 2017; aber zum Glück gab es bei dieser Veranstaltung meines Wissens niemals einen solchen Horrorsturz eines Vorspringers, wie ich ihn hier eingebaut habe. Auch weiß ich nicht, ob Olympiasieger und Weltmeister Georg Thoma jemals mit einer Zufallsbeobachtung einem Gesetzeshüter auf die Sprünge geholfen hat – aber es hat mir großen Spaß gemacht, diese Situation zu erfinden.

Nicht zuletzt deshalb gilt mein Dank an allererster Stelle Georg Thoma, der mir persönlich die Erlaubnis gegeben hat, ihn in meinem Krimi mitspielen zu lassen. Ich hatte das Glück, ihn in Hinterzarten kennenzulernen, und habe versucht, wiederzugeben, wie ich ihn erlebt habe. Ich hoffe, das Ergebnis gefällt ihm.

Ebenfalls herzlich bedanken möchte ich mich bei Michael Lais, dem Schanzenkoordinator im Adler-Skistadion Hinterzarten, der mir alle meine Fragen rund um das Skispringen und die Adlerschanze beantwortet und mich mit seinen Informationen und Auskünften sogar zu dem einen oder anderen Handlungsdetail inspiriert hat. In diesem Zusammenhang sende ich ein Extra-Dankeschön auch an alle, die zusammen mit ihm die Facebook-Seite *Skispringen in Hinterzarten* betreuen und mir auf sämtliche Fragen, die sich während des Schreibens noch ergeben haben, stets schnell und umfassend geantwortet haben. Und nicht zu vergessen: Vielen Dank an Robert Lais für seine Hilfestellungen zum Thema »schwarzwälderische Mundart«.

Weiter bedanke ich mich bei Alfred Faller, dem ehrenamtlichen Leiter des Schwarzwälder Skimuseums in Hinterzarten, der mir in einer Exklusivführung dieses wirklich beeindruckende Museum vom Keller bis zum Dachstuhl gezeigt und mich außerdem mit Georg Thoma bekanntgemacht hat. Ohne ihn würde das i-Tüpfelchen in dieser Geschichte fehlen.

Wichtige Informationen habe ich darüber hinaus bekommen von den Pressestellen der Kriminalpolizei Freiburg und der Uni-Klinik Freiburg, beim Polizeiposten in Hinterzarten sowie von Sebastian Lutter, Polizeihauptmeister in Dachau.

Ein ganz herzliches Dankeschön geht wie immer an meine Autorenkollegin, beste Freundin und schärfste Kritikerin Simone Dorra, die den Entstehungsprozess des Manuskripts als Testleserin mit Rat und Tat begleitet hat. Ebenso bedanke ich mich bei meinem anderen Testleser Kai Dorra, bei meinen Proof-Lesern in Hinterzarten, bei meinem Lektor Michael Raffel und bei Bettina Kimpel vom Silberburg-Verlag Tübingen für die rundherum harmonische Zusammenarbeit. (Und beim Verlag selbst natürlich auch.)

Nicht zuletzt gilt mein Dank in diesem speziellen Fall meinen Eltern, die mir nicht nur von klein auf die Liebe zum Bücherlesen vermittelt haben, sondern ebenso die Liebe zum Wintersport. Die Nachmittage, an denen wir zusammen vor dem Fernseher gesessen und begeistert Skisprung-Wettkämpfe und Alpin-Ski-Rennen verfolgt haben, sind unvergessen. Ich hoffe, dieses Buch hätte ihnen gefallen.

Ingrid Zellner

312 Seiten.
ISBN 978-3-8425-2087-5